Kronstein,
Die abhängige juristische Person

Die abhängige juristische Person

Von

Dr. Heinrich Kronstein
Rechtsanwalt in Mannheim

1931

München, Berlin und Leipzig
J. Schweitzer Verlag (Arthur Sellier)

ISBN 3 8059 0234 4

Druck Dr. F.P. Datterer & Cie., Freising-München

Vorwort.

Aufgabe der modernen Rechtswissenschaft wird mehr und mehr das Studium typischer Tatbestände und ihrer Stellung in den verschiedenen Rechtsgebieten. Die Durchforschung der Rechtsnormen und der im Wirtschaftsleben vorkommenden Rechtslagen können nicht mehr genügen. Die zunehmende Typisierung unseres Lebens verlangt Untersuchungen, welche Tatbestände schon so typisch geworden sind, daß ihnen selbst formell entgegenstehende Rechtsnormen sie nicht mehr zu ändern vermögen, vielmehr sich für sie auf allen Gebieten relativ feststehende Grundsätze — Rechtsnormen, die sich aus dem typischen Tatbestand ergeben oder mindestens durch ihn verändern — aufstellen lassen. So wird die Rechtswissenschaft der Judikatur weitgehend wieder festen Boden geben können, wo sie heute unbefriedigenderweise allein auf Billigkeitsgrundsätze angewiesen erscheint.

Diese Arbeit beschäftigt sich mit einem solchen typischen Tatbestand, der, sei es in der Leitung, sei es im Kapital, sei es in der Produktion abhängigen juristischen Person, geht den einzelnen rechtlichen Möglichkeiten der Bildung von Abhängigkeiten, die das Wirtschaftsleben benützt hat oder offenbar noch benützen wird, nach, und untersucht dann, welche Hauptwirkungen sie für die Rechtsgebiete des bürgerlichen, Handels- und Arbeitsrechts haben müssen. Die hier aufgeworfenen Probleme haben eine umso aktuellere Bedeutung, als der Entwurf des Reichsjustizministeriums für ein Gesetz über „Aktiengesellschaften und Kommanditgesellschaften auf Aktien" an verschiedenen Stellen Sonderbestimmungen für Aktiengesellschaften, „auf die eine andere Aktiengesellschaft oder Kommanditgesellschaft auf Aktien auf Grund von Beteiligungen oder in sonstiger Weise unmittelbar oder mittelbar beherrschenden Einfluß ausübt oder auszuüben in der Lage ist", treffen will. Hoffentlich trägt die Arbeit zur Klärung „der rechtlichen Fragen und wirtschaftlichen Probleme, zu denen das Verhältnis zwischen Mutter- und Tochtergesellschaften Anlaß gibt", bei und erfüllt so in etwas den entsprechenden Wunsch der Begründung des Aktiengesetzentwurfs (S. 126).

Auf diese Arbeit hat Professor Geiler einen sehr großen Einfluß gehabt. Es war mir vergönnt, mit ihm immer wieder über alle einschlägigen Probleme zu sprechen, so daß ich selbst nicht wissen kann, auf welche Stellen der Arbeit sein Einfluß am größten war. Ihm gilt mein herzlichster Dank.

Die Arbeit ist mir in so hohem Maße durch meinen Sozius Dr. Willy Zutt, der mich vielfach entlastet hat, erst ermöglicht worden, daß ich meinen Dank auch an dieser Stelle nicht unterdrücken kann.

Meine Frau und Dr. Mestitz, Dozent an der Arbeitsakademie in Frankfurt haben bei der Durchsicht der Arbeit fleißig mitgewirkt.

Mannheim-Heidelberg, im August 1930.

Geleitwort

Sein letztes großes Werk, das Recht der internationalen Kartelle, beginnt Heinrich Kronstein mit Beobachtungen über das Verhältnis nationaler Rechtsordnungen zur Dynamik der modernen Wirtschaft. Kronstein beobachtet, daß der Jurist, der seine Aufgabe in der Auslegung oder in der Schaffung bestimmter Gesetzesvorschriften seines Staates sieht, notwendigerweise der tatsächlichen Entwicklung, mit der er es zu tun hat, „hinterher hinken" muß. Die Aufgabe des Juristen bei der Analyse der Verflechtung von privat-rechtlichen Ordnungen, wirtschaftlichen Interessen und staatlicher Politik werden durch die Tatsache erschwert, „daß der Jurist auch in der wirtschaftlich-wissenschaftlichen Literatur keine auch nur annähernd umfassenden Darstellungen der Tatbestände der modernen privaten Wirtschaftsorganisation und ihrer Auswirkungen auf Weltwirtschaft und nationale Volkswirtschaft vorfindet, an die er seine rechtlichen Maßstäbe legen könnte. Er steht damit vor der Notwendigkeit, sich selbst aus vielen Bausteinen in allen Teilen der Welt die Elemente zusammenzusuchen, aus denen er einen allgemeinen Teil der heutigen internationalen privaten Wirtschaftsorganisationen zusammenbauen kann."

Diese Beobachtung knüpft an eine Feststellung an, die in einem Aufsatz Heinrich Kronsteins über das Wirtschaftsrecht als Rechtsdisziplin und Zweig der Rechtstatsachenkunde aus dem Jahre 1928 enthalten ist. „Wirtschaftsrecht", so stellt er dort fest, „ist nicht nur eine Normendisziplin, die Inhalt und Zweck der Normen feststellt, die sich auf die Wirtschaft als solche beziehen; es ist nicht nur die Wissenschaft von dem Recht der Wirtschaft, sondern auch von dem Leben des Rechts in der Wirtschaft. Es hat die Rechtstatsachen in dem Gebiete der Wirtschaft, den Boden, auf dem in ihr Recht wirken soll und die Wirkungen des Rechts auf die Wirtschaft selbst, wie die gesellschaftliche Bedeutung des Rechts in der Wirtschaft zu erforschen. In diesem Sinne ist Wirtschaftsrecht ein Bindeglied zwischen Rechtswissenschaft und praktischer Volkswirtschaftslehre."

Die enge Verbindung zwischen der Rechtsnorm und den Rechtstatsachen, in denen die Wirkung der Normen erst erkennbar wird, hat das gesamte wissenschaftliche Werk Heinrich Kronsteins bestimmt. Bereits in seinen ersten Arbeiten, unter denen „Die abhängige juristische Person", die mit diesem Nachdruck erneut vorgelegt wird, die wichtigste ist, hat er die Forderung nach einer Anerkennung der tatsächlichen Auswirkung rechtlicher Normen bei ihrer rechtlichen Gestaltung erhoben. Die Mißachtung der Auswirkungen wirtschaftlicher Macht und nationaler und internationaler Unternehmensverbindung auf die Wirkungsweise der Privatrechts-Institute, derer sie sich bedienen, durch die Zivilrechtsdogmatik, verletzten nicht nur sein dogmatisches Verständnis, sondern auch sein rechtspolitisches Gewissen und sein Rechtsgefühl. „Der Jurist", so fordert er deshalb in seinem ‚Recht der internationalen Kartelle', „muß nicht nur darüber Klarheit besitzen, was mit seiner nationalen Rechtsordnung heute gemacht wird und gemacht werden kann, sondern er muß auch die immanenten Grenzen der Rechtssätze und Rechtsinstitutionen sehen, die sich aus der Einbettung in die Gesellschaftsordnung ergeben."

Diese Forderung, die Heinrich Kronstein auf der Höhe seiner wissenschaftlichen Laufbahn formulierte, ist mehr als die Problemstellung eines Buches. In ihr kommt der Grundtenor seiner wissenschaftlichen Philosophie – als Schule wollte er sie nie bezeichnen – zum Ausdruck, die bereits 36 Jahre zuvor seine Arbeit über die abhängige juristische Person geprägt hat. Schon in diesem Buch war er auf der Suche nach den „vielen Bausteinen", aus denen sich die realen Lebenssachverhalte zusammensetzen, jene Sachverhalte, die der Ordnung des Rechts unterworfen sind, gleichzeitig aber auf eben diese Ordnung zurückwirken und sie verändern. Dieses Wechselspiel von realer und abstrakter Ordnung hat Kronstein ein Leben lang fasziniert.

Auch die Behandlung der juristischen Person nimmt er zum Anlaß, um zu zeigen, „in wie hohem Maße sich das Sollen von dem, was ist, dem ‚lebenden Aktienrecht' unterscheidet und wie sehr die Folgerungen aus dem Normenbegriff der Aktiengesellschaft andere sind als die aus der tatsächlichen Rechtsgestaltung zu ziehenden."

„Das lebende Recht", „die tatsächliche Rechtsgestaltung" sind Schlüsselbegriffe in Heinrich Kronsteins Werk. Helmut Coing hat ihn deshalb als den geborenen Rechtstatsachenforscher bezeichnet und festgestellt: „Jurisprudenz, Wirtschaftsrecht vor allem ohne den ständigen Vergleich mit den tatsächlichen Vorgängen besitzt keinen Reiz für ihn." Dabei verstand es Heinrich Kronstein wie wenige, auch verborgene Vorgänge des großen wie des kleinen Lebens aufzuspüren und ihre rechtliche Bedeutung sichtbar zu machen. Auch hierfür ist die abhängige juristische Person ein erstes Zeugnis. In ihr ist eine Fülle von damals weitgehend unbeachteten Zeitungsnotizen, Geschäftsberichten, Konkursakten und dergleichen ausgewertet und in einem System „der tatsächlichen Rechtsgestaltung" eingefügt.

Es wäre allerdings falsch, wollte man aus Heinrich Kronsteins Bemühungen um das „lebende Recht" – so wie das mitunter geschehen ist – den Vorwurf der Prinzipienlosigkeit, des mangelnden Verständnisses für ein abstraktes vorgegebenes Normensystem herleiten. Dies hieße, seine Methode verkennen. Worum es Heinrich Kronstein geht, hat Franz Böhm einmal mit der Feststellung beschrieben: „Bei dieser Methode handelt es sich sozusagen um ein unablässiges Konfrontieren sowohl der Daseinsvorgänge als der von ihnen jeweils in Mitleidenschaft gezogenen Sätze des positiven Rechts mit den der geltenden Rechtsordnung und dem geltenden Wirtschaftssystem zugrunde liegenden elementaren Ordnungsgedanken und Wertvorstellungen unter der Nötigung einer konkreten, mit energischer Anschauungskraft erfaßten Konfliktslage."

Nichts lehnte Heinrich Kronstein entschiedener ab als den Zustand der Rechtlosigkeit, unter dem er persönlich schwer genug gelitten hat. Aber er sah die Gefahr der Rechtlosigkeit nicht nur – wie viele seiner Generation – in den Perversionen eines Führer- oder Volkswillens, sondern ebenso auch in der seelenlosen Anwendung überholter positiver Normen. So überrascht es nicht, daß Heinrich Kronstein schon in seiner abhängigen juristischen Person die traditionelle Subsumtionstechnik, das heißt, die aufeinander abgestimmte Analyse von Tatbestands- und Sachverhaltsmerkmalen, verwirft und seine ganze Aufmerksamkeit den fundamentalen Ordnungsgedanken eines Normengefüges zuwendet. Diesen „elementaren Ordnungsgedanken und Wertvorstellungen", wie Böhm es nannte, will Heinrich Kronstein in allen nur denkbaren Lebenssachverhalten zum Durchbruch verhelfen, und er ist deshalb mitunter geradezu ängstlich darum bemüht, jede Verkürzung eines grundlegenden Rechtssatzes durch positivistische Gesetzesinterpretation zu vermeiden.

Heinrich Kronsteins uneingeschränktes Engagement für die Wertordnung des Rechts und seine umfassenden Kenntnisse der Rechtstatsachen prädestinierten ihn in hervorragender Weise zur Mitwirkung an gesetzgeberischen Arbeiten. Nicht nur im Zusammenhang mit der Europäischen Wirtschaftsgemeinschaft und den Versuchen einer Ordnung internationaler wirtschaftlicher Sachverhalte, sondern vor allem auch bei den Vorarbeiten zum neuen deutschen Aktiengesetz, hat er sich intensiv engagiert. Das Konzernrecht stellte für ihn persönlich den vorläufigen Abschluß einer Entwicklung dar, die mit der abhängigen juristischen Person begonnen hatte. In den konzernrechtlichen Regelungen des neuen Aktiengesetzes wurden Heinrich Kronsteins Gedanken zur abhängigen juristischen Person wieder lebendig. Es lag nahe, daß er gerade diese Regelungen mit besonders kritischen Augen sah und nicht zögerte, als einer der ersten auf die Schwächen unseres Konzernrechts hinzuweisen.

Seine Kritik, vor allem in den Regelungen über den faktischen Konzern, reicht zurück bis zur abhängigen juristischen Person und hat dort ihren Ursprung und ihre Begründung. So ist seine große Arbeit aus den Anfängen des Konzernrechts auch heute noch von unveränderter Aktualität. Ohne seine frühzeitige Erkenntnis von der Veränderung aktienrechtlicher Normen durch die Abhängigkeit der juristischen Person gäbe es gerade im Bereich der gesellschaftsrechtlichen Rechtstatsachenforschung eine empfindliche Lücke. Wenige konnten sie so wie Heinrich Kronstein schließen.

Kurt H. Biedenkopf

Düsseldorf, Februar 1973

Professor Dr. Heinrich Kronstein starb am 27. September 1972 in Bern. Die endgültige Entscheidung, den von seinen Freunden und Schülern angeregten Nachdruck seiner 1931 in unserem Verlag erschienenen Schrift „Die abhängige juristische Person" zu veranstalten, erreichte ihn leider nicht mehr. So erhält der hiermit nun vorzulegende Nachdruck zugleich den Charakter eines literarischen Denkmals für diesen international angesehenen Wissenschaftler, dem gerade nach dem 2. Weltkrieg die deutsche Rechtswissenschaft und das deutsche Rechtsleben viel zu verdanken haben und dem als Autor wie als väterlichem Freund unsere ganz besondere Verehrung und Dankbarkeit gilt. Wenn wir seinen Schüler, Professor Dr. Kurt H. Biedenkopf, gebeten haben, dem Nachdruck ein Geleitwort beizugeben, so geschah dies, um von berufener Seite die Person und das Werk Heinrich Kronsteins zu würdigen und der juristischen Nachwelt zu überliefern.

München, Juli 1973

Arthur L. Sellier
J. Schweitzer Verlag

Inhaltsverzeichnis.

Einleitung.

I. Das Problem.

Die Organisation der modernen Wirtschaft zeigt Personen höherer und niederer Ordnung. In den Konzernen sind einzelne zwar formell selbständige, aber materiell mehr oder weniger abhängige Rechtspersonen zusammengeschlossen, in den Kartellen handeln nach außen scheinbar selbständige Personen, die in Wahrheit nur Diener sind; bis hinunter zu den kleinsten Wirtschaftskörpern sehen wir auf der einen Seite herrschende, auf der anderen von diesen abhängige Personen, wobei die Gründe der Verschachtelung die verschiedensten sein können[1]. Die Form der juristischen Person, die sich weitgehend nach Belieben gestalten und mit anderen verbinden läßt, bietet die Möglichkeit solchen Aufbaus.

Das Verhältnis der abhängigen juristischen Person zu der sie beherrschenden einerseits und das beider zu Dritten andererseits, ist das Problem, dem diese Arbeit gewidmet ist. In der Literatur der letzten Jahre hat es besonders auf dem Gebiete des Steuerrechts Beachtung gefunden: die „Organtheorie" (RFH. 3, 231; 284, 290; 4, 172, 321; 9, 141, 167; 11, 266; 12, 240; 13, 146; 15, 118, 312; 17, 53; 18, 10, 16, 75, 323), das Schachtelprivileg (§ 11, Nr. 3 Körperschaftssteuer-

---

[1] Man kann dabei im wesentlichen folgende Fälle unterscheiden:

a) Ein Unternehmen fürchtet bestimmte Risiken und läßt diese von eigens dazu gebildeten juristischen Personen übernehmen (Gründung von Schiffahrtstochtergesellschaften, um die Haftung bei Schiffszusammenstößen auf das Gesellschaftskapital zu beschränken (Haußmann: Die Tochtergesellschaft, Berlin 1923, S. 16); Gründung von Filialgesellschaften im Ausland, um die Hauptgesellschaft nicht durch gewagte Abschlüsse eines Auslandsstellenleiters, den die Zentrale nicht genügend kontrollieren kann, zu gefährden (Enquête-Ausschuß, Bem. von Deutsch I, 3. Gruppe 1. Teil S. 397)).

b) Ein Unternehmen will dadurch Steuern sparen, daß die Gewinne tunlichst verteilt werden.

c) Ein Unternehmen ist historisch aus verschiedenen Personen entstanden und schreitet mit Rücksicht auf das Prestige der einzelnen Firmen nicht zur Fusion. Dieser Fall spielte früher eine größere Rolle, jetzt kam man z. B. bei der Fusion der Großbanken über diese Schwierigkeit recht leicht hinweg.

d) Ein Unternehmen will einen seiner Teile möglichst leicht — und zwar unabhängig von den anderen mit diesem in Verbindung stehenden Teilen — verkäuflich gestalten.

e) Ein Unternehmen will einen Teil seiner Produktion oder seines Handels selbständig machen, um verschiedenen Verbänden angehören zu können, ohne daß eine Kollision entsteht (vgl. dazu im übrigen in erster Linie Friedländer: Konzernrecht, Mannheim, 1927).

gesetz; Art. 3 § 15 des Ges. über Steuermilderungen zur Erleichterung der Wirtschaftslage vom 31. III. 1926, RGBl. I, 185), sowie die Frage der Besteuerung von Umsätzen zwischen zusammenhängenden juristischen Personen (Geiler, Steuer und Wirtschaft, 1926 Sp. 121; RFH. 4, 172; 9, 146; 18, 10; RFH. in RStBl. 23, 216; 25, 85, 147; 26, 143) waren genügend Veranlassung. Wir scheiden das Steuerrecht aus unserer Betrachtung aus, weil die dort gestellten Fragen — wie sich zeigen wird — unmittelbar mit unserer Art der Untersuchung wenig zu tun haben. Es ist jetzt notwendig, das Problem gerade in anderen Rechtsgebieten einmal eingehender, als es bisher geschehen ist, zu verfolgen und die Ergebnisse des Steuerrechts nur als Material zu verwerten.

Unsere Frage ist erstmals im Jahre 1910 von Rudolf Isay, Das Recht am Unternehmen, S. 96ff., ganz klar aufgeworfen worden und seitdem zwar nicht mehr zur Ruhe gekommen, aber auch nie speziell untersucht worden[2]. Der obige kurze Hinweis auf die Rolle der abhängigen juristischen Personen in Handel und Industrie des deutschen Rechtsgebiets, läßt keinen Zweifel, daß die Behandlung dieses Problems eine praktische Notwendigkeit ist.

Man kann heute den Fragenkreis an sich nicht besser beleuchten, als es Isay (S. 97) schon vor so langer Zeit getan hat: „Die vergangenen Jahrzehnte waren eine Zeit der Konzentration auf allen Wirtschaftsgebieten. Fast allenthalben hat der einzelne Unternehmer seine bisherige isolierte Stellung aufgegeben und sich mit Fachgenossen zu Gruppen, zu Interessengemeinschaften aller Art, Kartellen und Trusts zusammengeschlossen. Einzelne mächtige Unternehmungen, die Großbanken, die Elektrizitätsgesellschaften, Stahlwerke wie Krupp, Kohlenbergwerke wie Thyssen, Handelsfirmen wie die Metallgesellschaft, haben als Kristallisationszentren für den Konzentrationsprozeß gedient und um sich herum ganze Massen der verschiedenartigsten Unternehmen in mehr oder weniger enger Verbindung zu gewaltigen Konzernen zusammengeballt. Könnte man also das Vorhandensein eines komplexen Unternehmens auch dort gelten lassen, wo die einzelnen Teilnehmergeschäfte verschiedenen Rechtssubjekten zustehen, so hätte das die Bedeutung, daß jene Unternehmungsgruppen alle oder doch zum Teil rechtliche Anerkennung und rechtlichen Schutz gegen Störung genössen." Wir werden erkennen, daß man heute mindestens aus der Unterwerfung verschiedener juristischer Personen unter eine andere Person — gleichgültig, ob diese eine juristische ist oder nicht — noch weit mehr Folgerungen als die gemeinsamen Störungsschutzes ziehen kann und muß.

Es ist verwunderlich, daß ein so ausgezeichneter Kenner der Materie

[2] Die Probleme sind angeschnitten von Haußmann: a. a. O.; Friedländer: a. a. O. insbes. 6. Abschn. § 7 „Das Problem der Selbständigkeit der jur. Person", besond. aber Hamburger, Die Organgesellschaft, Festschrift f. Seckel, Berlin 1927, S. 262 ff.

wie Fritz Haussmann[3] (a.a.O. S. 26ff.) zu der Lehre Isay's sagt: „Ich möchte sie kurz die Einheitlichkeitstheorie nennen. Sie besagt kurz ausgedrückt etwa, daß Mutter- und Tochtergesellschaft kraft ihrer engen Zusammengehörigkeit in Wirklichkeit eine wirtschaftliche Einheit und demgemäß auch rechtlich nichts anderes als Filialen seien." „Es würde (S. 28) aber nicht nur den Rechtstatsachen widersprechen, sondern auch wirtschaftlich äußerst bedenklich sein, wenn man sich infolge des Vorhandenseins der Abhängigkeit einer Tochtergesellschaft von einer Muttergesellschaft in konsequenter Weiterführung der Einheitstheorie über alles das hinwegsetzen wollte, was z. B. im Verhältnis zwischen Mutter- und Tochtergesellschaft rechtlich feststeht oder vertraglich vereinbart ist. Nicht nur dürften alle derartigen Abmachungen alsdann rechtlich in der Luft schweben: es würde, wenn beispielsweise, wie dies alltäglich vorkommt, ein Unternehmen die Majorität der Aktien eines anderen Unternehmens mit maßgebender Beherrschung erwirbt, der Vorstand der jetzt zum Tochterunternehmen gewordenen Gesellschaft eines Tages kein Vorstand mehr, der Aufsichtsrat kein Aufsichtsrat mehr und die Aktiengesellschaft keine Gesellschaft mehr sein."

So wenig wie Isay oder irgend jemand anders solche Einheitstheorie[4] je aufgestellt hat, wird sie hier behauptet werden. Auch de lege ferenda ist sie im Ernst nicht zu vertreten, so sehr im einzelnen die Folgen der Zugehörigkeit zur Einheit des Unternehmens zu berücksichtigen sind. Friedlaender (a. a. O. § 5, II, 3) hat völlig recht,

---

[3] Der von Haussmann und auch sonst in der Literatur verwandte Begriff „Tochtergesellschaft" ist für das, was hier behandelt wird, rein sprachlich zu eng. Das erweist sich aus den Ausführungen des I. Buches. Warum soll eine etwa durch Verträge gebundene Person eine „Tochter"-Gesellschaft genannt werden? Dieser Begriff wurde für einen bestimmten Typ von Kapitalabzweigungen, die zur Risikoverteilung stattfanden, gewählt, und paßte für ihn sehr gut. Die „abhängigen Personen" des modernsten Wirtschaftslebens werden durch diesen Begriff, wie er früher verstanden wurde, eigentlich nicht mehr gedeckt. Diese Erkenntnis erlangt besondere Bedeutung, da der Aktienrechtsentwurf (§ 56) eine Legaldefinition der „Tochtergesellschaft" zu geben versucht. Als solche wird jede Gesellschaft bezeichnet, auf die eine andere Gesellschaft „auf Grund von Beteiligungen oder in sonstiger Weise unmittelbar oder mittelbar beherrschenden Einfluß ausübt oder auszuüben in der Lage ist". Die Fassung „in sonstiger Weise" muß nach unserer Rechtssprache streng genommen (Beispiel: § 823 BGB!) so ausgelegt werden, daß nur Fälle in Betracht kommen, die mit dem Hauptfall, der „Beteiligung", im Wesen übereinstimmen, somit eine Herrschaft mit körperschaftlichen Mitteln verleihen. Vertragliche Bindungen einer juristischen Person könnten eigentlich dieser Legaldefinition nicht genügen. Es wäre auf jeden Fall zweckmäßiger, wenn das Gesetz von einer „Abhängigkeit" spräche, die sich auf Statuten, Stimmenmacht oder vertragliche Bindung gründen kann. Die Erscheinung der „Abhängigkeit" ist es, die zu den im II. Buche dargestellten einzelnen Konsequenzen führt.

[4] Dazu auch Müller-Erzbach: Reichsgericht und Interessenjurisprudenz RGPrax. II, S. 175 u. die dort zit. amerikanische Arbeit von William W. Cook „The principles of corporation law", 1925, S. 321.

wenn er gegen Haussmann ausführt[5], „daß es eine solche Einheitlichkeitstheorie im Sinne einer für alle Rechtsgebiete geltenden Theorie nicht gibt, daß vielmehr in den einzelnen Rechtsgebieten jeweils festzustellen ist, inwieweit rechtlich einheitliche Behandlung von Vorgängen geboten ist, die sich innerhalb eines wirtschaftlich einheitlichen Unternehmens vollziehen." „Daraus folgt auch hier, daß nur in diesen Beziehungen die Zusammenfassung als Einheit gilt, sei es, daß die rechtliche Entwicklung noch nicht soweit gediehen ist, sei es, daß nach der Natur der Sache die höhere Einheit nicht erheblich in Betracht kommt." Der Konzernbegriff ist „nichts Absolutes, sondern etwas Relatives".

Wir greifen die in diesen Literaturstellen aufgeworfenen Fragen auf und untersuchen das Problem: Wann ist eine juristische Person von einer anderen derart abhängig, daß Konsequenzen aus ihrer Zusammengehörigkeit überhaupt in Betracht kommen können? Welche Konsequenzen im bürgerlichen-, Handels- und Arbeitsrecht sind denkbar?

Damit beschränken wir uns auf das Subordinationsverhältnis und zwar auf das Verhältnis der subordinierten juristischen Person zu der herrschenden und die Wirkung dieser Beziehung Dritten gegenüber. Wir beschränken uns schließlich auf eine Untersuchung der wesentlichsten Wirkungen dieser Rechtsverhältnisse im bürgerlichen-, Handels- und Arbeitsrecht.

II. Abgrenzung des Problems vom Unternehmungsproblem.

Wirtschaftlich reicht ein „Unternehmen"[6] soweit, als produktives Kapital — gleichgültig wem es gehört — über eine oder mehrere Rechtspersonen hinweg gemäß einheitlichem Plane von einer Stelle aus geleitet wird. Die abhängige Person gehört wirtschaftlich oft in diesem Sinne zu dem Unternehmenskreis der herrschenden, gleichgültig, ob die Abhängigkeit sich in der Kapital-, Organisations- oder Produktionssphäre zeigt. Meist kommt es darauf hinaus, daß die herrschende Person auf das in der abhängigen repräsentierte Kapital Einfluß nehmen

[5] Friedländer: Steuer und Wirtschaft, 1923, S. 1101 ff; KartR. 1926, S. 154.

[6] Nur die Grenze des „Unternehmens" im wirtschaftlichen Sinne interessiert uns hier. Die volkswirtschaftliche Doktrin definiert das Unternehmen von ganz anderen Ausgangspunkten aus und zu ganz anderem Zwecke (z. B. Sombart: Der moderne Kapitalismus, II. Bd. S. 103/104 als Gegensatz zum „Unternehmen anderer Wirtschaftsepochen"). Isay (Recht am Unternehmen) nimmt eine ähnliche Definition wie wir an (S. 41: „Das Unternehmen ist ein zweckmäßig organisierter Inbegriff von Personen und wirtschaftlichen Gütern, eine „Vereinigung" verschiedener produktiver Kräfte [Natur, Kapital u. Arbeit])", ohne aber aus dieser von ihm sogar als Teil seiner Rechtsdefinition gedachten Bemerkung eigentliche Konsequenzen zu ziehen. Er untersucht ja auch das Unternehmen lediglich als Objekt eines Rechts. Ähnliches gilt für Oppikofer: Das Unternehmensrecht S. 4, u.a.m.

kann. In vielen Fällen wird dieser Einfluß hinreichen, um wirtschaftlich von einem Unternehmenszusammenhang sprechen zu können.

In der Rechtswissenschaft[7] hat man bisher fast ausschließlich versucht, die immateriellen Bestandteile eines Unternehmens im wirtschaftlichen Sinne, vornehmlich Organisation, Kundschaft, Chancen, Geheimnisse, zum Begriff des „Unternehmens" zusammenzufassen und ein einheitliches Recht an ihm zu konstruieren. Dazu war neben Bestimmungen des österreichischen und französischen Rechts über die Pfändung und Verpfändung dieser Gesamtheit der immateriellen Werte die tägliche Erscheinung des Verkaufs von „Unternehmen" Anlaß. Diese Art der Fragestellung hat mit dem Verhältnis von herrschender zu abhängiger Person kaum etwas zu tun. In diesem Sinne ist — von Ausnahmefällen reiner Namenspersonen abgesehen — die abhängige Person auch für sich allein „Unternehmen", wie es denn etwa von Isay (a. a. O. S. 87 ff.) und Oppikofer (a. a. O. S. 14) vertreten wird[8].

Das „Unternehmen" ist aber von der Rechtswissenschaft nicht nur als begriffliches Problem, sondern fast mehr noch als rechtlich relevanter Tatbestand des Wirtschaftslebens, der durch seine Entwicklung eine materielle Änderung des Inhalts vieler Teile des Rechts z. B. in Form veränderter Auslegung erzwingt, zu untersuchen. Die Einheit der Leitung, des Kapitals oder der Produktion erheischt auch rechtliche Berücksichtigung; es wird in Zukunft eine sehr wichtige Aufgabe der Rechtswissenschaft sein, die für die Praxis des Rechts wesentlichen Teile des Tatbestands im Einzelnen herauszuarbeiten. Die größte Schwierigkeit aber, die solcher Untersuchung entgegensteht, ist gerade die Formung eines Unternehmens aus mehreren Personen bzw. Gesellschaften; sie erschwert es, die Elemente, aus denen die Unternehmenseinheit gebildet wird, klar zu stellen und zwingt in den verschiedenen Gebieten des Rechts, je nachdem, welche Bedeutung der formalen Selbständigkeit der beteiligten Personen im Einzelfalle zukommt, zu verschieden starken Konsequenzen der Unternehmenseinheit.

Herrschende und abhängige Person bilden nicht immer ein Unternehmen. Die beiden Kreise schneiden sich weitgehend, aber sie decken sich durchaus nicht. Nicht alle Abhängigkeiten führen gleich so weit, daß man von einer Unternehmenseinheit sprechen kann. Auf jeden Fall ist eine Untersuchung des Tatbestands der abhängigen Person und

---

[7] Ohmeyer: Das Unternehmen als Rechtsobjekt, Wien 1906; Pisko: Das Unternehmen als Gegenstand des Rechtsverkehrs, Wien 1907; Isay: a. a. O.; Oppikofer: a. a. O.; Hedemann: Das bürgerl. Recht und die neue Zeit, 1919, S. 17; Kallmann: Der unlaut. Wettbewerb, S. 26.

[8] Wie hier z. B. Passow: Betrieb, Unternehmen, Konzerne, 1926, Erwin Jacobi: Betrieb und Unternehmen als Rechtsbegriff. Leipz. wiss. Stud. H. 21, 20, weil diese eben von einem anderen Unternehmensbegriff als die oben genannten ausgehen.

dessen Wirkungen eine notwendige Vorarbeit zur Erreichung des weiteren Ziels, der Untersuchung des Tatbestands des Unternehmens und seiner Wirkungen.

Die im zweiten Buch dieser Arbeit untersuchten „Wirkungen" des Tatbestands der Abhängigkeit zeigen am besten die Kernpunkte, von denen sich eine Bearbeitung des Unternehmenstatbestands leiten lassen müßte. Jeder zu prüfenden Frage müßten andere Elemente zugrunde gelegt werden: den Fragen des bürgerlichen Rechts der Leitungszusammenhang, den Fragen des Handelsrechts der Kapitalzusammenhang, den Fragen des Arbeitsrechts der Produktionszusammenhang.

Erstes Buch.

Das Rechtsverhältnis zwischen herrschender und abhängiger juristischer Person.

I. Die Abhängigkeit einer juristischen Person im allgemeinen.

„Die juristische Person steht nie allein in der Welt, sie hat immer andere hinter sich, für die sie da ist, für die sie lebt"[1]. Sie bleibt letztlich — die Anstalt nicht weniger als die Körperschaft — als ein Mittel menschlicher Organisation notwendigerweise immer an die, die sich zu ihr bekennen, gebunden. Eine Aktiengesellschaft ist von den Aktionären, ein Verein von den Mitgliedern, eine Anstalt — das ist ihre Eigenart — von dem Gründer „abhängig".

Nicht diese „Abhängigkeit" ist es, auf die es in dieser Arbeit ankommt, zumal sie in der Tat ohne rechtliche Bedeutung bleibt[2]. Bestimmen zwar die Mitglieder einer juristischen Person deren Entschlüsse, so doch als rechtlich selbständige, die mindestens theoretisch nur den Interessen der juristischen Person selbst dienen dürfen. Die Erfüllung ihres eigenen Zwecks ist das Ziel, dem alle ihre Teile und Organe zuzustreben haben.

Die Abhängigkeit, um die es sich hier handelt, ist nicht nur eine grundlegend andere, sondern geradezu eine Störung der als normal gedachten „Abhängigkeit". Von ihr wird nicht jede juristische Person betroffen; sie ist vielmehr eine Erscheinung, die sich nur bei einer besonderen Art von juristischen Personen zeigt. Die Selbständigkeit der Willensbildung wie der Eigenzweck der in der juristischen Person verkörperten Organisation ist bei diesen ganz oder teilweise nur noch ein scheinbarer. Ihr Wille wird von außen entscheidend beherrscht, ihre

[1] Otto Mayer: Die juristische Person in ihrer Verwertbarkeit im öffentlichen Recht. Tübingen 1908, S. 79.

[2] Walter Schoenfeld: Rechtsperson und Rechtsgut im Lichte des Reichsgerichts RGPrax. II, S. 250 ff. weist mit Recht auf die kulturelle Bedeutung dieser „Abhängigkeit" hin.

Zwecke liegen in größerem oder geringerem Umfange außerhalb ihrer selbst; ihr einziges Ziel ist nicht mehr möglichst großer eigener Erfolg, sondern mehr oder weniger ausschließlich Herbeiführung von Vorteilen bestimmter Mitglieder oder gänzlich Fremder. Der Grad der Abhängigkeit in diesem Sinne kann stärker oder schwächer, ihre Arten sehr verschiedenartig sein.

„Abhängig" ist eine juristische Person, deren Willen planmäßig in einer auf die Dauer bestimmten Weise von einer oder mehreren [3] Personen festgelegt wird, über deren Gewinn — wenn sie solchen überhaupt haben darf — in erheblichem Umfang von vorneherein zugunsten anderer verfügt ist oder deren Zweck sich in der Tätigkeit für andere erschöpft. Wann im Einzelfalle dieser Tatbestand erfüllt ist, bleibt in weitem Umfange Wertfrage, die je nach dem Ausgangspunkt der Einzeluntersuchung, insbesondere je nach der Konsequenz, die etwa aus der Annahme bzw. Nichtannahme der Abhängigkeit gezogen werden soll, zu entscheiden ist.

Wir teilen die Arten der Abhängigkeit in drei Hauptgruppen ein, die sich im praktischen Einzelfall, der meist nicht nur ein Symptom der Abhängigkeit aufweist, selbstredend auch durcheinandermischen können. Ja, es gibt sogar kaum einen Fall, bei dem nur die Merkmale der einen Gruppe erfüllt sind.

Die Art der ersten Gruppe nennen wir organisatorische Abhängigkeit. Sie ist eine körperschaftliche Bindung und muß im Statut geregelt sein. Sie kann in der Übertragung der Wahl der Organe der abhängigen an die herrschende Person — gleichgültig, ob sie Mitglied ist oder nicht —, in deren Einflußrechten auf die Gewinnverteilung jener und anderes, in der Umschreibung des „Gegenstands des Unternehmens" oder schließlich in einer Sondergewinnbeteiligung erheblichen Umfangs zum Ausdruck kommen [4].

Die Art der zweiten Gruppe nennen wir vertragsmäßige Abhängigkeit. Sie beruht auf obligatorischen Verträgen zwischen der juristischen Person und einem Dritten. Inhalt der Verträge muß sein, der herrschenden Person die Möglichkeit zu geben, auf die Dauer in erheblichem Umfange [5] den Willen der beherrschten entscheidend zu be-

---

[3] Fast immer werden solche mehreren Personen miteinander in einem Rechtsverhältnis stehen. Nur in den seltensten Fällen wird man das Werturteil „Abhängigkeit" abgeben, wenn die Einflußrechte mehreren nicht miteinander in Verbindung stehenden Persönlichkeiten eingeräumt sind.

[4] Haußmann: Grundlegung des Rechts der Unternehmenszusammenfassungen S. 106 ff. übersieht bei seiner Einteilung diese „Subordinationsmöglichkeit". Er beachtet nur dingliche Subordination, zu der er u. a. das rechnet, was wir unter der „stimmenmäßigen Abhängigkeit" zusammenfassen, und die obligatorische d. h. vertragsmäßige Subordination.

[5] Im Verhältnis zum Arbeitskomplex der abhängigen Person.

einflussen. Das kann durch Einräumung von Rechten, die, wenn auch in anderer Form ebenso bei der organisatorischen Abhängigkeit gegeben sein können, oder durch weitergehende Bindungen geschehen. Bei der Vielgestaltigkeit von Vertragsbestimmungen ist eine erschöpfende Aufzählung nicht möglich. Im Interesse der Abgrenzung des Begriffs, die im einzelnen noch zu erfolgen hat, sei aber hier schon festgestellt: Wie überhaupt nicht zu dem hier behandelten Problemkreis gehören Fälle rein wirtschaftlicher Hörigkeit nicht hierher, wenn diese auch auf Verträgen beruht, kraft deren eine juristische Person so sehr Schuldnerin einer anderen Person geworden ist, daß sie vorübergehend — zum mindesten aber nicht bestimmungsgemäß — in wirtschaftliche Abhängigkeit geraten ist. Darauf, daß sich eine für uns in Betracht kommende Abhängigkeit u. U. daraus entwickeln kann, kommt es nicht an.

Die Art der dritten Gruppe nennen wir stimmenmäßige Abhängigkeit. Sie kann der allgemeinen Bindung jeder juristischen Person an ihre Mitglieder am nächsten kommen; die einzige Besonderheit — wenn keinerlei Vorzugsrechte bestehen — ist, daß es nicht viele sind, die im Ausgleich ihrer Meinungen den Willen der juristischen Person bilden, sondern ein einziger oder eine z. B. durch Poolvertrag gebundene Gruppe, und daß die Herrschaft in einer auf die Dauer bestimmten Weise ausgeübt wird. Die stimmenmäßige nähert sich der organisatorischen Abhängigkeit, wenn sie nicht auf Kapitalgrundlage beruht, sondern die entsprechende Stimmenmacht auf Vorzugsrechte und ähnliche Institute gegründet ist.

Die Gruppen der Abhängigkeitsformen sind bei allen Arten der juristischen Person, wenn auch in recht verschiedenen Bildungen, möglich. Bei der Aktiengesellschaft sieht die praktische Durchführung solcher Abhängigkeit grundlegend anders aus als z. B. beim eingetragenen Verein[6].

II. Die Abhängigkeitsformen im besonderen.

A. Die organisatorische Abhängigkeit.

a) Grundsätzliches.

1. Die organisatorische Abhängigkeit stützt sich ausschließlich auf die Satzung[7]. Sie wird in den Formen begründet, unter denen man über-

[6] Es kommt also nicht nur darauf an, die Gruppen selbst zu untersuchen, sondern jeweils — wenn auch kurz — aufzuzeigen, wie sie sich bei den verschiedenen juristischen Personen auswirken.

[7] „Satzung“ einer jur. Person ist für den eingetragenen Verein die Satzung i. S. der §§ 25, 33 BGB., für die AG. der Gesellschaftsvertrag i. S. der §§ 182, 274 HGB., für die Kommanditgesellschaft auf Aktien der Gesellschaftsvertrag i. S. der §§ 321, 322 HGB., für die GmbH. der Gesellschaftsvertrag i. S. der §§ 2, 3, 53 ff. GmbHGes. und schließlich das Statut für die eingetragene Genossenschaft i. S. der §§ 6 ff. GenGes.

haupt Satzungen schafft oder abändert und kann nur entsprechend aufgehoben werden.

2. Die organisatorische Abhängigkeit kann entweder:

α) in unmittelbaren Einflußrechten der herrschenden auf die Organisation der abhängigen Person (Bestimmung oder Vorschlag von Organen, Mitwirkung bei der Gewinnverteilung usw.);

β) in unmittelbaren Gewinnbeteiligungsrechten der herrschenden bei der abhängigen Person oder

γ) in mittelbaren Einwirkungsmöglichkeiten der herrschenden auf die abhängige Person (Beschränkung deren Tätigkeitsgebiets auf den Dienst zugunsten der herrschenden u. a.)

bestehen.

Zu α). Die ersten sind — vorausgesetzt, daß die herrschende zum Kreise der an der abhängigen Person Beteiligten gehört[8] — typische „Sonderrechte“ im Sinne des § 35 BGB. Die Statuten berechtigen hier die herrschende Person, körperschaftliche Akte selbst vorzunehmen oder mindestens zu verhindern, daß sie ohne ihre Mitwirkung vorgenommen werden. Die herrschende ist also Organ der beherrschten Person, denn nur ein solches kann ohne weiteres Wirkungen innerhalb einer juristischen Person hervorrufen[9]. Ihre Rechte sind Organschaftsrechte.

Zu β). Die zweiten sind Wertrechte. Die Statuten lassen der herrschenden Person den Ertrag ganz oder zum Teil zukommen. Das Geschäft wird mehr oder weniger für sie geführt.

Die Wertrechte, wie übrigens auch die Organschaftsrechte, werden — gleichgültig, ob der Berechtigte an der Gründung mitgewirkt hat oder nicht — unmittelbar aus dem Statut erworben, wobei mit allem Vorbehalt an den entsprechenden Fall des Vertrags zugunsten Dritter (§ 328, I BGB.) mit der Feststellung zu denken ist, daß sich die satzungsetzenden Organe so weit als möglich „die Befugnis vorbehalten,

[8] Verschiedene Konsequenzen, je nach dem ob die herrschende Person Mitglied ist und ihr die Rechte ausdrücklich in dieser Eigenschaft gegeben wurden, so daß sie sich als Sonderrechte darstellen, oder nicht, ergeben sich inbezug auf die Aufhebung dieser Rechte (ebenso Alfred Schultze: Jherings Jahrbücher Bd. 75, S. 459 „Organschaftsrechte als Sonderrechte“, dessen Hauptlehre, bei Mitgliedern sei § 117 HGB. entsprechend anzuwenden (S. 470), allerdings abgelehnt wird. Schultze übersieht, daß es auch besondere Rechte von Mitgliedern gibt, die keine Sonderrechte sind, weil sie ihnen nicht mit Rücksicht und gebunden an diese Eigenschaft verliehen wurden). Wie Schultze fassen wir zusammen: Organschaftsrechte, soweit es sich um unmittelbare Einflußrechte, und Wertrechte, soweit es sich um Gewinnbeteiligungsrechte handelt. Die beiden Gruppen selbst scheiden wir durch die Begriffe: Sonderrecht — Fremdrecht (Organsonderrecht — Organfremdrecht; Wertsonderrecht — Wertfremdrecht).

[9] Insofern ist es nicht ganz richtig, wenn meist von Einflußrechten Dritter gesprochen wird. Der hier vertretene Standpunkt wird im Einzelnen im Folgenden begründet.

das Recht des Dritten ohne dessen Zustimmung aufzuheben oder zu ändern" (§ 328, II BGB.).

Zu γ). Die dritten dagegen geben der herrschenden Person keinerlei subjektive Rechte, höchstens Reflexrechte im Sinne Jellineks (System der subjektiven öffentlichen Rechte S. 67ff.). Das objektive Statutenrecht zwingt zum Dienst zugunsten der herrschenden Person.

3. Die organisatorische Abhängigkeit wirkt nur innerhalb der Körperschaft. Die juristische Person selbst wird zu gar nichts verpflichtet, woraus sich entscheidende Konsequenzen für Möglichkeit und Folgen eines Verstoßes der abhängigen wider die Rechte der herrschenden Person ergeben.

Die Organschaftsrechte können eigentlich gar nicht verletzt werden. Die Stelle, die von einem bestimmten Träger des Organschaftsrechts zu besetzen ist, bleibt unbesetzt, wenn irgendwelche andere Seite z. B. die Generalversammlung oder das entsprechende Organ jemand für sie bestellt (s. auch RG. JW. 1927, 2298ff) [10].

Eine Verletzung der Reflexrechte der herrschenden Person ist eine Verletzung der Satzung. Sie führt nicht in jedem Falle zum gleichen Ergebnis, so ist z. B. ein Generalversammlungsbeschluß einer AG., der gegen den Zweck der Gesellschaft verstößt, u. U. nach § 271, I HGB. nur anfechtbar, während ein entsprechender Beschluß der Mitgliederversammlung eines eingetragenen Vereins nach § 33 BGB. ungültig sein kann. Maßnahmen des Vorstandes, durch die solche Abhängigkeiten verletzt werden, führen nur zur Schadensersatzpflicht des Vorstands gegenüber der abhängigen, nicht etwa gegenüber der herrschenden Person, da nichts als eine Verletzung des Anstellungsverhältnisses der Vorstandsmitglieder bei der abhängigen vorliegt [11].

Die Wertrechte enthalten zwar unmittelbar keine Verpflichtungen der beherrschten Person, aber sie können zu solchen führen. Sobald deren Voraussetzung, die Erzielung von Gewinn, eintritt, beginnen sie wirksam zu werden. Eine Verletzung durch die Körperschaftsversammlung in diesem Stadium ist sowohl Verletzung der Satzung wie einer Pflicht einem Dritten gegenüber.

4. Die organisatorische Abhängigkeit wird von Rechten gebildet, die grundsätzlich unübertragbar sind. Nur der Grund der Unübertragbarkeit ist je nach dem verschieden, ob es sich um eine Abhängigkeit auf Grund subjektiver Rechte der herrschenden Person oder reiner Reflexrechte handelt; die ersteren sind unübertragbar, weil es sich um höchst persönliche Rechte handelt, die letzteren dagegen, weil eine bloße Rechtslage überhaupt nicht übertragbar ist.

[10] Wird gleichwohl solche Bestellung in das Handelsregister eingetragen, so wirkt die Eintragung wie jeder unrichtige Eintrag (§ 15 HGB.).

[11] Die Frage, ob Schadenersatzansprüche der herrschenden Person gegenüber der beherrschten bestehen, beantwortet sich je nach dem, ob und inwieweit mit der organisatorischen eine vertragsmäßige Abhängigkeit korrespondiert.

Daraus folgt ohne weiteres die Unpfändbarkeit. Allein der Konkursverwalter kann die Stellung der herrschenden Person an sich reißen. Nur aus Abhängigkeit stammende, schon wirksam gewordene Wertrechte sind abtretbar und pfändbar.

5. Die organisatorische Abhängigkeit ist nur theoretisch als völlig selbständige Erscheinung denkbar. Sie wird tatsächlich fast immer mit ausdrücklicher oder doch stillschweigender vertragsmäßiger Bindung oder mit stimmenmäßiger Abhängigkeit zusammentreffen. Damit wird aber nicht die Feststellung des Begriffs der organisatorischen Abhängigkeit bedeutungslos, zumal sie über die Dauer jeder anderen Abhängigkeitsform hinauswährt. Der Ablauf eines etwaigen Vertrags zwischen herrschender und abhängiger Person berührt sie keinesfalls. Abtretung der Vertragsrechte allein führt nicht zum Ziel; es muß gleichzeitig erreicht werden, daß — soweit man das im Einzelfall für zulässig hält — die herrschende Person ihre statutenmäßige Stellung nur noch fiduziarisch zugunsten des Erwerbers versieht, soll die Abtretung der Vertragsrechte überhaupt sinnvoll sein.

b) Die Begründung der organisatorischen Abhängigkeit.

Mit dem Satz, die organisatorische Abhängigkeit beruhe ausschließlich auf der Satzung, haben wir für ihre Begründung bereits das Wichtigste festgestellt. Sie kann nur entweder bei der Gründung der beherrschten Person, der ersten Feststellung deren Satzung, oder durch Änderung der Satzung begründet werden. Diese beiden Fälle sind mit aller Klarheit auseinander zu halten.

1. Zur ersten Satzung eines eingetragenen Vereins gehört alles, wovon die Gründer gewollt haben, daß es nur nach den Gesetzesvorschriften über die Satzungsänderung (§ 33 BGB.) abgeändert werden kann. Eine positivere Formulierung ist unmöglich, wenn man mit der herrschenden Meinung[11a] annimmt, daß Schriftform für die Satzung eines Vereins nicht notwendig erscheint. Die Satzung tritt spätestens mit der Eintragung in das Vereinsregister in Kraft.

Zur ersten Satzung einer AG. (Gesellschaftsvertrag) gehört nur das, was nach der Vorschrift des § 182 HGB. als Inhalt des Statuts festgelegt und als solches in das Handelsregister eingetragen ist. Wenn auch selbstredend eine Auslegung nach §§ 133, 157 BGB. zulässig ist, so kann sich doch auf diesem Wege nie Wesentliches für die hier in Betracht kommenden Fälle ergeben.

Zur ersten Satzung einer GmbH. gehört ausschließlich, was von den Gründern nach § 2 GmbHGes. zum Inhalt des Gesellschaftsvertrags gemacht wurde. Sie tritt in Kraft, wenn die GmbH. in das Handelsregister eingetragen ist.

[11a] Dernburg I, § 75 Nr. 3, Wiedermann: Beitrag zur Lehre von den idealen Vereinen, 1906, S. 308.

Zur ersten Satzung der eGmbH. gehört alles, was deren Gründer schriftlich als den Inhalt niedergelegt haben (§ 5ff. GenGes.).

In keinem Falle gelten für die Vorschriften der ersten Satzung, die eine organisatorische Abhängigkeit begründen können, besondere Vorschriften. Wirkt der, dem die Organschaftsrechte zustehen sollen, als Gründer mit, so wird sein Recht im Zweifel zu einem Sonderrecht. Werden selbst Dritte zu Berechtigten bestimmt, so erhalten auch diese ihr Recht unmittelbar aus dem Gründungsstatut, nicht etwa aus daneben laufenden Verträgen. Das Statut läßt unbedingt — nicht nur „im Zweifel" wie im Falle des Vertrags zugunsten Dritter — die Rechte unmittelbar als solche des Dritten entstehen, werden sie doch Inhalt des objektiven Statutenrechts, das eben durch die Satzung endgültig festgelegt wird. Daran wird nichts dadurch geändert, daß sich die zur Satzungsänderung berechtigten Organe, soweit nichts anderes bestimmt ist, Wiederaufhebung vorbehalten.

2. Bei der Begründung organisatorischer Abhängigkeit durch Satzungsänderung müssen selbstverständlich zunächst die Vorschriften über Satzungsänderungen eingehalten werden[12]. Aber damit ist es nicht genug.

a) Bei der Schaffung von Organschafts- und Wertrechten (Sonderrechte für Mitglieder) ist zunächst zu fragen: Können sie gegen den Willen einer widerstrebenden Minderheit gebildet werden? Das Gesetz denkt nur an die Abschaffung von Sonderrechten, deren Begründung regelt es nicht.

Rechtslehre[13] und Judikatur[14] haben sich über diese Unebenheit des Gesetzes so hinweggeholfen, daß sie nicht nur die Ausnahmeberechtigung eines Mitglieds, sondern auch das Mitgliedschaftsrecht jedes einzelnen Mitglieds selbst und die aus diesem folgenden Verwaltungsrechte im allgemeinen als „Sonderrecht" ansehen. Es ist nicht mit Unrecht mehrfach darauf hingewiesen worden, daß so der Begriff „Sonderrecht" vollkommen aufgelöst werde, und sich schließlich nur noch

---

[12] §§ 73, 71 BGB. für eingetragene Vereine: ¾ der zur Mitgliederversammlung erschienenen Mitglieder und Eintragung in das Vereinsregister. §§ 274 ff. HGB. für die AG.: Beschlußfassung durch die Generalversammlung mit ¾ des in ihr vertretenen Grundkapitals und Eintragung in das Handelsregister, §§ 53 ff GmbHGes. für die GmbH.: Beschluß durch ¾ der abgegebenen Stimmen und Eintrag in das GmbHRegister. § 16 Genossenschafts-Gesetz ¾ der bei der Genossenschaftsversammlung erschienenen Genossen und Eintragung in das Genossenschaftsregister.

[13] Gadow: Gruch. Beitr. Bd. 66, S. 614 ff.; Schultze: a. a. O. S. 458; Gierke: Deutsches Privatrecht I, § 72, III § 26 S. 593 ff.; abweichend Enneccerus I, 1 § 105 und dort angegebene Literatur.

[14] RG. 41, 99; 49, 198; 57, 174; 62, 60, 350; 68, 212; 104, 253. KG. 53 A 103; zum Teil abweichend RG. 49, 151; 68, 210; LZ. 08, 542; Seuff. Arch. 69, 241; OLGR. 43, 298.

eine Definition durch die Wirkung des zu definierenden Begriffs selbst rechtfertigen lasse, wie etwa die: ein Sonderrecht sei ein Recht, das nur mit Zustimmung des Berechtigten aufgehoben werden kann. Siehe dazu besonders die Ausführungen von Gadow GruchBeitr. Bd. 66, S. 614. Es wäre wohl richtiger, im Wege der Auslegung des Gesetzes zu schließen: wenn das Gesetz sogar dem Subjekt eines Sonderrechts sein Recht nur mit seiner Zustimmung nehmen läßt, mit wie viel mehr Recht muß dann einem gewöhnlichen Mitglied sein allgemeines Recht — und zwar dieses überhaupt, wie die sich aus ihm ergebenden Einzelrechte — solange gesichert bleiben, als es nicht selbst seine Zustimmung zur Aufhebung oder Teilübertragung des Rechts an ein anderes Mitglied oder einen Dritten erteilt. Es ist das ein Schluß e maiore ad minus, ein juristisch durchaus zulässiger Schluß.

Was hier für Sonderrechte gilt, ist auf Organschafts- und Wertrechte überhaupt anzuwenden, denn ihre Erteilung an Dritte wirkt stets als Beschränkung jedes einzelnen Mitgliedschaftsrechts. Die Begründung einer Abhängigkeit, die auf Organschaftsrechten oder Wertrechten des Herrschenden beruht, bedarf somit als Einschränkung der allgemeinen Mitgliedschaftsrechte — gleichgültig, ob der Herrschende Mitglied ist oder nicht — der Zustimmung sämtlicher Mitglieder.

b) Für die Gruppen der Reflexrechte ist zu scheiden zwischen den Fällen, bei denen sich der Zweck der juristischen Person verändert, und anderen, in denen das nicht geschieht (z. B. wenn bestimmt ist, der Vorstand der herrschenden Person müsse zum Vorstand der abhängigen gewählt werden).

Für eine Änderung des Zwecks eines eingetragenen Vereins schreibt § 33, I, 2 BGB. die Zustimmung aller Vereinsmitglieder vor (jedoch nur dispositives Recht § 40 BGB.!), für den einer AG. § 275 HGB. — und zwar in einer auch durch den Gesellschaftsvertrag nicht zu erleichternden Weise — Dreiviertel-Mehrheit des bei der Beschlußfassung vertretenen Grundkapitals; bei der eGmbH. gilt Entsprechendes (§ 16, II GenGes.), während das GmbHGes. eine solche Bestimmung nicht kennt.

Diese Frage wirft das Problem auf, ob die durch Änderung des Geschäftszwecks mittelbar begünstigte Person bei der Satzungsänderung mitstimmen darf oder nicht. § 34 BGB. (eV.), § 252, III HGB. (AG.), § 47 GmbHGes. schreiben im wesentlichen gleichlautend vor, es dürfe nicht mitstimmen, mit wem ein Rechtsgeschäft abgeschlossen werden soll. Ein solches hängt vielleicht irgendwie mit dem Gegenstand der Abstimmung zusammen, steht aber selbst auf keinen Fall zur Abstimmung, handelt es sich doch bei der Satzungsänderung um einen rein sozialrechtlichen Akt, auf den das Stimmverbot keine Anwendung finden darf (RG. DJZ. 1919, 757; JFG. I, 234). Eine entgegen dieser Ansicht stattfindende Erweiterung des Grundsatzes über das Stimmverbot müßte dazu führen, daß die Durchsetzung einer organisatorischen Abhängigkeit durch entsprechende Umformung der Statuten immer schwieriger würde, je stärker die in Zukunft herrschende Person beteiligt wäre, eine übrigens schon oft ausgesprochene Erkenntnis, die auch in anderen Fällen die so häufig angegriffene Rechtsprechung des Reichsgerichts zu Fragen des Stimmverbots erklärt.

Reflexrechte, die nicht zu einer Änderung des Geschäftszwecks führen, fixieren auf jeden Fall endgültig den Einfluß der herrschenden Person innerhalb der abhängigen; während das Subjekt des Organschaftsrechts jedesmal bei der Wahl für die Stärke seines Einflusses von neuem sorgen muß, wird hier ein für allemal objektives Recht geschaffen, das zum gleichen Ergebnis führt, wie wenn der Organschaftsberechtigte in jedem Falle in gleicher Weise sein Recht ausüben würde. Es wird z. B. angeordnet, daß ein bestimmter Beamter (Vorsitzender des Vorstands, Prokurist) der herrschenden Person oder eine sonst mit dieser verbundene Persönlichkeit (Aufsichtsratsvorsitzender) Vorstand der beherrschten Person sein muß.

Eine streng formelle Auslegung müßte eigentlich zu dem überraschenden Ergebnis kommen, hier hätten weder die erschwerenden Vorschriften über die Gewährung von Organschaftsrechten noch die über die Änderung des Geschäftszwecks Anwendung zu finden, obwohl in der Wirkung die Stellung der herrschenden Person der ihr auf Grund eines Sonderrechts eingeräumten mindestens gleichkommt. Der Fall der Einfügung einer Statutenbestimmung, wonach die herrschende Person von nun an den Vorstand bestimmen soll, würde anders behandelt wie der einer solchen, wonach ein Mitglied eines Organs der herrschenden Person selbst gewählt werden muß. Richtige Auslegung muß zu dem Ergebnis kommen, daß die hier in Betracht kommenden Fälle nicht anders wie die Schaffung von Organschaftsrechten behandelt werden müssen.

c) Die Übertragung und Aufhebung organisatorischer Abhängigkeit.

1. Schon in den allgemeinen Bemerkungen über die organisatorische Abhängigkeit ist festgestellt, daß grundsätzlich eine Übertragung und damit auch eine Pfändung der Herrscherrechte nicht möglich sein kann. Das gilt auch für satzungsgemäße Vorbeteiligung am Gewinn; nur daraus entstehende Einzelansprüche sind abtretbar. Vertraglich kann allerdings — aber auch nur bei bestimmten noch zu erörternden Fällen — die herrschende Person die Verpflichtung übernehmen, ihre Rechte innerhalb der beherrschten auf Anweisung des dritten auszuüben, sich also auf eine fiduziarische Machtstellung zurückzuziehen[15, 16]. Bei der Zwangsvollstreckung in das Vermögen der herrschenden Person kommt jedoch

[15] Das kann besonders im Zusammenhang mit dem Abschluß eines Zwangsvergleichs möglich werden.

[16] Auch das nur, soweit es sich nicht um Organschaftsrechte handelt.

eine solche Möglichkeit nicht in Betracht, so daß ein Gläubiger, selbst wenn er mittelbar mit der organisatorischen Abhängigkeit in Zusammenhang stehende Vertragsrechte pfändet, von seiner Schuldnerin, der herrschenden Person, mittels der aus der eigentlich organisatorischen Abhängigkeit stammenden Rechte so gestört werden kann, daß seine Pfändung jede Wirkung verliert. Nur im Konkursverfahren bekommen die Gläubiger bzw. in deren Interesse der Konkursverwalter Einfluß auf die Möglichkeiten, die der herrschenden Person eine organisatorische Abhängigkeit verleiht, meist aber ohne sie richtig verwerten zu können.

De lege ferenda wäre es wünschenswert, den Gläubigern hier neue Mittel in die Hand zu geben. In erster Linie wäre — vielleicht in Verbindung mit einer gesetzlichen Regelung des Treuhandvergleichs — an die Bestellung eines Sequesters über die herrschende Person, die eine bestimmte Zeit ausschließlich zugunsten der Gläubiger zu arbeiten hätte, zu denken; bei einer solchen vorübergehenden Fortführung des Geschäfts der Schuldnerin wäre es dem Sequester möglich, alle Herrschaftsstellungen der Schuldnerin über andere Personen im Interesse der Gläubiger auszunützen. Eine solche Umgestaltung des Vergleichsverfahrens wäre in Anlehnung an französische und österreichische Bestimmungen zu erwägen.

Ist so eine Übertragung der Herrschaftsrechte für sich allein nicht möglich, so kann doch im Falle der Gesamtrechtsnachfolge die ganze Machtstellung der herrschenden Person auf eine andere übergehen. Ein solcher Fall ist — abgesehen vom Erbfall — wohl nur denkbar, wenn die herrschende Person selbst juristische Person ist und sich mit einer ebensolchen fusioniert. Wird dagegen das Geschäft der herrschenden Person z. B. in eine offene Handelsgesellschaft eingebracht und weigert sich die beherrschte, der Gesellschaft dieselben Rechte, wie sie der Einbringende hatte, einzuräumen, so bleibt nur der Umweg fiduziarischer Rechtsgestaltung, da das Einbringen eines Geschäfts in eine Gesellschaft die Abtretung jedes einzelnen zum Geschäft gehörenden Rechts erfordert.

2. Für die Aufhebung organisatorischer Abhängigkeit gilt grundsätzlich das gleiche wie für ihre Begründung: sie ist eine Satzungsänderung mit den oben besprochenen Eigenheiten.

Soweit es sich um Sonderrechte[17] handelt, ist ihre Abschaffung nur möglich, wenn die herrschende Person ausdrücklich[18, 19] zustimmt.

[17] Hier ist besonders darauf zu achten, daß nicht jedes Recht einer Person, die zufällig Mitglied ist, ein Sonderrecht ist.

[18] Soweit die herrschende Person Mitglied ist und ihre Stellung mit der Mitgliedschaft verknüpft ist, kann sie ihr nicht durch Ausschließung entzogen werden, wäre eine Ausschließung doch nichts anderes als eine Entziehung von Sonderrechten (RG vom 16. V. 1918 Warn. RSpr. 1918, 201).

[19] Schultze: a. a. O. S. 479 will den übrigen Mitgliedern, wie gesagt, bei Mißbrauch durch das sonderberechtigte Mitglied in analoger Anwendung des § 117

Soweit es sich um Fremdrechte handelt, sind die gewöhnlichen für Satzungsänderungen geltenden Vorschriften anwendbar. Doch kann wirtschaftlich — zumindestens bei der GmbH. und der AG. — auch das Fremdrecht gleich dem Sonderrecht geschützt werden: es muß der Drittberechtigte nur einen einzigen Vorzugsgeschäftsanteil oder eine Vorzugsaktie erwerben und schon kann infolge der getrennten Abstimmung der verschiedenen Gattungen eine Satzungsänderung ohne seine Zustimmung nicht mehr stattfinden.

Soweit die Abhängigkeit im Geschäftszweck und -gegenstand festgelegt ist, bedarf ihre Aufhebung der oben bezüglich der Änderung des Zwecks einer juristischen Person genannten Voraussetzung.

In den beiden letzten Fällen müßte eigentlich konsequenterweise zur Abschaffung entsprechend der Grundsätze über die Begründung die Zustimmung des durch das objektive Recht Begünstigten vorliegen. Gleichwohl ist das keineswegs der Fall. Durch Aufhebung solcher Bestimmungen wird das Mitgliedschaftsrecht jedes einzelnen Mitglieds wieder auf seinen normalen Stand gebracht, ohne daß dem bisher Begünstigten ein Sonderrecht, im letzteren Falle überhaupt auch nur ein subjektives Recht genommen oder eingeschränkt würde. Ist etwa das Einflußrecht kein subjektives Recht (Reflexrecht), so fehlt jeder innere Grund, es vor Aufhebung zu sichern, während umgekehrt die Begründung des Einflusses durch bloßes Reflexrecht genau so eine Beschränkung des Mitgliedschaftsrechts mit sich bringt, wie die eines subjektiven Sonder- oder Fremdrechts. Es gelten also in den letzten beiden Fällen nur die üblichen Bestimmungen über Satzungsänderungen.

d) Die einzelnen Fälle der organisatorischen Abhängigkeit.

Vorbemerkung.

Oben haben wir die Fälle organisatorischer Abhängigkeit danach geschieden, ob sie auf subjektiven Rechten der herrschenden Person beruhen oder nicht. Diese Scheidung ist für alle mit der Begründung,

---

HGB. das Recht geben, eine gerichtliche Entscheidung auf Entziehung des Sonderrechts (soweit es nicht Wertrecht, sondern Organschaftsrecht ist) zu verlangen. Dem steht einmal entgegen, daß die gesetzlichen Bestimmungen über die juristische Person in völlig erschöpfender Weise die richterlichen Eingriffsrechte in das Organisationsrecht feststellen und eben gerade diese Möglichkeit nicht kennen. Dann aber wäre weiter das viel gefährlichere Recht eines Dritten, das inhaltlich dem Sonderrecht eines Mitglieds gleich ist, stärker als jenes. Welcher Grund sollte dafür sprechen? Eine Entziehung des Rechts, das einem Dritten zusteht, wäre ja auch nach der Auffassung Schultzes nur durch Satzungsänderung möglich, die er durch Erwerb einer qualifizierten Minderheit — und wenn auch nur einer fiduziarischen — leicht verhindern könnte.

der Übertragung und dem Untergang solcher Abhängigkeit zusammenhängenden Fragen bedeutungsvoll.

Für die spezielle Untersuchung der einzelnen Fälle dagegen erscheint es bei weitem zweckmäßiger, nach dem Inhalt der Einflußmöglichkeit zu scheiden. Es lassen sich — zunächst unter Ausschaltung der Frage rechtlicher Form und Zulässigkeit — rein logisch — folgende Abhängigkeitsfälle denken:

a) Organbestellung:

1. Die herrschende Person bestellt ein Organ oder eine Anzahl von Mitgliedern eines Organs der abhängigen oder hat ein Bestätigungsrecht für die von anderer Seite ernannten Mitglieder.

2. Die herrschende Person hat ein entsprechendes Vorschlagsrecht.

3. Die herrschende Person ist selbst Organ der beherrschten.

4. Aus der Reihe der Mitglieder des Vorstands der herrschenden Person bzw. deren Teilhaber oder Familie müssen die oder einzelne Organmitglieder der abhängigen ausgewählt werden.

5. Die herrschende Person kann die nach Ziff. 1—4 bestellten Organmitglieder abberufen.

b) Bindung der Geschäftsführung:

1. Der Vorstand der abhängigen Person ist bei allen Geschäftsvorgängen, insbesondere Rechtsgeschäften oder auch nur bei bestimmt benannten, an die Weisung der herrschenden gebunden (Ausdehnung auf die Vertretungsbefugnis schließt sich von selbst aus).

2. Aufsichtsrat und Generalversammlung benötigen zu bestimmten Beschlüssen die Zustimmung der herrschenden Person.

3. Der Geschäftszweck ist so bestimmt, daß die Geschäftsführung nur im Interesse und in Gemeinschaft mit der herrschenden Person möglich ist.

c) Gewinnauszahlung:

1. Vom Gewinn ist zunächst ein gewisser Prozentsatz an die herrschende Person abzuführen.

2. Der einen bestimmten Betrag überschießende Gewinn ist an die herrschende Person abzugeben.

3. Der gesamte Gewinn ist an die herrschende Person abzugeben.

4. Die beherrschte Person darf überhaupt keinen Gewinn machen.

Im ersten Fall beruht die Herrschaft darauf, daß das Organ der abhängigen Person von einem Fremden — natürlich in der Hoffnung auf einen entsprechenden Gebrauch — bestellt oder mindestens präsentiert wird, im zweiten darauf, daß die Geschäftsführung (Innenverhältnis der beherrschten Person) an die herrschende geknüpft wird, im dritten darauf, daß der Erfolg der Tätigkeit ganz oder bis zu einem gewissen Grade der herrschenden zukommt. Die ersten Fälle sowie der zweite, Ziff. 1 und 2 beschränken die Willensbildung, Ziff. 3 zugleich den

Eigenzweck. Immer ist es Gegenstand eines Werturteils, ob im Einzelfalle eine Bindung so stark ist, daß eine „Abhängigkeit" vorliegt.

2. Welche dieser logisch denkbaren Fälle lassen sich als Rechtstatsachen nachweisen und welche läßt das Recht zu? Flechtheim ist — wenn auch in einer vielfach an Nußbaums Rechtstatsachenlehre erinnernden Weise — in seinem Bericht an den Enqueteausschuß über die Strukturwandlung und das Aktienrecht methodisch neue Wege gegangen. Er hat einzelne Bestimmungen des Aktienrechts in überaus wirksamer Weise darauf untersucht, was das Leben aus ihnen gemacht hat. Wir werden ihm, soweit es hier überhaupt möglich ist, folgen und an dem Beispiel der abhängigen Person zu zeigen versuchen, was das Leben aus der juristischen Person des bürgerlichen Rechts gemacht hat.

Die Judikatur hat, wie sich zeigen wird, die Entwicklung in Einzelfragen anerkannt und ist ihr gefolgt. Die letzten Konsequenzen der Entwicklung lehnt sie noch ab. Sobald Fälle zur Entscheidung kommen, in denen prinzipiell Konsequenzen aus in Einzelfragen durchaus schon anerkannter Rechtsgestaltung gezogen werden müssen, verhält sich die Judikatur ablehnend. Immer noch sind die Reichsgerichtsentscheidungen über die Rumänische Eisenbahn-AG. Berlin (Bd. III, S. 123ff.)[20] und über die deutsche Petroleumverkaufsgesellschaft m. b. H. (RG. Bd. 82, S. 308ff.) für die Judikatur und weitgehend auch für die Rechtslehre maßgebend. Man bleibt dabei, die juristische Person repräsentiere den freien Willen ihrer Mitglieder, die unbedingt den Gang der Entwicklung, insbesondere die Stellung der Organe in der Hand behalten müßten. Man geht offensichtlich von der Vorstellung aus, die Mitglieder bildeten eine quasi-bürgerlich-rechtliche Gesellschaft innerhalb der juristischen Person, die das Ganze verwalte. Man geht von einem angeblichen „Wesen" der juristischen Person aus und schließt aus ihm alles Mögliche, ohne sich daran zu stören, daß häufigste Rechtstatsachen, die Einmanngesellschaft und Ausnutzung der Mehrheitsrechte, diesem angeblichen Wesen ins Gesicht schlagen. Wir haben uns mit dieser Auffassung noch unten auseinander zu setzen. Vorausgeschickt sei nur hier schon: über die juristische Person im ganzen läßt sich heute nichts anderes mehr sagen, als daß sie ein in bestimmter gesetzlich festgelegter Form gebildeter Träger von Rechten ist, dessen Vermögen, inklusive aller ihm zugehörenden Rechte und Chancen, zugunsten der Gläubiger unter dem Schutze besonderer gesetzlicher Vorschriften steht.

Es gilt, die einzelnen teils schon zu Rechtstatsachen gewordenen Abhängigkeitsformen — wie sie die Judikatur gelegentlich auch anerkannt hat — teils aus diesen folgende weitere rechtliche Gestaltungsmöglichkeiten zu untersuchen, wobei zu beachten sein wird, daß jeweils die Anerkennung der stärkeren Herrschaftsmöglichkeit die der schwächeren in

[20] Diese Entscheidung ist übrigens aus anderen, hier nicht interessierenden Erwägungen zu billigen.

sich schließt. Wir müssen die verschiedenen Fälle miteinander in Übereinstimmung bringen.

Die Organbestellung.

Kraft Stimmenmacht kann jede der Machtgruppe genehm scheinende Besetzung der Organe der beherrschten Person erreicht werden. Für den Schutz des verantwortlichen Kapitals kann in diesem Falle nichts geschehen. Die Gläubiger müssen sich jeden vom Machtträger eingesetzten Repräsentanten gefallen lassen. Für sie ist es somit vollkommen gleichgültig, ob nach dem Statut der beherrschten Person etwa der Vorstand von der Versammlung der Mitglieder oder auf irgend eine andere Weise bestellt wird. Die Mitglieder aber müssen einstimmig das Organschaftsrecht bewilligen. Ein weitergehender Schutz ist nicht möglich.

a) Die Vorstandsbestellung.

aa) Der Vorstand oder einzelne Vorstandsmitglieder können durch die herrschende Person unmittelbar bestellt werden[21]. Es ist auch möglich, daß sich zwei Personen in die Vorstandsbestellung teilen. Auffallenderweise hat die herrschende Meinung und auch die Judikatur diese Auffassung schon bisher vertreten[22], wenn auch ohne tiefer gehende Begründung. In Konsequenz der in anderem Zusammenhang vertretenen Ansichten müßte sie ja eigentlich zu anderem Ergebnis kommen[23].

Das Recht der Bestellung kann der herrschenden Person als solcher

---

[21] Bondi: „Übertragung des Rechts zur Besetzung gesellschaftlicher Rechte an Dritte außerhalb der Gesellschaft stehende Personen" (Festschrift für Liebmann S. 278 ff.) führt als Beispiele nur Fälle an, bei denen „dritte Personen einer Gesellschaft Leistungen von so überragender Bedeutung zukommen lassen, daß ihnen als Gegenleistung der maßgebende Einfluß auf die Gestaltung der Organe dieser Gesellschaft eingeräumt werden muß". Weit häufiger ist das Recht der Bestellung aus anderen Gründen gegeben.

[22] Staub zu § 231 Anm. 20; Brand § 182 Anm. 4d; Ritter § 231 Anm. 4; Fischer in Ehrenb. Hdb. III, 1, S. 213; Staudinger zu §27 BGB. I, 3; Planck § 27 Anm. 2; Oertmann § 27, Ia; RGRKomm. § 27 Anm. 1; v. Tuhr: Allg. Teil, S. 520; Staub-Hachenburg; GmbHGes. zu § 35 Anm. 42; OLGR. 34, 359.

[23] So denn auch Brodmann, Aktienrecht zu § 231 Anm. 5a; Koenige-Teichmann-Köhler zu § 231 Anm. 5. Keinesfalls durchschlagend ist die Begründung der letzteren. Sie glauben, es könne einem Dritten die Bestellung des Vorstands nicht überlassen werden, da ja sogar ein Prokurist nur durch den Inhaber des Handelsgewerbes (§ 48 HGB.) und bei der AG. nur mit Zustimmung des Aufsichtsrats bestellt werden darf. Doch damit ist gar nichts gesagt. Beschränken doch die zum Beweis herangezogenen Bestimmungen nur die Zuständigkeit des einmal berufenen Geschäftsführungs- und Vertretungsorgans, selbst weitere Vertretungsmacht zu verleihen. Das hat doch schlechterdings gar nichts mit der Frage zu tun, welche Stelle die primäre Geschäftsführungs- und Vertretungsmacht verleiht. Dieses Problem liegt auf einer ganz anderen Ebene als die von Koenige herangezogene Bestimmung. Es ist ein Schluß aus einem aliud, nicht wie der Kommentar zu meinen scheint, ein Schluß e maiore ad minus.

oder ebenso gut, wenn die herrschende eine juristische Person ist, einem ihrer Organe, bzw. wenn sie eine OHG. ist, einem Teilhaber gegeben sein (Bondi, a. a. O. S. 280). Es ist ein körperschaftliches Gestaltungsrecht, das die herrschende Person bzw. deren damit beauftragte Stelle nicht als Drittes, sondern als eigens zu dieser Aufgabe bestelltes Organ der beherrschten Person ausübt. Diese Erkenntnis ist von erheblicher Bedeutung[24]: solange die herrschende Person den Vorstand nicht bestellt, hat die beherrschte keinen Vorstand. Die anderen Organe, insbesonders die Mitglieder-, General- usw. Versammlungen können das Recht der Vorstandsbestellung nicht mehr an sich ziehen (RG. in JW. 1927 S. 2298ff.). Ein von anderen Organen dennoch bestellter Vorstand ist in nichtiger Weise bestellt. Das der herrschenden Person überlassene Organschaftsrecht ist ein ausschließliches Recht zur Gestaltung der Vorstandschaft (Seckel: Festschr. f. Koch 1903 S. 205ff.).

1. Bestellt dieses Organ den Vorstand nicht, so gibt es ebensowenig eine Klage der abhängigen Person gegen dieses als es eine Klage einer AG. gegen ihren Aufsichtsrat auf Vorstandsbestellung gibt, wenn dieser seiner Pflicht nicht nachkommt. Nur Mittel des Körperschaftsrechts können in Betracht kommen; da es einen Widerruf gemäß der Statuten verliehener Organstellung nicht geben kann, bleibt nur der Weg des § 29 BGB., der auch bei juristischen Personen des Handelsrechts die Bestellung des Vorstands durch das zuständige Amtsgericht zuläßt[25].

Die zum Organ bestimmte herrschende Person macht sich, wenn sie die Bestellung des Vorstands unterläßt, zögernd hinauszieht oder in einer die Gesellschaft schädigenden Weise vornimmt, nicht aus Vertrag ersatzpflichtig, sondern eben als Organ der juristischen Person (§ 27 in Verbindung mit § 664 BGB. für den eingetragenen Verein, § 249 HGB. bei der AG. und § 52 GmbHGes. für die GmbH.). Formell kommt die Haftung aus Vertrag und Organstellung auf das Gleiche hinaus, nämlich auf die für jedes Verschulden, materiell aber sind die Voraussetzungen der Haftung verschiedene. Wer Organ einer juristischen Person ist, hat in erster Linie deren Interessen zu dienen; wer nur in einem Vertragsverhältnis zu einer juristischen Person steht, darf im Zweifel in erster Linie an seine eigenen denken. Bei jeder Kollision der Interessen der ein Organ der beherrschten bildenden herrschenden und der beherrschten Person selbst, ist allein das Interesse der letzteren entscheidend. Verstößt die herrschende Person bei der Auswahl des Vorstands der beherrschten gegen deren Interessen, so haftet sie.

---

[24] Wenn gewöhnlich doch von Rechten „Dritter" gesprochen wird, so nur deshalb, weil eine nicht ausschließlich in das Gefüge der juristischen Person eingebaute Stelle nicht nur ein Organ derselben ist, und weil diese Problematik bisher überhaupt sehr wenig beachtet wurde.

[25] RG. 69, 180 (für die GmbH.); 74, 301; 116; OLGR. 27, 374; 34, 346; KGJ 23, A, 105, 34, A 53; Bayer. OLGSamml. 14, 53 No. 30.

3. Das Recht kann auch nicht fiduziarisch übertragen werden, da man eine obligatorische Verpflichtung eines Organs, seine Aufgabe innerhalb einer Person zugunsten einer anderen ohne Rücksicht auf das, was objektiv notwendig erscheint, zu erfüllen, für schlechthin unzulässig ansehen muß.

bb) Die Wahl des Vorstands oder einzelner Vorstandsmitglieder kann an den Vorschlag der herrschenden Person gebunden sein. Das ist gegenüber aa) ein minus und schon deswegen zulässig.

Flechtheim-Wolff-Schmulewitz „Die Satzungen der deutschen Aktiengesellschaft" nennen im zweiten Teil B, I, a 4 als Beispiel für das Schlagwort „Dritte haben ein Vorschlagsrecht für die Bestellung der Mitglieder des Vorstands", die Firma Gebhard & Co., AG. in Vohwinkel, Seidenweberei, deren Statut vom 15. Juli 1927 das folgende vorschreibt: „Für ein Mitglied des Vorstands . . . steht dem nach § 19 dem Verwaltungsrat angehörigen Vorsitzenden des Aufsichtsrats der Seidenweberei vorm. Schröder & Co., AG., Krefeld, das Vorschlagsrecht zu." Solche Regelungen sind besonders bei juristischen Personen, die in Verbindung mit halböffentlichen oder öffentlichen Stellen (gemischtwirtschaftliche Betriebe) stehen, häufig[26].

Dem Herrschenden ist das Recht gegeben, die Vorstandsmitglieder in für die beherrschte Person verbindlicher Weise zu nennen. Das bedeutet wirtschaftlich genau das Gleiche, wie wenn er ohne weiteres den Vorstand bestellen kann. Ebensowenig ist es wirtschaftlich etwas anderes, wenn die herrschende Person anderen Organen der beherrschten noch eine Wahl unter einer Reihe von ihr genehmen Persönlichkeiten übrig läßt. Alle diese Möglichkeiten bedeuten Abhängigkeit der einen und Macht der andern Person. Formell rechtlich dagegen ist dieses Vorschlagsrecht wesentlich anders zu bewerten als das unmittelbar wirkende Bestellungsrecht: es ist zwar auch ein Gestaltungsrecht im Sinne Seckels, aber ein solches schwächeren Grades. Mit ihm wird nicht unmittelbar der Vorstand bestellt, sondern nur eine der Voraussetzungen für die Bestellung durch das zu diesem Akt letztlich berufene Organ erfüllt. Das Vorschlagsrecht ist auch ein Organschaftsrecht des Berechtigten, dieses somit ein Organ der beherrschten Person. Das Statut macht seine Mitwirkung bei der Vorstandsbestellung zu einer notwen-

[26] Eine ähnliche Bestimmung zitiert Passow „Die gemischt privaten und öffentlichen Unternehmungen", Jena 1923, S. 173; „Beim Großkraftwerk Franken (Nürnberg) ist zugunsten der Firma Schuckert in § 15 des Statuts bestimmt: „Der Elektrizitätsaktiengesellschaft vorm. Schuckert u. Co. bleibt anheim gegeben, für den Vorstand geeignete Personen vorzuschlagen; der Aufsichtsrat wird die vorgeschlagenen Personen nur ablehnen, wenn nach seinem Ermessen wichtige Gründe hiefür vorliegen". Das kann nur heißen: wichtige Gründe für die beherrschte Person. (S. 112 berichtet Passow von einem entsprechenden Fall bei einer GmbH.).

digen, wenn ihm auch im Verhältnis zur Bestellung nur eine Art Hilfsrecht zukommt. Das hat zur Folge, daß ein Vorstand von der letzten Endes zur Bestellung berufenen Stelle überhaupt nicht berufen werden kann, wenn kein Vorschlag vorliegt. Solange der Vorschlag fehlt, ist die Zuständigkeit noch gar nicht gegeben. Wird der Vorstand gleichwohl gestellt, so ist die Bestellung ebenso nichtig, wie wenn eine Stelle, die nach den Statuten überhaupt niemals für eine Vorstandsbestellung in Frage kommt, den Rechtsakt vorgenommen hätte[27].

Umgekehrt hat die herrschende Person als solche kein Machtmittel, das letztlich bestellende Organ zur Erfüllung seiner Obliegenheit zu bringen[28], wenn es die Bestellung absichtlich hinauszögert, weil ihm vielleicht niemand aus der Liste zusagt.

Eine Lösung bietet auch hier nur § 29 BGB. Kommt eine Vorstandsbestellung nicht zustande, so muß das Gericht angerufen werden; es bedarf keines näheren Beweises dafür, daß sowohl die herrschende Person selbst, wie jedes andere Organ der beherrschten, ja sogar jedes der Mitglieder als „Beteiligter" im Sinne des § 29 BGB. antragsberechtigt ist (KG. vom 7. III. 1907 im Recht 1907 S. 632 Nr. 1287a), sind sie doch alle an der Aktionsfähigkeit der beherrschten Person außerordentlich interessiert. Ist auch das Gericht in der Auswahl der zu bestellenden Persönlichkeiten völlig frei, so wird es dennoch — soll nicht eine Prämie auf das statutenwidrige Verhalten gesetzt sein — die Vorschlagsliste, falls sie vorliegt, berücksichtigen, umgekehrt aber auch die Wünsche des anderen Organes beachten, falls die herrschende Person mit ihrem Vorschlag säumig ist.

Man könnte im Anschluß an andere Rechtserscheinungen daran denken, daß das Vorschlagsrecht bei dauernder Nichtausübung oder doch Außerachtlassung einer vom bestellenden Organ gesetzten ausreichenden Frist verwirkt werden kann. Handelte es sich um Vertragsbedingungen, so wäre es in der Tat der Fall. Ist aber statutarisch — die Satzungen sind in der Festsetzung von Voraussetzungen der Vorstandswahl völlig frei — der Vorschlag der herrschenden Person zur notwendigen Voraussetzung einer Wahl des Vorstands gemacht, so kann das Vorschlagsrecht unmöglich verwirkt werden. Ebensowenig kann § 184 BGB. analog mit dem Erfolg angewandt werden, daß eine ohne Vorschlag durchgeführte Bestellung unter Rückbeziehung auf den Bestel-

[27] Eventuell hat der so berufene Vorstand wegen des Handelsregistereintrags dennoch eine gewisse Vertretungsmacht (§ 234 in Verb. § 15 HGB.). Übrigens hat der Registerrichter bei der Anmeldung des neuen Vorstands gar nicht zu prüfen, ob die Wahl auch wirklich der Vorschlagsliste entspricht und ob letztere überhaupt vorgelegen hat, da er bei dieser Eintragung nur die formelle Seite der Eintragungsurkunde beachten darf (KGJ. A, 255).

[28] Oft wird sie in der Lage sein, auf Grund ihrer Stimmenmacht oder Mitgliedschaft im bestellenden Organ vorzugehen; doch hat das mit dem hier behandelten Falle nichts zu tun.

lungstag „genehmigt“ werden kann. Das Recht der Organbestellung ist formelles Recht. Hier darf es keine freie Auslegung geben. Außerdem kann man bei mehreren Organen einer und derselben Person nicht davon sprechen, es sei eines im Sinne des § 184 BGB. ein „nichtberechtigtes“. Noch weniger ist ein stillschweigender Verzicht auf das Vorschlagsrecht möglich.

Für die Haftungsfrage ergeben sich aus der Organstellung des Vorschlagsberechtigten die gleichen Konsequenzen, wie bei dem unmittelbar wirkenden Bestellungsrecht der herrschenden Person. Es gibt wohl Schadenersatzansprüche der abhängigen juristischen Person gegen ihr eigenes Organ, hier also die herrschende Person, nicht aber umgekehrt, des Organs gegen die abhängige Person. Das läßt den Unterschied zu Vertragsansprüchen hier insofern klarer werden als auch die herrschende Person infolge des Zögerns des letzten Endes bestellenden Organs Schaden erleiden kann, während bei unmittelbarer Bestellung durch die herrschende Person es natürlich immer nur die beherrschte sein kann, die geschädigt wird. Ansprüche der herrschenden gegen die abhängige Person wegen des ihr entstandenen Schadens kommen so wenig in Betracht als sonst jemals eine juristische Person von ihrem eigenen Organ wegen ihrer sozialrechtlichen Maßnahmen belangt werden kann. Die zögernden Organe haften ausschließlich der juristischen Person, und zwar nur auf Ersatz des ihr selbst entstandenen und nicht etwa wegen des der herrschenden Person zugefügten Schadens. Der abhängigen Person als Gläubigerin des Schadensersatzanspruchs kann weder von der herrschenden Person als vorschlagsberechtigtem Organ noch den letzten Endes bestellenden Organen entgegengehalten werden, es sei nicht schnell genug von der Möglichkeit des § 29 BGB. Gebrauch gemacht worden, weswegen nach § 254 BGB. der Schadensersatzanspruch wegfalle oder doch mindestens begrenzt werde, da die Gläubigerin, die abhängige Person als solche kein Vorwurf treffen kann, denn sie war nicht „Beteiligte“ im Sinne des § 29 und ihre Organe konnten nur im eigenen Namen den Antrag stellen.

cc) Der Vorstand oder einzelne Vorstandsmitglieder können durch die herrschende Person aus einer Vorschlagsliste, die andere Organe der abhängigen Person aufgestellt haben, ausgewählt werden; ebenso kann die Wahl an die Bestätigung der herrschenden Person gebunden sein. Kann die herrschende Person das Recht erhalten, den Vorstand der beherrschten zu bestellen, so kann ihr auch als ein minus das Recht zuerkannt sein, die Vorstandsmitglieder aus einer von der Mitgliederversammlung oder einer anderen Stelle aufgestellten Liste auszuwählen oder die anderswie gewählten Mitglieder zu bestätigen. Ein besonders markantes Beispiel für die letztere Möglichkeit haben wir in der Deutschen Reichsbahngesellschaft, bei der nach § 19 Abs. 4 des Gesetzes über die Deutsche Reichsbahn vom 30. IX. 1924 RGBl. II, S. 272 die Ernennung eines Generaldirektors und der Direktoren der Bestätigung des Reichspräsidenten bedarf. Wohl handelt es sich hier um eine Gesellschaft sui generis (s. Näheres Hans Korsch: Die Deutsche Reichsbahngesellschaft, Heidelberger Diss. 1928), aber die Bestimmung ist durchaus nichts Singuläres. Sie wird bei gemischtwirtschaftlichen Unternehmungen, wie bei unter einer Dachgesellschaft vereinigten Firmen recht häufig sein.

Für diese Fälle gelten im wesentlichen die unter bb) entwickelten Grundsätze. Das Amtsgericht wird, wenn die herrschende Person keine Wahl trifft oder die Bestätigung hinauszögert, bei Entscheidung über einen Antrag nach § 29 BGB., ohne dazu verpflichtet zu sein, die Liste bzw. den zur Bestätigung vorgelegten Namen berücksichtigen, es sei denn, daß besondere Gründe dagegen sprechen, wie es umgekehrt bei Versagen der abhängigen Person die Wünsche der herrschenden beachten wird.

dd) Die Wahl des Vorstands oder einzelner Vorstandsmitglieder kann auf bestimmte in Verbindung mit der herrschenden Person stehende Persönlichkeiten beschränkt sein[29]. Nicht nur aktive Mitwirkung der herrschenden Person bei der Vorstandswahl kann eine Abhängigkeit begründen, sondern auch eine Statutenbestimmung, nach der das Wahlorgan der abhängigen Person auf eine Auswahl unter unmittelbar mit der herrschenden in Verbindung stehenden Persönlichkeiten beschränkt ist. So bedeutet es „Abhängigkeit" in höchstem Maße, wenn etwa ausschließlich die jeweiligen Vorstandsmitglieder, Aufsichtsratsmitglieder, Prokuristen oder überhaupt Angestellten der herrschenden Person für die Vorstandschaft der abhängigen zugelassen werden (Bondi: a. a. O. S. 208). In diesem Falle ist der Einfluß der herrschenden Person fast ebenso bedeutend, wenn nicht noch größer, als in den oben erörterten Fällen. Steht ihr auch kein Organschaftsrecht zu, ist sie auch kein Organ der abhängigen Person, so sorgt das objektive Statutenrecht doch für ihre Interessen ebenso. Handelt ein Wahlorgan entgegen dem Statut, so ist die Wahl meist schon nichtig, weil dieses Organ zu einer solchen anderen Wahl gar nicht zuständig ist. Die Nichtigkeit der statutenwidrigen Wahl durch die Mitgliederversammlung — im speziellen Falle der AG. durch die Generalversammlung — folgt aus dem Charakter der Bestimmung als einem quasi Organschaftsrecht[30].

Soweit vertretungsberechtigte Angestellte der herrschenden Person zum Vorstand gewählt werden, sind sie stillschweigend von der Beschränkung des § 181 BGB. befreit.

---

[29] Dieser Fall ist bei Interessengemeinschaften nachzuweisen.

[30] In Rechtslehre und Judikatur ist es seit langem streitig, ob eine Verletzung der Sonderrechte, die sich nur durch Beschränkung auf Mitglieder von den Organ-

Eine Haftung der herrschenden gegenüber der abhängigen Person für Auswahl ihrer eigenen Angestellten, kann sich nicht etwa darauf stützen, daß der letzteren ja gar nichts übrig bleibt, als diese zu wählen. Dagegen ist nicht so einfach zu entscheiden, ob die herrschende Person der abhängigen gegenüber u. U. für das Verhalten so bestellter Vorstandsmitglieder haften muß. Grundsätzlich ist auch diese Frage zu verneinen, da sicherlich keinerlei Vertragsverhältnis zwischen den beiden Personen besteht, das anzunehmen erlauben könnte, die Vorstandsmitglieder der abhängigen übten ihr Amt als Erfüllungsgehilfen der herrschenden Person aus; selbst bei Vorliegen einer unerlaubten Handlung der Vorstandsmitglieder gegen die von ihnen selbst vertretene abhängige Person kann keineswegs ohne weiteres angenommen werden, daß sie bei der Tat gerade in ihrer Eigenschaft als Vorstand bzw. Aufsichtsrat oder Angestellte der herrschenden Person gehandelt haben. Auch die entstehende eigenartige Tatsachenlage allein bietet keinen Haftungsgrund, zumal die herrschende Person mit Stimmenmacht genau das gleiche Ergebnis erreichen könnte, ohne daß jemand an die Möglichkeit einer Haftung denken würde. Doch ist ein wichtiger Sonderfall prinzipiell auszunehmen: die beiden Verpflichtungen der Vorstandsmitglieder gegenüber der abhängigen und der herrschenden Person können sich schneiden, wenn nämlich ein Interesse der herrschenden Person einem solchen der beherrschten durchaus entgegengesetzt ist. Dann gestaltet sich die Rechtslage zu einer besonderen. Die beiden Personen stehen in einer Art von Rechtsgemeinschaft, ohne daß irgendein Vertrag besteht[31]. Das Hauptmerkmal der sich aus der „Gemeinschaft" ergebenden Lage ist die Stärke des einen und die Schwäche des anderen. Das im Interesse der herrschenden Person geschaffene Statut der beherrschten zwingt letztere dauernd, der Gefahr der Interessenkonflikte aus-

---

schaftsrechten überhaupt unterscheiden, nur Anfechtbarkeit oder Nichtigkeit begründen können. (Letzteres RG. 36, 134; 37, 62; 68, 263; 75, 239; 80, 82, 235; OLGR. 36, 278; München LZ. 1917, 488; ersterer Standpunkt wird von Staub zu § 271 Anm. 18 und von Goldschmit zu § 271 Anm. 17 vertreten. Goldschmit meint, es handle sich bei dem Sonderrecht um ein verzichtbares Privatrecht, was zur Begründung seiner Ansicht hinreiche. In den Statuten festgelegte Sonderrechte können nicht verzichtbar sein, denn sie sind ein Teil der Verfassung der jur. Person. Waren es auch meist Interessen der herrschenden Person, denen zuliebe diese Rechte geschaffen wurden, so sind sie doch als objektives Statutenrecht zu beachten. Wie eine Beamtenernennung nichtig ist, die nicht die gesetzlich vorgeschriebenen Voraussetzungen — wie oft ist solche Voraussetzung nur in irgendwelchem bestimmten Interesse geschaffen — erfüllt, so ist auch in unserem Fall eine Bestellung entgegen dem Statut nichtig.

[31] § 826 BGB. kann u. U. zur Anwendung kommen, auch § 823, II in Verbindung mit dem Untreue-Tatbestand des Strafgesetzbuchs; in diesem Falle müßte die herrschende Person evtl. nach § 31 BGB., wenn auch sie eine juristische Person ist, einstehen, denn die Vorstandsmitglieder handeln gerade im Rahmen ihrer Stellung innerhalb der herrschenden Person.

gesetzt zu sein, ohne sich durch freie Organe wehren zu können. Ein Fall, der einer Societas Leonina recht nahe kommt! Es muß ein Ausgleich gegeben sein. Eine Rechtskonstruktion, die ja leicht mit Quasikontrakten gegeben werden könnte, soll unterlassen werden, denn sie kann keinen inneren Wert haben. Entscheidet sich beim Vorliegen eines Interessenkonflikts der so bestellte Vorstand, der gleichzeitig zwei Herren zu dienen verpflichtet ist, für die Seite der herrschenden Person, so haftet letztere. Der Beweis des Vorliegens eines wirklichen Interessenkonflikts ist recht schwierig, doch verlangt die Rechtslage weitgehende Zulassung des prima facie-Beweises dafür, daß nicht nur ein Interessenkonflikt vorliegt, sondern auch die Interessen der abhängigen verletzt sind.

Die Frage der Haftung der herrschenden Person Dritten gegenüber ist in anderem Zusammenhange behandelt.

Es sei noch auf eine mögliche Verbindung des unter Ziffer dd) besprochenen Falles mit dem unter aa) behandelten hingewiesen: es kann dem aus dem vorgeschriebenen Kreise Gewählten überlassen bleiben, an seiner Stelle einen anderen zu bestellen. Das ist aber nur möglich, ehe er sein Amt angenommen hat. Denn ist er einmal Vorstand, so kann er über sein Amt nicht mehr verfügen[32].

ee) Die herrschende Person kann selbst Vorstand der beherrschten sein. Es wäre der denkbar weitestgehende Schritt, wäre in einem Statut einfach die herrschende Person zum dauernden Vorstand der beherrschten bestellt. Bisher sind solche Fälle nicht bekannt geworden. Der Unterschied zu den bisher erörterten Fällen wäre rein wirtschaftlich betrachtet nicht gar zu groß. Aber dem Widerruf, wie der Erteilung von Weisungen durch andere Organe der beherrschten Person ständen fast unübersteigbare Schwierigkeiten entgegen[33], weswegen aus Rechtsgründen diese Möglichkeit nicht in Betracht kommen kann.

Dagegen ist es möglich, daß sich die herrschende Person selbst — sei es auf Grund eines speziellen Organschaftsrechts[34] oder ihrer Stimmenmacht — zum Vorstand bestellt oder in Vorschlag bringt. Der Unterschied ist klar: hier steht der Abberufung nichts im Wege, während dort

---

[32] Es ist eine naheliegende Frage, wie es mit der Wirkung der Amtsniederlegung bei der herrschenden Person steht. Wir behandeln diese Frage im Zusammenhang mit der Abberufung durch die herrschende Person.

[33] Bei der AG. ist die Widerrufsmöglichkeit nach § 231 HGB zwingend. — LZ. 1909, 77 No. 11; 1916, 809 halten bei eingetragenen Vereinen und GmbHs. einen dauernden Sitz im Vorstand schon deswegen für nicht möglich, „da hier die Widerruflichkeit der Bestellung mindestens bei Vorliegen eines wichtigen Grundes durch die zwingenden Vorschriften der §§ 38 GmbH-Gesetz und 27, II BGB. gesichert ist".

[34] Der Fall des § 181 BGB. läge hier nicht vor, weil ja kein Vertag, sondern nur eine einseitige Bestellung vorliegt. Der Abschluß des Dienstvertrages müßte allerdings durch eine andere Stelle erfolgen.

die Stellung der herrschenden Person ganz anders verankert wäre. Die Bestellung ist auch möglich, wenn die herrschende selbst juristische Person ist. Früher wurde die Frage, ob juristische Personen Vorstandsmitglieder sein können, durchweg verneint. In anderem Sinne hat erstmalig und vorläufig wohl noch einmalig das OLG. Karlsruhe entschieden (JW. 1927, 2017)[35]. Die immer wiederkehrende Begründung der herrschenden Meinung, juristischen Personen gegenüber hätten die Strafbestimmungen des HGB. und der Konkursordnung keine Wirkung, kann nicht als durchschlagend angesehen werden. Konsequenterweise hätte die juristische Person von allen Möglichkeiten des Lebens ferngehalten werden müssen, in denen spezielle Strafbestimmungen bestehen. Das Strafrecht hat, wie es ja das Steuerstrafrecht auch in der Tat getan hat, sich der Entwicklung des Lebens — nur ein Ausdruck dieses ist im Grunde das Zivilrecht — anzupassen und nicht umgekehrt. Warum soll auch nicht die doch gewiß nicht umstürzende Auslegung der betreffenden Bestimmungen möglich sein, daß sich jeweils die Vorstandsmitglieder der herrschenden Person, die als solche ohne weiteres die Vorstandsaufgaben bei der beherrschten zu erfüllen haben, bei Verletzung der mit dem Vorstandsamte bei der abhängigen Person verbundenen Pflichten strafbar machen, als wäre jeder von ihnen Vorstandsmitglied der letzteren? Der Zweck der Strafbestimmungen ist, den Verantwortlichen der Strafe zuzuführen, und das ist so möglich, ohne sich einer im Strafrecht verbotenen Analogie schuldig zu machen.

ff) Die herrschende Person kann auf die Bildung des Wahlorgans der beherrschten Einfluß haben. Meist wird der Vorstand nicht von der Generalversammlung gewählt, sondern von dem Aufsichtsrat (Aufsichtsratsvorsitzenden oder Aufsichtsratskommission) oder einem bestellten Wahlorgan (Verwaltungsrat usw.). Auf die Bestellung eines Teils dieser Organe kann der herrschenden Person durch die Statuten Einfluß eingeräumt sein. Darauf ist in anderem Zusammenhange einzugehen. Hier genügt es auf die Möglichkeit hinzuweisen, so die Bestellung des Vorstands von der herrschenden Person indirekt abhängig zu machen.

Einfluß auf die Generalversammlung kann nicht Gegenstand einer organisatorischen, sondern lediglich der stimmenmäßigen Abhängigkeit sein.

B. Bestellung des Aufsichtsrats oder verwandter Organe.

1. Einen „Aufsichtsrat“ gibt es bei der AG., der EGmbH. und der GmbH., bei ersteren als notwendiges Organ. Seine Aufgabe ist in erster Linie Aufsichtspflicht. Weitere Aufgaben können ihm von der Satzung gestellt sein.

---

[35] Friedländer: a. a. O. S. 236, macht darauf aufmerksam, daß in Frankreich eine AG. dem Conseil d'administration angehören könne.

Bei der AG. ist über die Bestellung des Aufsichtsrats in § 243, I HGB. zwingend gesagt: die Generalversammlung ist allein zur Wahl berechtigt. Jede abweichende Satzungsbestimmung ist ausgeschlossen. Etwa vorkommende Zulassung von Vorschlagslisten hat nur moralische, nicht rechtliche Wirkung (Passow a. a. O. S. 151, A. 1). Damit entfällt jede Möglichkeit, hier ein organisatorisches Abhängigkeitsverhältnis zu begründen[35a]). Die herrschende Person muß sich auf andere Weise Einfluß auf die Aufsichtsratsbestellung zu verschaffen suchen[36]. „Der rechtliche Gesichtspunkt für diese gesetzliche Ordnung ist" — meint Bondi (S. 284) — „offenbar der, daß der Aufsichtsrat einer AG. Ausschuß der Aktionäre sein soll." Dem ist zuzustimmen, soweit man den Zweck und die genetische Entwicklung des Aufsichtsrats im Auge hat, wenn auch daran festzuhalten ist, daß der Aufsichtsrat materiell keinesfalls ein Ausschuß der Generalversammlung ist; er amtiert vielmehr, wenn er einmal gewählt ist, völlig selbständig.

Bei der GmbH. überläßt es das Gesetz dem Gesellschaftsvertrag, ob überhaupt ein Aufsichtsrat gebildet werden soll. Nur soweit der Gesellschaftsvertrag, der die Bestellung des Aufsichtsrats an sich vorschreibt, nichts näheres über die Art der Bestellung enthält, sollen die Grundsätze über die AG. entsprechende Anwendung finden (§ 52 GmbHGes.). Die Tatsache, daß die herrschende Meinung hier die Bestellung des Aufsichtsrats durch Dritte für zulässig hält[36a]), zeigt am besten, wie wenig es Rücksichten auf die innere Freiheit der juristischen Person sind, die zu der herrschenden Ansicht führen.

Hier kann der herrschenden Person auf die Aufsichtsratsbestellung der gleiche Einfluß gegeben werden, wie er oben für die Vorstandsbestellung nachgewiesen wurde. Es kann also ein Vorschlagsrecht, Bestätigungsrecht usw. eingeräumt sein, ja in einer Beziehung gehen die Möglichkeiten sogar darüber hinaus: es kann der herrschenden Person ein dauernder Sitz im Aufsichtsrat eingeräumt werden, da die im Aktienrecht zwingende Bestimmung, wonach der Widerruf durch die Generalversammlung (wenn auch mit qualifizierter Mehrheit) möglich ist, bei der GmbH. durch den Gesellschaftsvertrag ausgeschaltet werden kann (§ 52, I GmbHGes. in Verb. mit § 243, IV HGB.; siehe auch RG.

[35a] KGJ. 32 A. 136; OLGR. 27, 349; 43, 311; Bayer. OLGZ. 21 A. 58; RG. 83, 382; Fischer S. 239; Cahn: Der Aufsichtsrat S. 63; Bondi a. a. O. S. 284; Goldschmit StGB. zu § 243 HGB.

[36] Das Niederländische Gesetz vom 2. VII. 1925 (Art. 50 Abs. 2 D Abs. 1) gestattet in gewissem Umfang die Delegation der Wahl zum Aufsichtsrat. In Deutschland wird — allerdings mit Beschränkung auf die gemischtwirtschaftliche Unternehmung — eine entsprechende Regelung empfohlen. Bericht der Kommission des Deutschen Juristentags, Geiler: Die wirtschaftlichen Strukturwandlungen und die Reform des Aktienrechts. 1927.

[36a] Staub-Hachenburg: § 45 Anm. 42, § 46 Anm. 21 und Exkurs zu § 63 Anm. 15, sowie § 52 Anm. 7, Liebmann § 6 Anm. 5; Bondi, a. a. O. S. 286.

Bd. 104, 186). Auf die Problematik des Delegierten-Aufsichtsrats, die besonders von Wimpfheimer (Beamte als Aufsichtsräte, Festschr. f. Heinitz, S. 299ff.; insbesondere S. 304) aufgezeigt wurde, gehen wir im Zusammenhang mit der vertragsmäßigen Abhängigkeit ein.

2. Bei der AG. wie auch GmbH. können nach den Statuten neben den Vorstand vertretungsberechtigte Organe nur insoweit treten, als es sich um Rechtsgeschäfte oder Rechtsstreitigkeiten mit den Vorstandsmitgliedern handelt, dagegen aber geschäftsführungsberechtigte Organe in jeder Form — bis zum wirtschaftlich völligen Übergang der Geschäftsführung an ein solches Organ. In der Praxis ist zunächst vor allem mit Rücksicht auf das Gesetz über die Entsendung von Betriebsratsmitgliedern in den Aufsichtsrat vom 15. II. 1922 (RGBl. I, S. 209), aber auch wegen der Aufsichtsratshaftung, von dieser Möglichkeit in zunehmendem Umfange Gebrauch gemacht worden. Man läßt dem Aufsichtsrat als Kollegium nur auf zwingender Gesetzesvorschrift beruhende Aufsichtsrechte und überschreibt alles übrige entweder dem Aufsichtsratsvorsitzenden oder dem Verwaltungsrat bzw. dessen Vorsitzenden (siehe Flechtheim-Wolff-Schmulewitz, a. a. O. 3. Teil II.).

Der Verwaltungsrat kann als Ausschuß des Aufsichtsrats (I. G. Farbenindustrie § 26) von diesem oder unmittelbar von der Generalversammlung (Sarotti §§ 9, 11—13, 22) gewählt sein oder schließlich von einem Dritten bzw. nach Vorschlage des Dritten ganz entsprechend dem zur Vorstandswahl Ausgeführten bestellt werden; insbesondere kann satzungsgemäß vorgeschrieben sein, daß bestimmte Organe einer anderen juristischen Person dem Verwaltungsrat gleichzeitig angehören (Gebhardt & Co. §§ 8, 19 und 20). (Es gehört außer dem Aufsichtsratsvorsitzenden von Gebhardt & Co. der jeweilige Aufsichtsratsvorsitzende der Seidenwebereien vorm. Schroeder & Co. in Krefeld zum Verwaltungsrat.) Es bestehen nicht einmal vom Standpunkt der herrschenden Meinung Bedenken, die herrschende Person, auch wenn sie juristische Person ist, selbst in den Verwaltungsrat eintreten zu lassen, denn für ihn gibt es keine speziellen Strafbestimmungen. Damit könnte sie die Geschäftsführung der beherrschten Person ganz unmittelbar beeinflussen, zumal wenn die Satzungen vorsehen, daß einzelne bestimmt genannte Geschäfte nur mit Zustimmung des Verwaltungsrats abgeschlossen werden dürfen. Räumen gar die Statuten den Vorsitz des Verwaltungsrats der herrschenden Person ein und geben diesem besondere Kompetenzen, so kann die gesamte Geschäftsführung unter die schärfste Kontrolle und Mitwirkung der herrschenden Person gesetzt werden. Auf diese Weise würde mindestens zeitweise die Geschäftsführung im Effekt an den Willen der herrschenden Person gebunden sein[37].

[37] Wir müssen hier besonders auf das unten zum Problem der Grenzen der Abhängigkeit Gesagte Bezug nehmen.

Ein recht wertvolles Beispiel entnehmen wir dem § 11 des Gesellschaftsvertrags des „Braunkohlen-Brikett-Verkaufs-Vereins GmbH." (abgedr. bei Flechtheim, Die rechtliche Organisation der Kartelle, S. 186): „Der Beirat besteht aus 9—12 Mitgliedern und wird alljährlich in der Versammlung, in welcher die Vorlegung der Jahresbilanz erfolgt, aus der Zahl der Gesellschafter oder deren Vertreter neu gewählt. Von dieser Zahl der Mitglieder können Gesellschafter oder Gesellschaftergruppen, die 10% der Gesamtbeteiligung oder mehr repräsentieren, für je 10 % Beteiligung einen Vertreter zum Beirat ernennen. Andererseits dürfen Gesellschafter oder Gesellschaftergruppen nur mit soviel Mitgliedern im Beirat vertreten sein, als sie volle 10% besitzen... Bei Eintreten der Vakanz findet für die Dauer der laufenden Amtsperiode eine Ergänzungswahl statt. Der Beirat hat die Anstellungsbedingungen der Geschäftsführer und Prokuristen festzustellen, die Gültigkeit der Geschäftsführung zu überwachen und denselben die für die Geschäftsführung nötigen Instruktionen zu erteilen."

Ein wirtschaftlicher Unterschied zwischen einer Bindung der beherrschten Person an die Weisungen der herrschenden und dieser Regelung kann nicht festgestellt werden; inwieweit rechtlich die Bindung der beherrschten an die Weisungen der herrschenden Person zulässig ist, werden wir noch zu prüfen haben.

3. Für die Liquidatoren gilt nichts anderes als für den Vorstand. Bondi (a. a. O. S. 285) meint mit vollem Recht, die Liquidatoren seien nichts anderes als der Vorstand im Stadium der Liquidation. Es ist in der Tat unerfindlich, warum Brand (§ 295 Anm. A 2) und Ritter (Anm. 3) hier einen anderen Standpunkt als bezüglich der Vorstandsbestellung einnehmen.

4. Im Vereinsrecht gilt die Besonderheit, daß (§ 26, II BGB.) die Vertretungsmacht des Vorstands nach außen beschränkt werden kann. Es ist ein Korrelat dieser Bestimmung, daß nach § 30 BGB. besondere Vertreter des Vereins neben dem Vorstand bestellt werden können. Für die Bestellung dieser Vertreter gilt dasselbe wie für den Vorstand; die Satzung kann bestimmen, daß dieses Recht ausschließlich der herrschenden Person zusteht oder ihr ein anderer Einfluß auf die Bestellung eingeräumt ist.

II. Der Widerruf einer Organbestellung.

a) Der Widerruf der Vorstandsbestellung.

1. Über die Möglichkeit der Bestellung des Vorstandes bzw. der Einflußnahme auf diese durch die herrschenden Personen wird — so sehr sie der herrschenden Theorie von der juristischen Person widerspricht — in den einzelnen Fragen keine allzustarke Meinungsverschiedenheit mehr bestehen. Die Rechtstatsachen sprechen hier eine gar zu entscheidende Sprache. Wer nur ein Organ bestellen, aber es nicht abberufen

darf, kann in vielfacher Weise das Organ dauernd in die Hand bekommen; er kann etwa eine Bestellung auf so kurze Frist vornehmen, daß er immer entscheiden kann, ob er den von ihm bestellten Vorstand behalten will oder nicht. Zu solch objektiv ungünstigen Rechtsgestaltung drängt man die herrschende Person, wenn man ihr das Recht des Widerrufs nicht insoweit läßt, als sie das Recht der Bestellung hat. Diese Gestaltungsmöglichkeiten des bestellenden Organs erst geben dem sonst allgemein geltenden Satz seine innere Begründung: wer das Recht der Bestellung hat, hat auch das des Widerrufs[37a]. Die herrschende Meinung will hier eine Ausnahme machen: wenn — so sagt sie — „das Widerrufsrecht (der herrschenden Person) bestehe, werde der Vorstand von einer außerhalb der Gesellschaft stehenden Stelle abhängig, was der begrifflichen Stellung des Vorstandes widerspreche" (Staub-Pinner zu § 231 Anm. 16). Das ist nur scheinbar richtig. Die Abhängigkeit ist schon durch das Bestellungsrecht begründet. Dieses durfte nicht eingeräumt werden, wäre das Argument durchschlagend. Das Widerrufsrecht der herrschenden Person gefährdet die Verantwortlichkeit des Kapitals der beherrschten nicht mehr als das Bestellungsrecht mit den oben aufgezeigten Formulierungsmöglichkeiten. Außerdem kann es kein Unterschied sein, ob die herrschende Person als besonders dazu eingesetztes Bestellungsorgan oder etwa als notwendiger Vorsitzender des Verwaltungsrats mit der Vorstandsfrage zu tun hat. Der Grad der Abhängigkeit ändert sich nicht.

Auf der anderen Seite entsteht aber die Frage, ob neben der herrschenden Person auch noch das innerhalb der Körperschaft höchste Organ oder doch ein anderes Organ der juristischen Person das Widerrufsrecht behält.

Bondi[38] lehnt mindestens für das Recht der eingetragenen Vereine diese Möglichkeit ab; er stützt sich darauf, daß die Mehrheit der Mitglieder sogar einen Prozeß des Vereins gegen die herrschende Person mit Hilfe der §§ 29, 30 BGB. auf Abberufung unwürdiger Vorstandsmitglieder und Berufung neuer würdiger Vorstandsmitglieder führen können. Doch dabei übersieht er, daß dieser Weg auch rein formell nur dann denkbar ist, wenn die Satzungen nicht auch die Bestellung der besonderen Vertreter nach § 30 BGB. der herrschenden Person überlassen. Daß solche Statutenbestimmung möglich ist, nimmt er selbst an. Besteht sie, so können auch nach anderen Grundsätzen Bondis solche besonderen Vertreter nicht mehr durch die Mitgliederversammlung bestellt werden. Aber auch materiell irrt er. Soweit die Statuten irgendeiner juristischen Person einer sie beherrschenden das Recht der Organbestellung (s. näheres oben) einräumen, machen sie diese inso-

---

[37a] Staudinger § 27, I 3; RGRKomm. § 27 Anm. 2.
§ 27 Anm. 3 ff; Planck § 27 Anm. 4.

[38] Nicht grundsätzlich anders RGRKomm. in Anm. 2 zu § 27. Oertmann

weit selbst zum Organ. Die Aufgabe der Organbestellung ist keine irgendwie vertragliche Verpflichtung, sondern eine statutenmäßige. Aus den Statuten entstehen aber keine einklagbaren Verpflichtungen der Organe gegeneinander; diese unterliegen vielmehr ausschließlich dem Recht und der Kontrolle der Körperschaft selbst. Der Mechanismus der Körperschaft gibt die notwendig scheinenden Reaktionen an. Eine Verpflichtung, die durch Urteil bekräftigt werden könnte, sieht er nicht vor. Der grundsätzliche Fehler Bondis kommt klar zum Ausdruck, wo er im umgekehrten Fall — bei dem Widerruf der Vorstandsbestellung durch die herrschende Person, in den Fällen, in denen er dies zuläßt — eine Klage gegen diese „auf Aufhebung" eines „im Sinne der §§ 157, 242 BGB. vertragswidrigen Widerrufs und ebenfalls auf Unterlassung eines etwaigen erneuten Widerrufs dieser Art" zulassen will. Wie denkt er sich nun die Vollstreckung? Durchdenkt man diese Frage, so sieht man, daß die Annahme nicht richtig sein kann.

Beschränkt auf die Fälle, in denen ein wichtiger Grund vorliegt, will von Thur (Allg. Teil I, 534) den Widerruf durch das höchste Organ der juristischen Person zulassen. Diese Auffassung läßt sich von den Gefahren leiten, die in der Tat eine solche Machtfülle einer einzigen Stelle, die immer mit ein und denselben Interessenten besetzt ist, mit sich bringt. Es kann nicht gegen ihren Stachel gelöckt werden; doch wird man sich offensichtlich an dieser Stelle nur besonders leicht bewußt, welche gewaltige Wandlung das Recht der juristischen Personen erfahren hat. In Wahrheit wäre die Machtfülle nicht geringer, wenn nur das Bestellungsrecht gegeben wäre. Liegt sogar einmal wirklich ein wichtiger Grund vor, so kann die herrschende Person von niemanden gehindert werden, einen anderen Vertreter ihrer Interessen einzusetzen, so daß sich sachlich gar nichts ändert, sogar wenn die herrschende Person nicht soweit gehen will, den vom höchsten Organ abberufenen Vorstand auf Grund ihres Bestellungsrechts wieder einzusetzen. Trennt man das Widerrufsrecht von dem Bestellungsrecht, so begibt man sich in einen unlösbaren circulus vitiosus, was vermieden werden muß.

Eine andere Zwischenlösung schlägt Schultze (a. a. O. S. 471 f.) vor: er will — soweit die Organschaftsrechte Sonderrechte sind — analoge Anwendung des § 117 HGB. zulassen; wie dort „die Befugnis der Geschäftsführung einem offenen Handelsgesellschafter auf Antrag der übrigen Gesellschafter durch gerichtliche Entscheidung" entzogen werden kann, wenn ein wichtiger Grund vorliegt, soll auch dem sonderberechtigten Mitglied das Organschaftsrecht durch gerichtliche Entscheidung entzogen werden können. Diese Analogie ist unzulässig. In erster Linie ist darauf abzuheben, daß das Gesetz in durchaus abschließender Weise die Frage der Entziehung des Sonderrechts in § 35 BGB. geregelt hat: es läßt gerade eine Entziehung ohne Zustimmung des Berechtigten nicht zu (§ 35 BGB.). So klarer Bestimmung gegenüber kann man doch nicht contra legem eine Analogie zulassen, weil sie für den Einzelfall vielleicht ganz praktisch wäre. In zweiter Linie fehlen auch die gewöhnlichsten Voraussetzungen für eine Analogie. Im Recht der offenen Handelsgesellschaften ist den „übrigen Gesellschaftern", die infolge der persönlichen Haftung auf Gedeih und Verderb mit dem geschäftsführenden Gesellschafter verbunden sind, die Möglichkeit gegeben, den einen Gesellschafter seiner Geschäftsführungsrechte entkleiden zu lassen. Hier aber soll doch wohl die juristische Person als s o l c h e das Recht haben, — oder will S c h u l t z e etwa der Gesamtheit der meist anonymen Mitglieder, die doch nichts miteinander zu tun haben, das Recht einräumen, das Gericht anrufen zu können? Das wäre doch wohl etwas völlig anderes. Weiter hat der geschäftsführende Handelsgesellschafter Befugnisse ganz anderer Art wie das mit Organschaftsrechten ausgestattete Mitglied einer juristischen Person. Schließlich müßte man fragen: warum soll ein Organschaftsrecht entzogen werden können, wenn es einem Mitglied zusteht, dagegen nicht, wenn es einem Dritten zusteht?

Für uns ergibt sich die Lösung zwingend daraus, daß wir die herrschende Person, wenn ihr das Bestellungsrecht oder irgendein anderes Organschaftsrecht zusteht, für ein O r g a n der beherrschten Person halten. Nur als solches kann es solche Rechte ausüben. Umgekehrt ausgedrückt: ein Organ ist die Stelle innerhalb einer juristischen Person, die über die Organschaftsrechte verfügt. Wenn das Bestellungsrecht einem Organ gegeben ist, so kann kein anderes Organ als eben nur dieses widerrufen (RG. 82, 346; OLGR. 2, 462; KGJ. 30 A 134; OLGR. 43, 301), es sei denn, daß im Statut ausdrücklich eine andere Regelung vorgesehen sei. Nur diese Entscheidung vermeidet Konflikte zwischen der bestellenden und der widerrufenden Stelle. Nur sie wird der wahren Stellung der herrschenden Person gerecht. Man muß sich immer wieder klar machen, daß bisher die m. E. notwendige Konsequenz der Verleihung von Organschaftsrechten an „Dritte", nämlich ihre Anerkennung als Organe, nur deswegen nicht erfolgt ist, weil das mit der Auffassung, die man von den juristischen Personen hatte, nicht in Übereinstimmung zu bringen war. Die herrschende Person steht bei dem Widerruf unter der gleichen Organhaftung wie jedes Organ: sie haftet für Vorsatz und Fahrlässigkeit, soweit nicht im Statut im zulässigen Rahmen die Haftung beschränkt ist. Es ist Sache der — eventuell vorhandenen — anderen Mitglieder der juristischen Person, dafür zu sorgen, daß eine Haftungsbeschränkung nicht aufgenommen wird, wie ja nach unserer Auffassung (s. S. 13) die Verleihung solcher Machtstellung nur einstimmig erfolgen kann.

Bei ganz schweren Konflikten bleibt (allerdings nur bei der GmbH.) die Kündigungsklage übrig. Es wäre eine notwendige Konsequenz aus der Rechtsentwicklung, daß man — wenn auch unter sehr engen Voraussetzungen — eine entsprechende Möglichkeit auch bei anderen juristischen Personen (insbesondere der AG.) einräumte.

Besonderer Prüfung bedarf der Fall, daß nach dem Statut nur eine in bestimmter Stelle bei der herrschenden Person befindliche Persönlichkeit Vorstandsmitglied sein darf. Endet ihre Tätigkeit bei der herrschenden Person, so braucht das Dienstverhältnis bei der beherrschten, wenn im Vertrag nichts besonderes vereinbart ist, noch nicht zu enden. Auf jeden Fall aber endet die Vorstandschaft; sobald ein Vorstandsmitglied die nach den Statuten notwendige Voraussetzung nicht mehr erfüllt, gilt es als stillschweigend abberufen. — Von diesem Fall zu trennen ist die Erscheinung, daß die herrschende Person zwar ihre eigenen Beamten in den Vorstand der beherrschten entsendet, ohne daß diese Stellung nach dem Körperschaftsrecht der letzteren notwendig ist. Hier ist die ausdrückliche Abberufung durch die herrschende Person selbstverständlich notwendig.

Nur scheinbare Schwierigkeiten macht der Fall, daß die herrschende Person selbst Vorstand ist; sie kann sich selbst ohne weiteres abberufen und wird es auch tun, wenn ihre Interessen es wünschenswert erscheinen lassen, was man sich sehr wohl vorstellen kann.

2. So problematisch die Frage war, ob ohne weiteres die herrschende Person widerrufen kann, soweit sie bestellen kann, so einfach ist die weitere Frage, ob der herrschenden Person die Möglichkeit des Widerrufs selbständig eingeräumt werden kann. Sie ist zu bejahen. Allen Möglichkeiten der Bestellung können außerdem statutengemäß besonders eingeräumte Möglichkeiten des Widerrufs entsprechen. Alles gilt vice versa.

b) Die Abberufung anderer Organe.

Soweit die herrschende Person überhaupt ein Organ bestellen kann, ist sie auch entsprechend zum Widerruf berechtigt. Außerdem kann das Widerrufsrecht, soweit das Gesetz dies nicht ausdrücklich verbietet, als besondere Möglichkeit gegeben sein.

Damit scheidet ein Widerruf der Bestellung eines der wichtigsten Organe der Aktiengesellschaft, des Aufsichtsrats, aus, weil hier immer nur die Generalversammlung zur Bestellung und zum Widerruf berechtigt ist.

Weitgehend kann aber das erwünschte Resultat auch dadurch erzielt werden, daß die Zeitdauer des Amtes jedes Aufsichtsratsmitglieds von einer Eigenschaft abhängig gemacht wird, die eine enge Verbindung mit der herrschenden Person zur Voraussetzung hat[39]. Will die herr-

[39] § 11 des Statuts der Straßburger Straßenbahngesellschaft schrieb so vor: „Sind Mitglieder des Gemeinderats der Stadt Straßburg oder Personen, welche in städtischen Diensten stehen, von der Generalversammlung auf Vorschlag des Gemeinderats der Stadt Straßburg gewählt worden, so erlischt deren Amt als Mitglied des Aufsichtsrats, wenn sie aus dem Gemeinderat der Stadt Straßburg oder aus deren städtischen Diensten ausscheiden" (Passow a. a. O. S. 168).

schende Person sonst Sicherheit erlangen, daß von ihr mit Stimmenmacht entsandte Mitglieder des Aufsichtsrats ihr Amt niederlegen, sobald sie es verlangt, muß sie außerhalb des Körperschaftsrechts liegende Wege einschlagen. Sie muß etwa vertraglich die Verpflichtung übernehmen lassen, daß der Rücktritt erfolgt, wenn er von ihr verlangt wird, und daß für jeden Monat, in dem trotz des Verlangens das Amt nicht niedergelegt wird, eine Vertragsstrafe bezahlt wird. Die Rücktrittsverpflichtung allein reicht nicht aus, da sie nicht vollstreckt werden kann. Eine Ersetzung der Willenserklärung durch Urteil kann nicht in Frage kommen, zumal das Urteil ja nur im Verhältnis herrschende Person-Aufsichtsratsmitglied erginge.

III. Beschränkung des Gegenstands der beherrschten Person auf den Dienst bei der herrschenden.

Die sonst so auf die Freiheit der juristischen Person bedachte Entscheidung über den rumänischen Eisenbahnstreit führt (RG. Bd. 3, 128) aus: „Zweck der Gesellschaft und Gegenstand ihres Unternehmens war nach § 3 der alten Statuten der Bau und Betrieb der rumänischen Eisenbahnen. Auf diesen Gegenstand ist das Unternehmen der AG. auch nach dem Betriebsüberlassungsvertrag und der damit zusammenhängenden Statutenänderung gerichtet. Nur die Mittel zur Erreichung des unverändert gebliebenen Gesellschaftszwecks haben sich geändert, indem der Betrieb durch den rumänischen Staat gegen die feste jährliche Vergütung an die Stelle des bisherigen Selbstbetriebs gesetzt wurde.“ Aus dieser Entscheidung folgert Hamburger (a. a. O. S. 291): „Bei der Untersuchung der Frage, wann eine Änderung des Gegenstands des Unternehmens vorliegt, ist zwischen Zweck und Gegenstand des Unternehmens zu unterscheiden. Zweck des Unternehmens ist die Gewinnerzielung, Gegenstand ist das Mittel, mit dem der Erwerbszweck erreicht werden soll, d. h. der Handelszweig. In die Satzung gehört nach den Vorschriften des Gesetzes nur der Gegenstand des Unternehmens, nicht sein Zweck. Für wen der Gewinn erzielt wird, braucht also nicht in die Satzung aufgenommen zu werden, insbesondere auch nicht, ob der Betrieb für eigene oder fremde Rechnung geführt wird.“

Also eine völlige Aufgabe des Gewinnstrebens ohne Statutenänderung, begründet durch die ad hoc herausgestellte Unterscheidung zwischen dem Begriff „Zweck des Unternehmens“ und dem Begriff „Gegenstand des Unternehmens“, als wenn nicht für das Gesetz, das den Begriff „Gegenstand“ gewählt hat, Gewinnstreben ein selbstverständlicher Inhalt des Gegenstands des Unternehmens bei einer Handelsgesellschaft (!) gewesen wäre. Ein Musterbeispiel gefährlicher Begriffsjurisprudenz: was eine Änderung des Gegenstandes ist, erscheint weniger als Begriffs-, denn als Wertfrage. Wenn etwa eine Abhängigkeit so weit gehen soll, daß nach dem Statut geplanter Zweck und Tätigkeit ein anderer wird, so liegt eine Änderung des „Gegenstands des Unternehmens“ vor. In erster Linie ist das gerade bei der Umstellung eines gewinnstrebenden Geschäfts in eine Organgesellschaft der Fall. Es ist weit besser, bei der Bildung und Erklärung juristischer Begriffe von vornherein zu zeigen, inwieweit es Wertfrage bleibt, wie der Begriff zu umgrenzen ist. Der Vortrag Rümelins über die Wertfragen in der Jurisprudenz, der darauf hinwies, ist in unserer Methodologie viel zu wenig beachtet.

Als „Gegenstand des Unternehmens“ kann in die Satzung etwa aufgenommen werden: „Verkaufsstelle für die Aktiengesellschaft X oder der im Y-Verband zusammengeschlossenen Firmen“, „Geschäftsführungs-GmbH.“ u. a. m. Die Feststellung des Unternehmensgegenstands in der Satzung beschränkt nicht wie im englischen Recht nach der ultra vires-Theorie die Rechts- und Handlungsfähigkeit. Während bei uns somit ein entgegen dem in den Statuten angegebenen Gegenstand des Unternehmens nach außen abgeschlossenes Rechtsgeschäft unter allen Umständen gültig ist, ist es in England ebenso unbedingt nichtig (Präzedenzfall ist die Entscheidung des Hauses der Lords Ashbury Railway Carriage & Iron Co. von Riche). Das französische System der Société anonyme ist dem deutschen gleich[40].

Bei Verletzungen der Satzungsbestimmung über den Zweck durch die Mitgliederversammlung kann die herrschende Person bei der AG., der eGmbH. sowie der GmbH. nur vorgehen, wenn sie Mitglied ist; die Beschlüsse sind gültig, können aber angefochten werden (§ 271 HGB., § 51 des Ges. ü. eingetragene Genossenschaften, analoge Anwendung bei der GmbH. nach RG. 49, 145; 85, 311 anerkannt, siehe auch Staub-Hachenburg zu § 45). Nur beim eingetragenen Verein sind solche Beschlüsse nichtig, weswegen die herrschende Person auch als Dritte den Verstoß des Beschlusses gegen die Satzungen geltend machen darf, und der Vorstand bei Vermeidung von Schadensersatzansprüchen dem Beschluß keine Folge leisten darf[40a].

Bei Verletzung der den Zweck der juristischen Person regelnden Satzungsbestimmung durch den Vorstand macht dieser sich schadenersatzpflichtig, selbst wenn der von einer anderen Instanz als der Mitgliederversammlung (beim e. V. auch der letzteren) genehmigte Dienst-

---

[40] Siehe Goldschmit, Zur Abänderng des englischen Aktienrechts. Ztschr. f. ausländisches und internationales Privatrecht Bd. II S. 403. Das englische System würde es sehr erleichtern, eine organisatorische Abhängigkeit zu begründen. Gleichwohl ist man in England mit den gemachten Erfahrungen nach den Äußerungen in den Aktienrechtsreformkommissionen keineswegs zufrieden. Dort hat aber auch die Konzernbildung noch nicht den Grad wie bei uns erreicht. Vielleicht wird die ultra-vires-Theorie noch einmal den Engländern recht praktisch werden.

[40a] Ebenso v. Tuhr, Allg. Teil § 36 S. 517; dem entgegen wurde früher öfters der Standpunkt vertreten, auch beim eV. sei analoge Anwendung des § 21 HGB. geboten. SeuffA. Bd. 55 Nr. 193; auch Tuhr selbst DJZ. 01, 485.

vertrag solchen Verstoß gegen die Satzung von vorneherein sanktionieren würde, denn solche Genehmigung ginge über die Zuständigkeit des mit dem Abschluß des Dienstvertrags betrauten Organs hinaus. Das Vorstandsmitglied dürfte sich hier auch nicht etwa darauf berufen, daß der Dienstvertrag mit einem unbeschränkt Vertretungsberechtigten abgeschlossen sei, da er die interne Beschränkung kennt. Die Schadenersatzpflicht entsteht nicht gegenüber der herrschenden Person, wohl aber gegenüber der beherrschten.

Ist so der zivilrechtliche Wert der Festlegung einer Abhängigkeit im „Gegenstande des Unternehmens" für die herrschende Person als ein recht geringer erkannt, so ist weiter zu prüfen, wie es mit dem strafrechtlichen steht. Gerade eine juristische Person, die selbst als „Gegenstand ihres Unternehmens" den Dienst bei der herrschenden angibt und wohl noch mehrere andere Symptome organisatorischer Abhängigkeit aufweist, dürfen wir — wie noch im einzelnen aufzuweisen ist — als eine Organisation abgespaltenen Kapitals, das wirtschaftlich der herrschenden Person zugehört, ansehen. Nur zu bestimmtem im Statut klargestellten Zweck ist das Kapital abgespaltet, so daß der Vorstand der beherrschten Person, der dieser Zweckbestimmung zuwiderhandelt — zunächst wirtschaftlich betrachtet — untreu ist.

„Untreue" — so definiert Max Grünhut (Der strafrechtliche Schutz wirtschaftlicher Interessen, RGPrax. Bd. V S. 125) die Untreue im strafrechtlichen Sinne — „ist ein Überschreiten des rechtlichen Dürfens im Rahmen des rechtlichen Könnens". Für die strafrechtliche Beurteilung kommen hier im Falle der AG. und der eGmbH. Spezialbestimmungen (§ 305 HGB., 146 GenGes.), der GmbH. und des Vereins dagegen die gewöhnliche Bestimmung des § 266 RStrGB. in Betracht. Die Spezialbestimmungen verlangen weder das Erstreben des Vermögensvorteils noch eine „Verfügung zum Nachteil", sondern nur ein absichtliches „Handeln zum Nachteil der Gesellschaft". Die Judikatur sieht diese Voraussetzung schon als gegeben an, wenn eine Vermögensgefährdung vorliegt (RGStR. 3, 272; 6, 75; 9, 168; 13, 8; 14, 404; 16, 79; 19, 83; 23, 57; 26, 241; 27, 40; 41, 375. LZ. 1919, 388; JW. 1925, 992). Mit Recht warnt Staub zu § 312 HGB. Anm. 11 vor einer zu weiten Ausdehnung dieser Bestimmung, da die AG. eben eine Erwerbsgesellschaft sei, die in bestimmtem Umfange auch gefahrbringende Geschäfte machen muß. Hier aber liegt ein besonderer Fall vor: die hier besprochene Form der abhängigen juristischen Person soll eben keine gefahrbringenden Geschäfte machen; sie ist keine Erwerbsgesellschaft mehr. Jedes riskante Geschäft ist ihr fremd und bedeutet eine Vermögensgefährdung. Je schärfer der reine Dienstcharakter der abhängigen Person zum Ausdruck gebracht wird, in desto weiterem Rahmen muß man den Tatbestand der Spezialbestimmungen über die Untreue als gegeben ansehen.

Für die Anwendung des allgemeinen Untreuetatbestands ist nicht nur „Vermögensgefährdung“, sondern eine „Verfügung“ Voraussetzung. Die neueste Judikatur des Reichsgerichts legt diesen Begriff — offensichtlich in allmählicher Überführung zum neuen Strafrecht, dessen Entwurf (A.E. 27, § 348) den Verfügungscharakter der Handlung nicht mehr zur Voraussetzung der Strafbarkeit macht — sehr weit aus und nimmt „Verfügungen“ schon an, wenn eine nicht weisungsgemäße Verwendung des anvertrauten Vermögens vorliegt. Das aber ist hier der Fall. Der Geschäftsführer einer GeschäftsführungsGmbH., der etwa Grundstücksgeschäfte für die Gesellschaft macht, die sich nicht gerade auf das Verwaltungsgebäude beziehen, macht sich somit strafbar.

Die Frage ist naheliegend, ob die herrschende Person, in deren Interesse ja die Beschränkung des Gegenstandes des Unternehmens erfolgt, nicht auf sie wenigstens im Einzelfall mit dem Erfolg eines Fortfalls der zivil- und strafrechtlichen Folgen verzichten kann. Die Frage ist in vollem Umfang zu verneinen. Statutenrecht kann unter keinen Umständen durch Dritte außer Kraft gesetzt werden.

IV. Bindung der abhängigen Person an die Weisung der herrschenden.[41])

Rechtsprechung und Rechtslehre halten es fast übereinstimmend für unzulässig, daß die Statuten einer juristischen Person diese in ihrer Geschäftsführung an die Weisungen einer anderen Person binden. Eine nähere Begründung wird nicht gegeben, nur immer wieder auf die „Persönlichkeit“ der juristischen Person hingewiesen, die sich doch nicht selbst entmündigen könne[41a]. Die Rechtstatsachen zeigen, daß alle möglichen Wege gefunden wurden, um doch eine juristische Person so in Fesseln zu schlagen, daß sie ohne Zustimmung ihrer Herrscherin gar nichts tun kann. Wer den Vorstand bestellt und abberuft, wer den Verwaltungsrat ernennt, dem die gesamte Leitung der Geschäftsführung gegeben sein kann und der — wie der oben zitierte Vertrag so drastisch sagt — dem Vorstand „Instruktionen“, d. h. in der militärischen Sprache, in der dieses Wort ja seine Hauptbedeutung gewonnen hat, soviel wie „Befehl“, erteilen kann, macht auch die beherrschte Person von seinen Weisungen voll und ganz abhängig.

Es ist zwischen diesen zugelassenen Wegen und der offenen Bindung der Geschäftsführung einer juristischen Person an die Weisungen einer anderen nicht nur kein wirtschaftlich-tatsächlicher Unterschied zu sehen, sondern auch kein weitgehender rechtlicher. Die Haftung ist die gleiche:

---

[41] Über Weisungen, die Bilanzfeststellung und Bilanzverteilung betreffend, s. unten.

[41a] Haussmann: Grundlegung des Rechts der Unternehmenszusammenfassungen, S. 149/50; Derselbe, Tochtergesellschaft, S. 127; für besondere Fälle auch Flechtheim, Kartellrecht, S. 127.

in beiden Fällen ist die herrschende Person richtiger Auffassung Organ und haftet — wenn keine abweichende Regelung getroffen ist — für Vorsatz und jede Fahrlässigkeit. In beiden Fällen kann ein Widerruf nicht stattfinden, sogar eine Satzungsänderung nur mit Zustimmung der herrschenden Person selbst beschlossen werden, denn es sind entweder Sonderrechte von Mitgliedern oder entsprechende Rechte Dritter. In beiden Fällen ist der Rechtswirksamkeit der Weisung die gleiche Grenze gesetzt: die Kapitalintegrität der juristischen Person. Soll diese verletzt oder zum Nachteil der juristischen Person gehandelt werden, so braucht der Vorstand nicht Folge zu leisten. Mit dieser Grenze fällt zum Teil schon die weitere zusammen: Strafbare Handlungen zu begehen, darf niemand angewiesen werden. Wird er es doch, so braucht er, ja darf er der Weisung nicht folgen[42].

Ein von dieser Frage zu trennendes Problem ist, ob die Bindung an Weisungen über die Geschäftsführung hinaus, insbesondere mit Bezug auf Satzungsänderungen möglich ist. Natürlich könnte nur eine „negative Weisung", eine Zustimmung, in Frage kommen, da der positive Beschluß der Satzungsänderung bei allen Arten der juristischen Personen an formelle Vorschriften des Gesetzes gebunden ist, über die keine Weisung hinwegführen kann. Die herrschende Meinung lehnt selbstverständlich — es kann nach dem oben Ausgeführten nicht anders sein — auch die Bindung von Satzungsänderungen an die Zustimmung der herrschenden Person ab[42a].

Mit vollem Recht weist Friedlaender („Konzernrecht" S. 70) auf den „geringen Wirklichkeitswert" solcher Beschränkungen hin, da doch schon z. B. die Schaffung eines einzigen Vorzugsgeschäftsanteils von RM. 500 bei der GmbH. genügt, um das gleiche zu erreichen. Es ist auch hier nur die Angst vor der letzten notwendigen Konsequenz, die für die herrschende Meinung ausschlaggebend ist. Gerade hier ist die Bejahung der Zulässigkeit ungefährlicher als der jetzt begangene Ausweg. Der Inhaber eines Vorzugs-Mitgliedschaftsrechts kann ebensowenig für seine Abstimmung haftbar gemacht werden, wie ihm ohne seine eigene Zustimmung das Recht genommen werden kann. Dagegen haftet die herrschende Person auch dann als Organ der beherrschten, wenn offen ohne ihre Zustimmung eine Satzungsänderung nicht durchgeführt werden kann. Sie ist in ähnlicher Stellung wie ein mit Vetorecht ausgestattetes Staatsorgan.

V. Bindung der abhängigen Person inbezug auf Bilanzfeststellung und Gewinnbeteiligung.

1. Die Gläubiger haben nur ein Interesse an der Erhaltung des innerhalb einer juristischen Person abgesonderten Kapitals. Nur was mit

[42] Auf diese Grenzen wird unten noch näher eingegangen.

[42a] Staub-Pinner § 274 Anm. 1; OLG. Dresden Recht 1918 Nr. 580; KG. in RSpr. 42, 225 Anm. 1c und 44, 237; JW. 1926, 598.

ihm geschieht, betrifft sie. Das ist der wahre Inhalt der Verantwortlichkeit des Kapitals. Was dagegen mit dem Gewinn gemacht wird, den die juristische Person abwirft, kann sie nicht beschäftigen.

Dem Schutz des Kapitals dienen der Zwang, das Aktienkapital[43], das Stammkapital der GmbH. (§ 42 Ziff. 4 GmbHGes.) und das Geschäftsguthaben bei der eGmbH.[44] unter die Passiven aufzunehmen, sowie die Vorschriften über die Höchstbewertung der Aktiven in § 261 HGB. (für die AG.), in § 72 GmbHGes. und in § 40 HGB. (für die eGmbH.)[45], sowie schließlich die Bestimmungen über das Verbot einer Kapitalauszahlung ohne ordnungsgemäße Liquidation (§ 213 HGB. für die AG., § 30 GmbHGes., § 22, II GenGes., § 51 BGB. für den eV.). Diese Schutzbestimmungen sind von äußerster Wichtigkeit: sie enthalten den rechtswesentlichen Inhalt der juristischen Person überhaupt.

Sie sind die Grenze aller Bindungen, die eine juristische Person in Bezug auf die Fesstellung der Jahresbilanz auf sich nehmen kann. Innerhalb dieses Rahmens können die Statuten materielle Bilanzgrundsätze im allgemeinen und Bewertungsgrundsätze im besonderen aufstellen. Fast in jedem Gesellschaftsstatut finden wir eine Vorschrift über die Mindesthöhe der Abschreibungen — meist gesondert für alte und neue Anlagen. Eine Vorschrift über eine höchste Höhe der Abschreibungen ist, wenn irgend möglich, so auszulegen, daß sie nicht den letzten Bilanzwert, sondern den auf den Tag der neuen Bilanzaufstellung stimmenden Wert als Ausgangspunkt nimmt. Da der Grundsatz der Bilanzkontinuität bei uns nicht gilt (RG. 80, 332), schadet die dadurch, daß für die Gewinn- und Verlustrechnung sich eine veränderte Vergleichsziffer ergibt, bedingte Differenz nicht. Ist solche Auslegung nicht möglich, so bindet eine Satzungsvorschrift dieser Art nur insoweit, als Gesetzesvorschriften durch ihre Befolgung nicht verletzt werden.

Dagegen können die Statuten über die Gewinnverteilung beliebige Vorschriften enthalten. Es kann einfach die gesetzliche Regelung gelten; es können Bildungen von Reservefonds bis zu bestimmter Höhe vorgesehen sein; es können Zahlungen an Angestellte aus dem Gewinn zu erfolgen haben (Tantième) oder es können schließlich Dritte den ganzen Gewinn oder Teile desselben erhalten.

2. Wo insoweit materielle Bindungen möglich sind, müssen auch formelle Bindungen möglich sein, es sei denn, daß ausdrückliche gesetzliche Vorschriften daran hindern. Im Ergebnis übereinstimmend schreiben § 266 HGB. für die AG., § 46 GmbHGes. und § 48 GenGes.

---

[43] Ergibt sich aus dem Charakter der Bilanz der AG. als einer Verteilungsbilanz.

[44] Aus dem gleichen Grunde wie bei der AG.

[45] Das RG. verlangt analoge Anwendung der aktienrechtlichen Regeln RGStr. 38, 1 ff., RGZ. 43, 123. Wie hier Müller-Erzbach: Deutsches Handelsrecht, Tübingen 1921, S. 291. Nach unserer Auffassung gilt das Gleiche für den e. V.

vor, daß Feststellung der Jahresbilanz und Verteilung des Reingewinnes zu den Kompetenzen der Mitgliederversammlung gehören. Nur bei der GmbH. ist (§ 45, 2) diese Bestimmung nicht zwingend. Die Kommentare halten (natürlich nicht für die GmbH.) formelle Bindungen an Beschlüsse anderer Organe für unzulässig. Sie wollen es etwa nicht zulassen, daß die Generalversammlung bei der AG. bezüglich der Bewertung der Aktiva an den Beschluß des Aufsichtsrats derart gebunden sein soll, daß eine Verletzung dieses Beschlusses ebenso wie die Verletzung einer Bewertungsvorschrift der Satzung zur Anfechtbarkeit des Generalversammlungsbeschlusses führen kann[46]. Das Reichsgericht hat solche Bindungen dagegen für zulässig erklärt (RG. bei Holdheim VII, 143). An den Vorschriften über die Kompetenzen der Mitgliederversammlungen haben nur die Mitglieder ein Interesse. Können sie im Rahmen der vom Gesetz gegebenen Bestimmungen materielle Bilanzvorschriften schaffen, so können sie es auch einem anderen Organ überlassen, im Rahmen der vom Gesetz gegebenen Bestimmungen die Festsetzungen mit gleicher Wirkung zu treffen. Wir halten deswegen sowohl Beschlüsse anderer Organe als der Mitgliederversammlungen über Bewertung wie über Gewinnverteilung für zulässig und sind der Ansicht, daß eine Verletzung dieser Beschlüsse durch die Mitgliederversammlung zur Anfechtbarkeit führen kann.

In der Tat spielen solche Bestimmungen im Rechte der Interessengemeinschaft eine überaus große Rolle. Typisch ist die Satzungsbestimmung bei Schultheiß (zit. Haussmann, Die Interessengemeinschaft Schultheiß-Ostwerke-Kahlbaum, S. 223): „Besteht auf Grund eines Interessengemeinschaftsvertrages ein Gewinnverrechnungsverhältnis mit anderen Unternehmungen, so ist Reingewinn im Sinne der vorstehenden Bestimmung der sich aus diesem Verhältnis vertragsmäßig ergebende Gewinn. Soweit der Reingewinn auf Grund eines Interessengemeinschaftsvertrages nicht an die Aktionäre verteilt werden soll, hat die Verteilung zu unterbleiben."

Es sind die Gemeinschaftsorgane der Interessengemeinschaft hier indirekt — über die Verweisungen auf den Interessengemeinschaftsvertrag — zur Feststellung der Bilanzwerte für zuständig erklärt, denn nur von angenommenen Werten der laufenden Bilanz[47] aus läßt sich der Gewinn jeder Gesellschaft und damit auch der Interessengemeinschaft selbst errechnen. Es ist ein großes Verdienst Friedlaenders (Interessengemeinschaft S. 56, siehe dazu auch Geiler, Organisations-

---

[46] Staub-Pinner zu § 260 Anm. 1 a; Koenige-Teichmann-Köhler § 266 Anm. 3 b. Entsprechend für die GmbH. Müller-Erzbach: a. a. O. S. 292. Siehe zu dieser Frage auch Flechtheim: R. u. W. 1922, S. 22 ff.

[47] Die Bilanzen stehen fest, sind sogar z. T. zum Inhalt der I. G.-Verträge gemacht.

formen, S. 57 ff.), gezeigt zu haben, daß die Gewinnberechnung der Interessengemeinschaft und die daraus folgenden Zuweisungen und Ausstrahlungen nichts anderes als Forderungen und Schulden der einzelnen Gesellschaften ergeben, die für die Bildung des Reingewinns im Sinne des HGB. Voraussetzung sind. Doch damit ist es für die I.G. nicht getan, sie muß auch für die kommende Bilanz relativ gleichen Boden schaffen. Es muß deswegen auch wirklich in jeder Gesellschaft die aktienrechtliche Gewinnerrechnung und -auszahlung so erfolgen, wie es das Gemeinschaftsorgan beschlossen hat. Die oben zitierte Satzungsbestimmung sagt implizite, daß das Gemeinschaftsorgan die Bilanzwerte ebenso wie die Gewinnverteilung für jede einzelne Gesellschaft, deren Organ insofern das Gemeinschaftsorgan ist, bestimmt — selbstverständlich, soweit es sich um AG. oder eGmbH. handelt, nur als Entwurf für die Mitgliederversammlung, die, wenn sie die Anfechtung riskieren will, auch anders beschließen kann.

Was für das Gemeinschaftsorgan und den Aufsichtsrat zugelassen werden kann, ist auch zugunsten des Verwaltungsrats, des Verwaltungsratsvorsitzenden und jedes Dritten möglich. Die Grundsätze über Weisungen der herrschenden an die beherrschte Person überhaupt gelten für die Bilanzfeststellung und die Gewinnverteilung, eingeschränkt nur durch die zum Schutze der Öffentlichkeit erlassenen materiellen Bilanzvorschriften und die zugunsten der Mitglieder erlassenen formellen Vorschriften.

3. Es seien noch im einzelnen die Möglichkeiten organisatorischer Gewinnbeteiligung der herrschenden Person erörtert. Sie stehen im Gegensatz zu jeder Beteiligung auf Grund des Mitgliedschaftsrechtsrechts (Vorzugsaktie, Stammaktien usw.); sie sind auf der Satzung beruhende Sondergewinnzuweisungen.

Sie unterscheiden sich aber auch grundsätzlich von Genußscheinen; zwar gewähren sie beide Anspruch auf Auszahlung des Gewinns und sind in der Bilanz beide nicht aufzuführen, weil sie den Gewinn nicht vorbelasten. Aber während der Genußschein stets einen unbedingten Gläubigeranspruch auf Auszahlung des tatsächlich gemachten Gewinns ohne Rücksicht auf den ausgewiesenen (RG. 5, 191; 22, 116; 30, 16; 36, 35; 49, 22) begründet, ist das hier verbriefte Recht oft insofern bedingt, als es nur einen Anspruch auf Auszahlung nach Maßgabe des von den zuständigen Organen festgestellten Gewinns begründet. Das Statut wird nicht klar über diesen Unterschied Auskunft geben. Man wird die Frage danach zu unterscheiden haben, wie es mit der Verteilung des Vermögens bei Auflösung der Gesellschaft steht. Fällt es ganz oder zu dem der Gewinnbeteiligung entsprechenden Teil den gewinnbeteiligten Personen zu, so wird man anzunehmen haben, daß die Gewinnbeteiligung auf den ausgewiesenen Gewinn beschränkt ist, wobei der Berechtigte die Gefahr einer Statutenänderung in Kauf nehmen muß[48]. Der zweite Unterschied vom Genußschein liegt darin, daß dieser als echtes Gläubigerrecht, einmal geschaffen, keinesfalls mehr ohne Zustimmung des Gläubigers abgeschafft werden darf, während hier unter Umständen eine Aufhebung durch Satzungsänderung möglich ist (S. 28).

Der letzte Unterschied schließlich liegt darin, daß Genußscheine übertragbar sind, während die hier behandelten Gewinnbeteiligungsrechte als Ganzes unübertragbar sind[49].

a) Der ganze Gewinn fließt der herrschenden Person zu.

Im allgemeinen kann eine Bindung der Gewinnausschüttung sowohl Zwecken der Koordination (z. B. bei Gegenseitigkeit) wie der Subordination dienen. In diesem Spezialfall dagegen kann praktisch wohl nur absolute Subordination in Frage kommen. Wenn er in der Praxis wohl niemals angewandt wurde, so hat das nicht etwa seinen Grund in irgendwelchen rechtlichen Bedenken, sondern einfach darin, daß — soll solches erstrebt werden — eben auch die ganze Kapitalstellung von der einen Person erfolgt, so daß ihr so schon als Gesellschafter und nicht erst als Drittem die Gewinne zufließen. Die Gesellschaftsrechte wären ja wirtschaftlich aus naheliegenden Gründen ohnedies unveräußerlich, solange solche Bestimmung gilt. Immerhin klärt es die theoretische Rechtslage sehr wohl, wenn man sich diesen Fall vorstellt. Bei der öffentlichen Unternehmung, die nur aus Etatsgründen in die Form einer Gesellschaft gekleidet ist, könnte man sich auch eine praktische Anwendung solcher Gestaltung denken[50].

b) Der einen bestimmten Prozentsatz übersteigende Gewinn oder der Gewinn bis zu einem bestimmten Prozentsatz fließt der herrschenden Person zu.

Mittels der stimmenmäßigen Bindung ist es leicht, sowohl den einen bestimmten Prozentsatz übersteigenden, wie umgekehrt den bis zu einem bestimmten Prozentsatz auflaufenden Gewinn in die Hand der herrschenden Person fließen zu lassen. Dem dient das Mittel der Vorzugsaktie oder entsprechender Vorzugsrechte eines Gesellschafters. Von die-

[48] Eine Ausnahme gilt nur dann, wenn die Gewinnbeteiligung ausdrücklich einem Mitglied als Sonderrecht eingeräumt ist. Meist wird sie auch einem Mitglied als von der Mitgliedschaft unabhängiges Fremdrecht gegeben sein. Gegen die Entziehung durch Statutenänderung kann sich die gewinnbeteiligte Person durch entsprechende Verträge sichern (s. vertragsmäßige Abhängigkeit).

[49] Die fiduziarische Abtretung ist selbstverständlich zulässig, ebenso die Abtretung einzelner aus diesen Rechten stammenden Ansprüche.

[50] Das unter b) im einzelnen Aufgeführte gilt auch hier; da b) den praktisch wichtigeren Fall behandelt, sind die Fragen dort erörtert.

ser Gestaltung sind, wie nochmals betont sei, die hier zu besprechenden Fälle scharf zu trennen, denn hier wird über den einen bestimmten Prozentsatz übersteigenden Betrag bzw. über den bis zu einem bestimmten Satz erzielten Gewinn nicht auf Grund eines besonderen Gesellschaftsrechts, sondern zugunsten eines Dritten verfügt[51]. Eine Verletzung dieser Bestimmungen begründet nicht nur die Anfechtungsklage der Gesellschafter, sondern einen Anspruch des Dritten auf Auszahlung der ihm zustehenden Gewinne. Weder direkt noch indirekt kann die Gesellschaftsmehrheit über die aus dem Recht des Dritten folgenden Ansprüche verfügen.

Wie ist die Rechtslage, wenn das Recht des Dritten verletzende Auszahlungen an Gesellschafter gemacht werden? Findet insbesondere bei der Aktiengesellschaft § 217 HGB., bei der GmbH. § 31 GmbHGes. Anwendung? Entgegen vielfacher Auslegung muß dieser Standpunkt unbedingt vertreten werden. Nach § 217 muß von den Gesellschaftern zurückgegeben werden, was sie „entgegen den Vorschriften" des HGB. an Zahlungen von der Gesellschaft empfangen haben.

Was die Gesellschafter eigentlich zu bekommen haben, sagt § 213 HGB.: Den Reingewinn, „soweit dieser nicht nach dem Gesetz oder dem Gesellschaftsvertrage von der Verteilung ausgeschlossen ist". Während Beschlüsse der Generalversammlung, die über das Statut hinaus[52] Gewinnausschüttung an die Aktionäre gebieten, nur nach § 271 HGB. anfechtbar sind, muß es für die herrschende Person andere Wege zur Durchsetzung ihrer Ansprüche geben. Sie ist nicht Körperschaftsmitglied, sie muß ihr Recht von außen wahren. Ein Beschluß der Generalversammlung, der ihre Rechte verletzt, widerspricht § 213 und führt zu gesetzwidrigen Auszahlungen an die Gesellschafter. Deswegen haften die Gesellschafter den Gläubigern und insbesondere der herrschenden Person, die mit dem Bilanzbeschluß der Generalversammlung, der den Gewinn ausweist, Gläubigerin wird, und haben das Erhaltene an die Gesellschaft (§ 812 BGB.) zurückzugeben. Der „böse Glaube" der Gesellschafter steht einerseits immer fest und die Gesellschaftsorgane können sich anderseits nicht darauf berufen, daß sie geglaubt hätten, zur Zahlung verpflichtet zu sein, da in den Statuten, die nur bei grober Fahrlässigkeit ihnen unbekannt bleiben konnten, ja ausdrücklich die Art der Verteilung vorgesehen ist. Bei der GmbH. ist die Rechtslage mit Rücksicht auf §§ 30, 31 GmbHGes. die gleiche.

---

[51] Beide Bestimmungen können auch verdeckt erscheinen. Es erhielt bis 1918 etwa die Stadt Straßburg nach Verteilung von 6% Dividende eine Abgabe von 30% für „Benutzung" der städtischen Straßen und Brücken durch die Straßburger Straßenbahngesellschaft AG. (Passow: a. a. O. S. 119). Im Ergebnis ist das gar nichts anderes wie der hier besprochene Fall.

[52] Beschlüsse, die das Gesetz (hier insbesondere § 261 HGB.) verletzen, sind nichtig. RG. 65, 92; 72, 33.

c) Die Gewinnverteilung unterliegt der Genehmigung des Dritten oder dessen Vorschlagsrecht[53].

Kann das Statut sogar vorschreiben, daß der Dritte den ganzen Gewinn erhält, so kann es als erhebliches Minus bestimmen, daß die Generalversammlung nicht mehr Gewinn verteilen darf, als ein Dritter bestimmt, oder daß der Beschluß über die Gewinnverteilung an die Genehmigung des Dritten gebunden ist. Das Recht wird dem Dritten oft nicht nur als Organ der beherrschten Person, sondern auch als wirtschaftlichem Interessenten eingeräumt; das Recht ist dann nicht nur Organschaftsrecht, sondern auch Wertrecht. Ob es das eine oder das andere oder das eine und das andere ist, ergibt sich daraus, ob der Berechtigte bei der Auflösung der Gesellschaft an der Verteilung interessiert ist oder ob er sonstwie einwandfreie unmittelbare wirtschaftliche Interessen daran hat, wieviele Auszahlungen erfolgen. In diesen Fällen ist es mindestens auch Wertrecht.

Die Unterscheidung ist wegen der Konsequenzen von großer Wichtigkeit. Ist es nur Organschaftsrecht, so kann eine Verletzung z. B. bei der AG. lediglich zu einer Anfechtung eines Aktionärs nach § 271 HGB. führen, ist es auch Wertrecht, so kann die herrschende Person Rückzahlung unberechtigt ausbezahlter Beträge an die AG. verlangen. Kann § 260 HGB. insofern eingeschränkt werden, als statutengemäß der Gewinn unbedingt — was auch immer die Generalversammlung beschließen möge — der herrschenden Person zufließt, so muß die herrschende Person auch als Dritte über die Gewinnverteilung mitreden können.

Ein Minus im Verhältnis dazu ist es, wenn der Dritte nur ein mehr oder weniger bindendes Vorschlagsrecht hat oder wenn etwa einem Sachverständigen (Treuhandgesellschaft) die Entscheidung nach irgendwelchen beliebigen Merkmalen anheim gegeben ist.

Ganz ebenso können mit der gleichen Wirkung die Statuten vorschreiben, daß eine Gewinnauszahlung über einen bestimmten Betrag (Prozentsatz) hinaus nur mit Zustimmung der herrschenden Person erfolgen kann. Dieser Fall läge z. B. vor, wäre die in dem RG. 83, 377 ff. (JW. 1914, 315) besprochene vertragliche Verpflichtung einer Düngerverwertungs-AG. gegenüber einer Stadtgemeinde, ohne Zustimmung der Gemeinde nicht mehr als 6% Dividende auszuschütten, in den Statuten festgelegt gewesen (s. Haussmann a. a. O. S. 223 Anm. 38).

Sowohl im Koordinationsverhältnis (besonders bei Interessengemeinschaften) wie in dem hier vorwiegend in Betracht kommenden Subordinationsverhältnis kann solche Regelung vorkommen.

---

[53] Dieser Fall ergibt sich nicht nur als Minusfall, sondern schon aus den oben besprochenen Grundsätzen über die Gewinnverteilung. Der Fall ist aber auch hier wegen der Konsequenzen einer Verletzung zu besprechen.

III. Die vertragsmäßige Abhängigkeit.

A. Grundsätzliches.

1. Inhalt der vertragsmäßigen Abhängigkeit kann vielerlei sein. Es ist nicht möglich, ihn im einzelnen zu bestimmen, wie es bei der organisatorischen Abhängigkeit möglich war. Das liegt im Wesen der Vertragsfreiheit. Wir müssen auf unsere allgemeinen Ausführungen verweisen und uns in diesem Abschnitt mit einigen Spezialausführungen begnügen.

2. Die Verträge sind solche obligatorischen Charakters[54]. Sie begründen auf der einen Seite Ansprüche (im Sinne des § 194 Abs. 1 BGB.) des einen Vertragsteils, auf der anderen Seite mit diesen korrespondierende Verpflichtungen. Letztere müssen die juristische Person, die beherrscht wird, belasten. Nicht hierher gehören Verpflichtungen, die den Mitgliedern der juristischen Person etwa auf Grund eines Poolvertrages obliegen; mit diesen werden wir uns bei der Untersuchung stimmenmäßiger Abhängigkeit zu beschäftigen haben. Die Rechtsformen der Verträge sind die verschiedensten; es können so heterogene Typen wie Dienstverträge und Kommanditgesellschaftsverträge u. a. m. sein. Man darf der Frage, welche Rechtsformen im einzelnen Falle vorliegen, keine übertriebene Bedeutung beilegen, da sich die wesentlichste Konsequenz, die Lösungsmöglichkeit, schon daraus ergibt, daß jedenfalls Dauerschuldverhältnisse vorliegen.

3. Wann im Einzelfall der Inhalt von Verträgen berechtigt, eine vertragsmäßige Abhängigkeit anzunehmen, ist Wertfrage. Je schärfer die Bindungen sind, desto mehr tritt der Charakter der Abhängigkeit ein. Uns interessieren hier — es ist eigentlich selbstverständlich — nur die Fälle *gewollter* Abhängigkeit, wobei es gleichgültig ist, ob irgendeine wirtschaftliche Zwangslage bei Begründung vorlag oder nicht. Die Fälle rein wirtschaftlicher Abhängigkeit (infolge von Schulden usw.) kommen hier nicht in Frage. Der positive Einfluß der einen Person auf die andere oder der planmäßige Dienst der einen für die andere muß feststehen, damit von einer Abhängigkeit gesprochen werden kann.

4. Die vertragsmäßige Abhängigkeit schafft keine Organrechte bzw. -pflichten, sondern einfach Vertragsrechte und Vertragspflichten der beherrschten Person, auf die die allgemeinen Vorschriften über die gegenseitigen Verträge (§ 320ff. BGB.) Anwendung zu finden haben. Auf diesen Unterschied ist besonders für die Fälle Wert zu legen, in denen sich die vertragsmäßige Abhängigkeit in Möglichkeiten äußert, die auch

---

[54] Der Gegensatz zum Statutenrecht, der die Grundlage unserer Einteilung von organisatorischer und vertragsmäßiger Abhängigkeit ist, wurde besonders von *Friedländer*: Konzernrecht, S. 226; *Derselbe*: Interessengemeinschaft, S. 24ff. und BankArch. 1926, S. 406; *Haußmann*: Festschr. für *Heinitz* S. 222ff. beachtet.

Inhalt organisatorischer Abhängigkeit sein können.

5. Vertragsmäßige Abhängigkeit kann gleichzeitig von mehreren in irgendwelcher Verbindung miteinanderstehenden Personen bestehen. Am bekanntesten ist das Beispiel der Gestionsgesellschaft im Kartell (etwa die Ruhr-Kohle-AG., vgl. RFH. 11, 265; 19, 267). Eine Abhängigkeit von mehreren Personen, die miteinander nicht in Verbindung stehen, wird kaum vorkommen, weil man das Werturteil „Abhängigkeit" schwerlich einmal abgeben wird, wenn gleichzeitig miteinander nicht in Verbindung stehende Seiten Einflußrechte haben, zumal rein naturgemäß der Grad verschiedener Einflüsse — jeder für sich — nicht so stark sein kann[55].

B. Die Begründung vertragsmäßiger Abhängigkeit.

Alle Fälle vertragsmäßiger Abhängigkeit sind für die beherrschte Person von entscheidender Bedeutung. Ohne sie können wir nicht von einer Abhängigkeit sprechen. Deswegen bedarf — wenn auch nur mit Bedeutung für das Innenverhältnis — der Abschluß solchen Vertrages stets der Genehmigung der Mitglieder- bzw. Gesellschafterversammlung. Es sagt etwa § 36 BGB. für den eingetragenen Verein: „Die Mitgliederversammlung ist in den durch die Satzung bestimmten Fällen sowie dann zu berufen, wenn das Interesse des Vereins es erfordert." Gleiches enthalten § 253 HGB. für die AG. und § 49 GmbHGes. für die GmbH.

Die Genehmigung der Mitgliederversammlung erfolgt mit einfacher Stimmenmehrheit, es sei denn, daß eine besondere Bestimmung anderer Art in den Statuten vorgesehen ist oder daß die Abhängigkeit so weitgehend ist, daß man von einem neuen Gegenstand des Geschäfts sprechen muß (s. dazu S. 35). Dann liegt eine Statutenänderung vor, die an qualifizierte Mehrheit gebunden ist; insoweit würde diese Abhängigkeit in die Gruppe der organisatorischen hinüberspielen. Werden von der Mitgliederversammlung solche Vorschriften nicht beachtet, so liegt bei der AG., der GmbH. und eGmbH. Anfechtbarkeit vor (S. 36); vgl. auch R. 60, 409; 75, 239; 111, 227; 116, 83; OLGR. 27, 392; a. M. OLGR. 16, 93; 19, 331; 27, 351; 32, 149), beim eV. Nichtigkeit.

Der Vertragsabschluß erfolgt nach außen durch die vertretungsberechtigten Organe der beiden Personen. Auf die interne Befugnis kommt es für das Außenverhältnis nicht an. Nichtigkeit könnte nur eintreten, wenn der Fall der Kollision vorliegt, ein schwer zu beweisender Fall; doch liegt die Möglichkeit kaum einmal so nahe, wie hier zwischen herrschender und beherrschter Person.

Der Vertragsabschluß bedarf keiner Form, einmal weil der Vertrag an sich keinerlei Satzungsänderung enthält, sowie weil es sich nicht um

---

[55] Rein theoretisch ist natürlich möglich, daß statutarische Einflußrechte einer Gruppe von Personen zustehen, jedoch wohl selten praktisch.

eine Vermögensübernahme (§ 311 BGB.) handelt. Selbst mündlicher Abschluß genügt, doch besteht die Vermutung, daß Verträge von solcher Bedeutung nicht in Kraft treten sollen, bevor sie schriftlich niedergelegt sind.

C. Die Übertragung und Aufhebung vertragsmäßiger Abhängigkeit.

1. Der Grundsatz, daß Anspruchsrechte abgetreten werden können, wird nach § 399 BGB. zweimal durchbrochen: a) wenn die Leistung an einen anderen als den ursprünglichen Gläubiger nicht ohne Veränderung ihres Inhalts erfolgen kann oder b) wenn die Abtretung durch Vereinbarung mit dem Schuldner ausgeschlossen ist. Unter eine dieser Ausnahmen fallen nicht nur — was mehr oder weniger selbstverständlich ist — die Gesamtansprüche, sondern auch alle aus diesen folgenden Einzelansprüche. Die beherrschte Person unterwirft sich der Abhängigkeit mit Rücksicht auf besondere Beziehungen zur herrschenden und wollte es nicht möglich wissen, daß eines Tages an ihre Stelle — wenn auch nur in einzelnen Beziehungen — eine andere Person träte. Das wäre eine Veränderung des Inhalts des Vertrags, zugleich auch eine Verletzung einer stillschweigenden Vereinbarung, daß eine Übertragung nicht stattfinden sollte.

Soweit die Abtretung zulässig ist, weil es sich etwa um nur schon entstandene Einzelansprüche aus Gewinnbeteiligungsrechten handelt, gilt für sie nichts besonderes.

2. Ist die Dauer der vertragsmäßigen Abhängigkeit im Vertrag selbst begrenzt, so hört sie mit dem Zeitablauf selbstredend auf. Geht die herrschende Person unter, so werden die Verträge, die die Abhängigkeit begründen, gegenstandslos. Es muß aber darüber hinaus gesagt werden: geht die herrschende Person in Konkurs oder Liquidation, so verlieren alle nicht übertragbaren Rechte, aus denen sich die vertragsmäßige Abhängigkeit zusammensetzt, ihren Sinn. Sie sind nur dem lebenden Organismus der herrschenden Person eingeräumt. Stillschweigend, wenn nicht sogar ausdrücklich, erklären die Verträge alle Rechte dieser Art in dem Augenblick für beendet, in dem die herrschende Person nicht mehr lebendig und für die beherrschte werbend ist. Die Abhängigkeit vom Konkursverwalter oder dem Liquidator der herrschenden Person — mit Ausnahme der finanziellen Auswirkung — ist sinnlos.

Allermindestens ist in diesen Fällen eine Kündigung aus wichtigem Grunde zulässig[56]. Wenn die vertragsmäßige Abhängigkeit auch gewiß keine Gesellschaft des bürgerlichen Rechts darstellt, so doch ein Dauerschuldverhältnis, gleichgültig, ob sie auf bestimmte Zeit oder nicht begründet ist. Auf solche Verhältnisse findet § 723 BGB. nach der stän-

---

[56] Siehe dazu die weiteren Ausführungen unten.

digen Judikatur des Reichsgerichts Anwendung (RG. 65, 37; 78, 385ff.; 95, 188ff.; vgl. auch Rumpf: Zivilistische Praxis 119 S. 60ff). Neben mißbräuchlicher Verwendung durch die herrschende Person kommt eine Verschiebung der Interessenlage als Kündigungsvoraussetzung in Frage (Kündigung aus wichtigem Grund als Fall der clausula rebus sic stantibus).

Keiner besonderen Erwähnung bedarf die Möglichkeit vertraglicher Aufhebung der vertragsmäßigen Abhängigkeit. Sie entspricht dem System unseres Rechts.

D. Wirkungen und grundlegende Fälle der vertragsmäßigen Abhängigkeit.

1. Die vertragsmäßige Abhängigkeit kann inhaltlich umfangreicher sein als die organisatorische. Es kann nicht nur alles, was u. U. Inhalt organisatorischer Abhängigkeit ist, auch Inhalt vertragsmäßiger sein, sondern darüber hinaus läßt der Grundsatz der Vertragsfreiheit noch weitere Bindungen möglich werden, die — einfach, weil sie statutenfeindlich sind, — nicht Inhalt der organisatorischen Abhängigkeit sein können. Die praktische Entwicklung der Abhängigkeiten begründenden Vertragsverhältnisse, die der Form der organisatorischen Abhängigkeit naturgemäß vorausgehen, hat die Wandlungen des Statutenrechts vorbereitet und wird sie vermutlich noch weiter führen. Eine Genehmigung der grundlegenden Verträge durch die Mitgliederversammlung allein macht sie aber noch nicht zum Statutenrecht; dazu wäre notwendig, daß die Beschlüsse der Mitgliederversammlung ausdrücklich zum Bestandteil der Statuten erklärt werden und auch alle dafür vorgeschriebenen Voraussetzungen erfüllt sind (Register).

Auf der anderen Seite ist die vertragsmäßige Abhängigkeit aber schwächer als die organisatorische, was in dem Gegensatz zwischen Statuten und Vertragsrecht begründet ist. Je nach dem, ob Statuten- oder Vertragsrecht vorliegt, ergeben sich bei Rechtsverletzungen verschiedene Konsequenzen. Ein Handeln wider Vertragsrecht führt niemals zur Nichtigkeit der gegen den Vertrag verstoßenden Rechtsgeschäfte, da es weder das Gesetz noch die gute Sitte verletzt. Auch ein Angriff aus der Körperschaft ist nicht möglich, insbesondere keine Anfechtung; denn es wird ja nicht objektives Statutenrecht, zu dessen Schutz allein das Recht des Aktionärs aus § 271 HGB. besteht, sondern nichts anderes als Vertragsrecht (besonders klar kommt diese Tatsache in der Entscheidung des RG. Bd. 83, 377 zum Ausdruck; verkannt wird die Bedeutung des Unterschieds von Bondy) verletzt. Die Folgen der Vertragsverletzung lassen sich nicht auf einen einheitlichen Nenner bringen, denn der jeweilige materielle Inhalt der verletzten Vertragsverpflichtungen entscheidet. Handelt es sich um Verpflichtungen zu einem Verhalten innerhalb der juristischen Person, also etwa die Bestellung einer bestimmten

Persönlichkeit zum Vorstand, so muß anderes gelten, als wenn es sich um Zahlung eines der herrschenden Person zugesagten Gewinnanteils handelt. Im ersteren Fall kann die Erfüllung der Verpflichtung mit Rechtszwang nicht durchgesetzt werden: Ein Urteil kann die Erklärung des Wahlorgans über die Bestellung zum Vorstand nicht ersetzen (§ 894 ZPO.). Letztere ist überhaupt keine Willenserklärung der verpflichteten Gesellschaft, sondern eine Organhandlung des Wahlorgans, die zudem meist ein Gesamtakt ist, dem das Gesetz oder auf Grund dessen der Gesellschaftsvertrag die Bedeutung beilegt, daß durch ihn der Vorstand bestellt wird. Eine Organhandlung schlechthin und dazu noch ein Gesamtakt mit solcher Wirkung ist durch Urteil nicht zu ersetzen. Keine gesetzliche Bestimmung könnte solche Ansicht rechtfertigen. Das schließt nicht aus, daß bei Verletzung der reinen vertragsmäßigen Abhängigkeit ein Urteil auf Vertragserfüllung ergeht; die Schwierigkeiten zeigen sich erst bei der Vollstreckung. Die herrschende Person bleibt auf den Weg der Schadensersatzansprüche verwiesen. Es bedarf nicht langer Ausführungen, um klar zu sehen, wie schwierig es ist, den Schaden nachzuweisen, sowohl weil der Kausalzusammenhang zwischen dem Verlust und der Verletzung der vertragsmäßigen Abhängigkeit schwer feststellbar ist, als auch weil die Gerichte aus einer veralteten, aber tief eingewurzelten Anschauung heraus leicht geneigt sein werden, aus einer Abhängigkeit errechneten Schaden weitgehend für nicht ersatzfähig zu erklären. Es ist durchaus der typische Verlauf einer Entwicklung, wie wir sie bei der juristischen Person sehen, daß die Gerichte eher geneigt sind, die Abhängigkeit an und für sich für zulässig zu halten, als einen aus ihr hergeleiteten Schaden anzuerkennen. Eine gewisse Stärkung der Stellung der herrschenden Person kann in Vereinbarung von Vertragsstrafen liegen. Die Mitgliederversammlung wird es sich überlegen, ehe sie durch sichere Verwirkung der Vertragsstrafe das Risiko übernimmt, die juristische Person einen Verlust erleiden zu lassen. Eine wirkliche Sicherung ist aber nur mit Mitteln stimmenmäßiger Abhängigkeit möglich.

Anders steht es mit der Verpflichtung zur Gewinnauszahlung. Ergibt die Bilanz Gewinne, und ist die Gesellschaft auf Grund des Vertrags verpflichtet, einen bestimmten Teil des Gewinnes der herrschenden Person auszuzahlen, so wird an dieser Verpflichtung auch nicht das geringste geändert, wenn entgegen dieser Vertragsbestimmung die zuständigen Organe eine Gewinnverteilung ohne Berücksichtigung der auf die herrschende Person entfallenden Beträge beschließen oder sogar Gewinn auszahlen. Auf die Auszahlung kann geklagt, das Urteil gegen die beherrschte Person vollstreckt werden. Ist eine Auszahlung des Gewinns z. B. bei der AG. an die Aktionäre hier auch nicht im Sinne des § 217 HGB. gesetzwidrig, so kann doch solcher Beschluß von jedem Aktionär angefochten werden, da er so viel Gewinn ausschüttet, daß die Gesellschaft infolge des Bestehens des Anspruchs der herrschenden Person in Wahrheit Kapital auszahlt. Die herrschende Meinung steht auf einem anderen Standpunkt. Sie meint, die Verpflichtung zur Gewinnauszahlung könne, wenn sie bei der Gewinnverteilung nicht berücksichtigt sei, nicht zu einer falschen Bilanz führen, da solche Verpflichtungen — was richtig ist — nicht bilanzkundig gemacht werden müssen. Dem entgegen ist zu sagen, daß gleichwohl bei der Gewinnverteilung zwingend zu beachten ist, welche Verpflichtungen hierbei übernommen worden sind, da sonst auf diese Weise leicht schwere Verstöße gegen den Grundsatz der Sicherstellung des Kapitals vorkommen könnten.

Will man aber die Gewinnrechnung nicht als einen der diesen Gesetzesregeln unterworfenen Bilanzgrundsätze ansehen, so kommt die Schwierigkeit sicherlich in der Bilanz des nächsten Jahres. Die Tatsache, daß die Auszahlungen an die Gesellschafter und an den Dritten doppelte Gewinnauszahlung, also Verlust, bedeuten, muß in der nächsten Bilanz zum Ausdruck kommen, und so die Gewinnrechnung gegenüber den Gesellschaftern für das nächste Jahr beeinflussen. Dem Dritten kann naturgemäß so eingetretene Gewinnschmälerung nicht entgegengehalten werden. Wird das in der Bilanz nicht zum Ausdruck gebracht, so liegt jetzt nicht nur falsche Gewinnverteilung, sondern falsche Vermögensangabe vor, und die letzten Bedenken gegen eine Anfechtbarkeit des Bilanzbeschlusses fallen notwendigerweise weg.

Außerdem kann bei der zweiten Bilanz die Strafvorschrift des § 314 Ziff. 1 HGB. Anwendung finden.

2. Die einzelnen Fälle der vertragsmäßigen Abhängigkeit lassen sich, wie schon dargetan, nicht voll aufzählen, da sich die Möglichkeiten vertraglicher Regelung nicht alle denken lassen können. Es lassen sich aber eine Reihe von Gruppen bilden.

a) Rechte zur Beeinflussung der Organbestellung.

Nur die Statuten können das Recht der Organbestellung verleihen. Bei vertragsmäßiger Abhängigkeit entfällt jede Möglichkeit, die Organbestellung Dritten zu übertragen. Dritten kann die juristische Person selbst nur ein Vorschlagsrecht einräumen, während dem nach der Satzung bestimmten Bestellungsorgan stets das Recht der Bestellung verbleibt. Rechtlich unwesentlich ist, ob die herrschende Person einen einzigen Vorschlag machen darf, der dann, wenn der Vertrag nicht verletzt werden soll, von der beherrschten eben akzeptiert werden muß, oder ob sie eine Liste aufzustellen hat, aus der letztere auswählen kann. Weitere Möglichkeiten unmittelbarer Einwirkung auf die Vorstandswahl kommen hier nicht in Frage.

Das gleiche gilt auch für die Wahl anderer Organe, die bei der organisatorischen Abhängigkeit durch die herrschende Person bestellt werden können, aber darüber hinaus auch für den Aufsichtsrat einer AG., da hier § 243 HGB. nicht entgegensteht.

Neben der Möglichkeit, mittels Vereinbarung von Vertragsstrafen die vertraglichen Verpflichtungen zu sichern, können noch die verschiedensten Druckmittel angewandt werden. Ein besonders wirksames Mittel enthält § 47 des Vertrags der Stadt Straßburg mit der Elektrizitätswerke AG. Straßburg (Elsaß): „Die Stadt erhält auf Grund ihres Aktienbesitzes, auch wenn sich derselbe verringern sollte (!), das Recht, dem Elektrizitätswerk drei Mitglieder des Aufsichtsrates zur Wahl durch die Generalversammlung vorzuschlagen. Überträgt der Aufsichtsrat bestimmte Befugnisse einem oder einigen seiner Mitglieder, so muß sich unter diesen eines der von der Stadt präsentierten Aufsichtsratsmitglieder befinden. Werden die vorgeschlagenen von der Generalversammlung einschließlich der auf die städtischen Aktien entfallenden Stimmen nicht gewählt, oder werden entgegen dem ausdrücklichen Verlangen der Stadt die in Satz 2 bezeichneten Befugnisse ausschließlich an nicht von der Stadt vorgeschlagene Mitglieder des Aufsichtsrats delegiert, so treten die in § 48 bezeichneten Rechtsfolgen (d. h. Verwirkung der Konzession) ein." (Passow a. a. O. S. 80.)

Vertraglich kann ganz entsprechend der Widerruf geregelt sein. Während bei vertragsmäßiger Abhängigkeit die herrschende Person den Widerruf niemals selbst erklären kann, kann sich die beherrschte Person verpflichten, auf Verlangen der herrschenden jedes Organ abzurufen. Die Grenzen der Verwendung solcher Bestimmungen ergeben sich von selbst.

b) Rechte zur Beeinflussung der Geschäftsführung.

Vertraglich kann sich die beherrschte Person den Weisungen der herrschenden im Ganzen oder in einzelnen Fällen unterwerfen. Es ist eine Folge der Beweglichkeit, die vertraglicher Regelung überhaupt innewohnt, daß sie vom geringsten Einfluß bis zum höchsten gehen kann. Es kann sich einerseits nur um eine Teilnahme an den Sitzungen des Aufsichtsrats oder des Vorstandes, andererseits aber um eine Verpflichtung, alle Weisungen des Vertragskontrahenten zu befolgen, handeln. Zwischen beiden Polen liegen sehr viele Möglichkeiten, die alle in Betracht kommen können. Wann eine vertragsmäßige Abhängigkeit vorliegt, ist Wertfrage.

Stellen wir nur einige Stufen nebeneinander:

α) Die Bedingungen der bayerischen Staatsregierung für die Erlaubnis der Benutzung der Staatsstraßen durch die Pfalzwerke AG. in Ludwigshafen enthalten folgende Bestimmung: „Die Staatsregierung wird zur Wahrung der öffentlichen und staatlichen Interessen einen rechtskundigen und einen technischen Staatskommissär für die Pfalzwerke AG. aufstellen.

Die Kommissäre sind berechtigt, jederzeit über den Zustand der Anlage und über den Geschäftsbetrieb alle gewünschten Aufschlüsse zu erheben.

Zu den Sitzungen des Aufsichtsrats und den Generalversammlungen sind die Kommissäre beizuziehen." (Passow a. a. O. S. 115.) Das ist die harmloseste Art der Kontrolle. Sie kann weiter und weiter ausgebaut werden. Ein relativ noch harmloses Beispiel, das mit Phantasie leicht ausgebaut werden kann, ist das der Frankfurter Gasgesellschaft AG. In § 5, I des zwischen dieser und der Stadt abgeschlossenen Vertrags ist angeordnet: „Der erste Bürgermeister der Stadt ist berechtigt, an den Beratungen des Aufsichtsrats, zu denen er einzuladen ist, teilzunehmen oder ein Mitglied des Magistrats zur Teilnahme zu entsenden, auch von den Büchern der Gesellschaft selbst oder durch einen von ihm abgeordneten Sachverständigenvertreter, der nicht Mitglied des Magistrats zu sein braucht, Einsicht zu nehmen bzw. nehmen zu lassen." (Passow a. a. O. S. 125)[57].

β) Es kann vereinbart werden, daß die beherrschte Person sich verpflichtet, in bestimmter Richtung nichts zu unternehmen, ohne daß eine Zustimmung der herrschenden Person vorliegt. Das kann sich auf bestimmte Geschäfte, auf ganze Geschäftszweige, auf die Ausgestaltung der gesamten Produktion, der Verkaufstätigkeit u. a. m. erstrecken. Wie der ganze Komplex vom Kleinsten bis zum Größten variieren kann, so kann es sich um die Zustimmung vom kleinsten bis zum größten Geschäftsvorgang handeln.

Diese Fälle sind sowohl für bestimmte Kartell- wie die Interessengemeinschaftsverträge überhaupt typisch, z. B. „Bindung bei Produktionsneuanlagen an die Zustimmung des Gemeinschaftsorgans des Kartells bzw. der Interessengemeinschaft".

γ) Ist Ziff. *β* insofern eine mehr negative Beeinflussung, als nur die Zustimmung zu positivem Handeln notwendig ist, so kann darüber hinausgehend der herrschenden Person eine positive Einflußmöglichkeit gegeben sein. Die herrschende Person kann entweder in bestimmten Fällen Weisungen erteilen, denen die beherrschte Person nachzukommen hat, oder sie kann berechtigt sein, in jeder Beziehung Weisungen zu erteilen, während die beherrschte auf der anderen Seite ohne Weisungen gar nichts machen darf.

Die Entwicklung von einem Fall zum anderen wird durch eine Reihe von Vertragstypen aufgezeigt: Ist in einem Fall einer einmaligen Weisung zu folgen, so kann je nach den Umständen ein Auftrag-Dienst- oder sogar Werkvertrag vorliegen; bei der Unterwerfung unter dauernde Weisung und korrespondierender Verpflichtung beschränkt sich die Tätigkeit der juristischen Person immer auf die Rolle eines Bedien-

[57] Vgl. etwa auch Syndikatsvertrag des Rheinisch-Westfälischen Kohlensyndikats. § 11.

steten. Es ist der Fall der Organgesellschaft, den das Steuerrecht so intensiv erfaßt hat[58].

Seine Hauptbedeutung hat dieser Typ im Kartell- und Interessengemeinschaftsrecht. Die „Geschäftsstelle" dieser Organisationen ist meist in Form einer juristischen Person gebildet und auf diese Tätigkeit beschränkt. (Statt vieler Ruhrkohle-AG., Drahtverband Düsseldorf GmbH.) Das spezielle bei dieser Erscheinung ist, daß in gewissem rein juristischen Sinne eine wechselseitige Abhängigkeit besteht. Die Geschäftsstelle steht im Dienste der Gesamtheit der Verbandsfirmen (Haussmann, Grundlegung, S. 117), ist also von ihnen nicht nur wirtschaftlich, sondern auch in dem von uns angenommenen Sinne rechtlich abhängig. Aber die einzelnen Firmen sind formellrechtlich von der Geschäftsstelle abhängig, wobei meist die Abhängigkeit eine vertragsmäßige ist, aber auch eine organisatorische sein kann.

c) Überlassung der Geschäftsführung an die herrschende Person.

α) Es kann die Geschäftsführung ganz oder teilweise der herrschenden Person überlassen werden. Auch hier sind verschiedene Rechtsformen möglich. Meist wird der herrschenden Person (evtl. einer eigens dazu gebildeten) das Geschäftsführungsrecht mehr oder weniger vollständig übertragen. Es wird ihr weitgehende Vollmacht erteilt. Öfter noch wird der herrschenden Person in Verbindung mit solchem Vertrag der Betrieb auf eigene Rechnung überlassen, wogegen den Mitgliedern der beherrschten Person eine Dividendengarantie seitens der herrschenden Person gegeben wird. Beide Fälle gehen im Grunde nicht allzuweit über das unter α Behandelte hinaus. Der Unterschied besteht nur darin, daß die herrschende Person dort ihren Willen mittelbar, hier ihn aber (mit den mit Rücksicht auf den obligatorischen Charakter der Verträge gebotenen Einschränkungen) unmittelbar durchsetzen kann[59].

β) Nicht hierher gehören einfache Pachtverträge[60]. Denn ist auch

[58] Dazu insbes. Georg Hamburger: Die Organgesellschaft, Festschr. f. Seckel, S. 261 ff. — Diese Arbeit führt teilweise die Organgesellschaft als Beispiel vertragsmäßiger Abhängigkeit durch. Die wichtigsten in Betracht kommenden Entscheidungen des Reichsfinanzhofs finden sich in RFH. 3, 290; 9, 167; 13, 14; 15, 116.

[59] Die Bedeutung dieses Falles zeigt sich an Beispielen, auf die Friedländer, Konzernrecht, S. 185 hinweist: „Krupp-Cruson-Vertrag (abgedr. Holdheims MoSchr. 1893, S. 24 ff.); Eschweiler Bergwerksverein-Burbach-Eide-Düdelding. (Arbed); Stumm-Koenig-Wilhelm: Rombacher Hüttenwerke-Concordia; Rheinisch-Westfälisches Elektrizitätswerk-Roddergruber-Adler AG. für Bergbau und Eisenindustrie (Adlerkohle) und Gewerkschaft; Daimels-Werk und AG. Rheinisch-Westfälische Zementindustrie.

[60] Wenn gleichwohl Betriebsüberlassungs- und Pachtverträge zusammen genannt werden (so etwa Friedländer: Interessengemeinschaften, S. 19; Haußmann: Grundlegung, S. 112), so kommt es daher, daß vom „Unternehmen" und nicht von der Person ausgegangen wird.

der ganze Betrieb verpachtet, so besteht doch kein Eingriff in die juristische Person als solche. Sie kann trotz Betriebsverpachtung in dem hier angenommenen Sinne völlig unabhängig sein.

γ) Nur ein anderer Weg zum gleichen Ziel ist die Konstruktion über die Kommanditgesellschaft. Die beherrschte Person wird in eine Kommanditgesellschaft als Kommanditist hereingenommen, Komplementär ist die herrschende Person[60a]. Flechtheim faßt zwei Fälle, von denen der erste zu zwei Reichsgerichtsentscheidungen (Bd. 112, S. 14ff. und 19ff.) geführt hat, wie folgt zusammen: „Zwei Brauereien AG. haben ihre am Orte gelegenen Brauereien in eine Kommanditgesellschaft eingebracht. Sie selbst begnügen sich mit der Rolle der Kommanditisten, während die persönlich haftenden Gesellschafter als Vorstandsmitglieder der beteiligten Aktiengesellschaften fungieren. Zu wichtigen Geschäften bedürfen sie der Zustimmung des Verwaltungsbeirats. Wieder in anderer Weise benutzten neuerdings die vier Berliner Großmühlen die Rechtsformen der Kommanditgesellschaft. Sie gründeten eine „Betriebsgemeinschaft Berliner Dampfmühlen GmbH." und dann mit dieser zusammen eine Kommanditgesellschaft, also eine GmbH. & Co. Bei dieser ist die GmbH. persönlich haftende Gesellschafterin. Die Kommanditgesellschaft hat von ihnen die Mühlen gepachtet und der Gewinn wird nach bestimmten Schlüsseln zwischen ihnen und der GmbH. geteilt." Nicht hierher, überhaupt nicht zu dem hier behandelten Problemkreis gehört eine wirtschaftliche Abhängigkeit, begründet durch Lieferungsverträge, auch „wenn sie sich auf die gesamte Erzeugung beziehen" (Haußmann, der wie schon mehrfach angedeutet, von einer ganz anderen Fragestellung ausgeht, rechnet sie hierher. S. 177). Ist auch die Herrschaft der Komplementare in diesen beiden Fällen nur sehr vorübergehend konstituiert, so läßt sich doch leicht eine andere Regelung denken.

d) Rechte zur Beeinflussung der Gewinnverteilung, der Gewinnerrechnung; Gewinnbeteiligungsrechte.

Wir behandeln die Subordination der juristischen Person. Damit scheidet sich schon unsere hier zu behandelnde Fragestellung etwa von der Geilers (Gesellschaftliche Organisationsformen, S. 75, 57), der an Hand der Interessengemeinschaften den Begriff „Gewinngemeinschaften" herausarbeitete. Eine „Gewinngemeinschaft" steht außerhalb unserer Problematik. Die Frage, die wir uns zu stellen haben, ist lediglich: welche Möglichkeiten gibt es, vertraglich eine juristische Person dahin zu binden, daß sie in ihrer Entscheidung über Gewinnerrechnung und Gewinnverteilung von ihr abgeschlossene Verträge zu beachten hat?

[60a] Flechtheim: Strukturwandlungen der Wirtschaft und das Aktienrecht. Enquetebericht, 1. Unterausschuß, 3. Arbeitsgruppe 1. T., S. 15.

Es ist gleichgültig, ob diese Verträge im Zusammenhang mit wirtschaftlicher Koordination oder Subordination stehen; die Frage, ob sie eine rein rechtliche Abhängigkeit bedeuten, entscheidet sich aus dem ganzen Zusammenhang und je nach dem im Einzelfall gestellten Ausgangspunkte.

Eine juristische Person kann der sie beherrschenden gegenüber darauf verzichten, überhaupt Gewinne zu erzielen, was meist in Verbindung mit einer Unterwerfung unter deren Weisungen, bei völliger Beschränkung auf eine Tätigkeit als Organ oder hier auch bei Abschluß von Lieferungsverträgen mit der Maßgabe vorkommt, daß die Preise die Selbstkosten nicht übersteigen und mit keinem anderen Lieferungsverträge abgeschlossen werden dürfen. Das ist in erster Linie fast stets bei der Geschäftsführungsstelle der Kartelle[61] oder bei Gemeinschaftsorganen von Interessengemeinschaften der Fall.

Der alten Theorie war es gerade die Eigenheit der juristischen Person des Handelsrechts, daß sie den Zweck der Gewinnerzielung hat. Hier wird er vertraglich auf die Dauer ausgeschlossen. Im Ergebnis ist es durchaus das gleiche, wenn zwar nicht jeder Gewinn ausgeschlossen, wohl aber der Gewinn auf ein bestimmtes Maß beschränkt ist.

Die herrschende Person kann sich vertraglich ausbitten, daß die Jahresbilanz nach ihren Wünschen gestaltet wird. Die Grenze ergibt sich aus den zwingenden gesetzlichen Bestimmungen über die Bilanzfeststellung. Das ist hauptsächlich bei Interessengemeinschaften der Fall, bei denen schon mit Rücksicht auf den Gewinnausgleich eine Vorprüfung der Jahresbilanz durch das Gemeinschaftsorgan geboten erscheint.

Das gleiche kann zum Teil dadurch erreicht werden, daß vertraglich die Art und Weise der Bilanzaufmachung im einzelnen festgestellt wird, wenn auch die Entwicklung die lange Aufrechterhaltung solcher Verträge unmöglich macht.

Eine Gewinnbeteiligung normalen Umfangs allein wird nie ein Merkmal einer Abhängigkeit sein. Sie hängt meist mit irgendwelchen Vorteilen (etwa Patentlizenz) zusammen, die einer juristischen Person eingeräumt werden. Sobald aber eine Gewinnbeteiligung im Rahmen eines besonderen Gesellschaftsvertrags eingeräumt wird, verliert die juristische Person mehr oder weniger ihre Selbständigkeit stark an die Gesellschaft, der sie angehört. Das ist das Problem der Grundtypenvermischung, das Zilinski (Grundtypenvermischungen und Handelsgesellschaftsrecht, Marburg, 1925) behandelt hat. In diesem Falle ist die Gewinnbeteiligung Ausgangspunkt der Abhängigkeit.

Noch schärfer in unseren Problemkreis gehört die Abmachung, daß

[61] § 4, II, 1 des Syndikatsvertrags des Rheinisch-Westfälischen Kohlensyndikats lautet: „Die Tätigkeit der AG. „Rheinisch-Westfälisches Kohlensyndikat" ist unentgeltlich. Sie darf nicht zum Zwecke eigener Gewinnerzielung, sondern muß ausschließlich zum Vorteil der Mitglieder der Vereinigung erfolgen."

die beherrschte Person den ganzen Gewinn an die herrschende abzuführen hat oder vor Auszahlung irgendwelcher Gewinne an die Mitglieder einen erheblichen Teil des Gewinns an die herrschende Person zu zahlen hat. Es ist natürlich auch für uns der Fall von größerer Bedeutung, daß die Verpflichtung zur Auszahlung rein einseitig besteht, für das Problem der Abhängigkeit im allgemeinen ist es aber gleichgültig, wenn die Auszahlung auch nur im Interesse eines Ausgleichs stattfindet.

E. Lösungsmöglichkeiten der vertragsmäßigen Abhängigkeit.

1. Die beherrschte Person kann die organisatorische Abhängigkeit jederzeit durch Satzungsänderung aufheben, soweit nicht (siehe oben) im Einzelfalle die Zustimmung der herrschenden Person selbst erforderlich ist. Doch ist diese Möglichkeit meist nur eine theoretische, da in der Praxis die herrschende Person wenigstens auf eine qualifizierte Stimmenminderheit einen solchen Einfluß hat, daß sie sich nicht gegen sie wendet.

Die Lösungsmöglichkeiten, die es bezüglich der vertragsmäßigen Abhängigkeit gibt, können von dem gesetzlichen Vertreter der beherrschten Person gebraucht werden, ja er ist sogar — was gerade bei auf Verlangen der herrschenden Person gewählten Vorstandsmitgliedern zu besonderen Schwierigkeiten führt — verpflichtet, sie zu gebrauchen.

Die Lösungsmöglichkeiten können in den Verträgen besonders genannt sein; es kann etwa unter besonderen Umständen ein außerordentliches Kündigungsrecht gegeben sein. Zu dieser Möglichkeit ist nichts besonderes zu sagen.

2. Spezielle Behandlung erfordert jedoch die Lösungsmöglichkeit bei Vorliegen eines wichtigen Grundes. Die Kündigung ist in diesem Fall bei allen Formen vertragsmäßiger Abhängigkeit zulässig, da es sich um Dauerschuldverhältnisse handelt[62]. Die Judikatur hat die eigentlich nur auf Gesellschaftsverhältnisse zutreffende Bestimmung des § 723 BGB. auf alle solche Verhältnisse ausgedehnt, weil diese Bestimmung zum Ausdruck bringen will, daß unserem Recht eine unlösbare Verbindung, in der sich der schwächere Teil alles gefallen lassen muß, undenkbar ist (RG. 78, 389).

Ein wichtiger Grund zur Kündigung kann sowohl im Verhalten des stärkeren Teils wie in einer vertragsfremden Entwicklung der Verhältnisse liegen. In beiden Fällen wird — wie Sieber es mit Recht ausdrückte — die Pflicht des Schwächeren zum Aushalten zu einer überobligationsmäßigen.

[62] S. Staudinger zu § 723; Haußmann: Festgabe für Heinitz IV, S. 233; Geiler: Gesellschaftliche Organisationsformen, S. 20; Friedländer: Konzernrecht, S. 258.

Doch hat das Kündigungsrecht im Einzelfall zur Voraussetzung, daß der Grad der vertragsmäßigen Abhängigkeit nur so ist, daß nicht gerade das Erdulden des Verhaltens der herrschenden Person und jeder wirtschaftlichen Entwicklung Vertragsinhalt war. Das ist dann anzunehmen, wenn die Verbindung einer wirtschaftlichen Fusion gleichkommt, insbesondere, wenn die beherrschte Person überhaupt auf Gewinn verzichtet hat oder ihr ein Gewinn (Dividendengarantie) bestimmten Umfangs gegeben ist. Es ist nicht so, daß die Kündigung aus wichtigem Grunde in diesen Fällen einfach ausgeschlossen ist. Nur sind kaum Fälle denkbar, in denen man sich einen wichtigen Grund, der doch einige Gefährdung über das einmal übernommene Maß hinaus zur Voraussetzung hat, denken kann. Mit dieser Einschränkung ist es richtig, wenn Rosendorffs Gutachten zum Fall Schultheiß-Ostwerke-Kahlbaum (Berliner Börsenzeitung vom 26. Mai 1926) den Gedanken ausspricht, es sei überhaupt immer noch zweifelhaft, ob bei so langfristigen Verträgen, wie sie die Interessengemeinschaften darstellen, die Lehre von der clausula rebus sic stantibus überhaupt noch zur Anwendung kommen könne. Nur liegt die Begründung nicht in der Langfristigkeit, sondern in dem hohen Grad der Abhängigkeit, die auf die Dauer ein Eigeninteresse der beherrschten Person ausschließt.

Je weniger das der Fall ist, desto leichter ist die Kündigung möglich. Es ist bisher nicht beachtet worden, daß es Rechtsverhältnisse gibt, bei denen ein wichtiger Grund zur Kündigung desto weniger möglich ist, je enger die Verbindung ist, und umgekehrt desto leichter, je loser das Band ist. Es sind das Rechtsverhältnisse, bei denen der hohe Grad der Abhängigkeit im Plane beider Parteien lag und der Vertrag der herrschenden Person als Entgelt für die Herrschaftsstellung die Sorge für die abhängige aufgebürdet hat. Die abhängige Person hat auf absehbare Zeit kein eigenes Interesse.

Der angebliche Grund zur Kündigung ist in Verhältnis zu der übernommenen Abhängigkeitsstellung zu setzen; deren Umfang wieder ist durch die von der herrschenden Person übernommenen Gegenverpflichtungen bestimmt. Am einfachsten kündbar ist demgemäß eine Gewinnabführungsverpflichtung, die sich nur auf Teile des Gewinnes bezieht. Sie ist schon kündbar, wenn die herrschende Person bezüglich der übernommenen Schutzstellung ein Verschulden trifft.

3. § 8 der Kartellverordnung findet auf das Verhältnis zwischen der herrschenden und beherrschten Person keine Anwendung. Die Kartellverordnung will Wirtschaftskörper aller Art vor mißbräuchlicher Verwendung einer zwischen formell gleichstehenden Faktoren getroffenen Abmachung schützen, gleichgültig, ob es sich um Kartelle, Syndikate oder ähnliche Konventionen handelt. Doch ist die Abhängigkeit der Mitglieder dieser Gemeinschaft planmäßig eine vorübergehende, keine dauernde. Die Mitglieder beschränken sich vorüber-

gehend auf die Dauer der Abmachung, um aber wieder zur vollen Kraft zurückzukehren, sobald das Vertragsverhältnis abgelaufen ist. Das Verhältnis der abhängigen Person zur herrschenden jedoch ist planmäßig ein dauerndes. Es soll grundsätzlich nicht aufhören. In der wirtschaftlichen Bewegungsfreiheit wird das Mitglied nicht erst durch den Verlauf des Vertrages gehemmt, sondern bestimmungsgemäß von Anfang an. Darin liegt einerseits der Unterschied zwischen den Fällen des § 8 der Kartellverordnung und den hier behandelten, aber andererseits auch ein Maßstab, nach dem das Werturteil, ob Abhängigkeit vorliegt oder Koordination, gefällt werden muß.

C. Die stimmenmäßige Abhängigkeit.

a) Grundsätzliches.

1. Die stimmenmäßige Abhängigkeit ist in einer Beziehung stärker als beide anderen Abhängigkeitsformen: Mit ihr kann man beide anderen Formen begründen, ja sogar — bei genügender Intensität — das Aufgehen der beherrschten Person in die herrschende oder gar die volle Liquidation beschließen. Sie kann nur vom Machthaber selbst aufgegeben werden; kein Beschluß kann sie aufheben.

Sie geht nicht nur zeitlich oft den beiden anderen Formen voraus, sondern aus ihr hat sich auch der Gedanke der Beherrschung einer juristischen Person entwickelt. Von ihr aus sind zur Stabilisierung der Macht über den Besitz der Stimmen hinaus die beiden anderen Formen entstanden.

2. Die stimmenmäßige Abhängigkeit bringt im Gegensatz zur vertragsmäßigen keine Bindung der beherrschten Person als solcher. Es gibt keinen Anspruch gegen die beherrschte Person, der aus der stimmenmäßigen Abhängigkeit resultiert. Im gewöhnlichen Falle liegt der Gegensatz zwischen der stimmenmäßigen und der organisatorischen Abhängigkeit darin, daß erstere keine besonderen auf der Satzung beruhenden ständigen Rechte der herrschenden Person innerhalb der beherrschten zum Inhalt hat. Sie ist nichts anderes als ein Sonderfall der „Abhängigkeit“ jeder juristischen Person von ihren Mitgliedern: es ist nur *ein* Mitglied oder *eine* Gruppe solcher, die absolut die Herrschaft ausübt. Die stimmenmäßige Herrschaft ist oft nicht nur eine Macht über die juristische Person, sondern gleichzeitig eine solche über die eine Minderheit bildenden anderen Mitglieder.

Im besonderen Falle dagegen kann sie der organisatorischen sehr nahe kommen. Sind Vorzugsaktien (oder andere Vorzugsrechte) mit mehreren Stimmen geschaffen und womöglich noch auf den Namen gestellt, so geben die Statuten ein Recht, das zwar zunächst nur als Mitgliedschaftsrecht ausgestaltet ist, sich aber als Eingriff in die freie Willensbildung darstellt. Wirtschaftlich kommt diese Gestaltung bei entsprechendem Ausbau den bei der organisatorischen Abhängigkeit behandelten Fällen sehr nahe; im Falle der Aufsichtsratswahl bei der AG. geht sie sogar darüber hinaus, zumal hier die Vorzugsaktie sich mit allen Stimmen bei der Abstimmung beteiligen kann und dadurch sehr oft den Ausschlag geben wird.

3. Die stimmenmäßige Abhängigkeit kommt bei besonderer Art der Ausnutzung der Stimmenmacht zur Geltung und zwar, sobald die Stimmenmehrheit zu der Installierung einer dauernden, in bestimmter Richtung gehenden Macht benutzt wird, was im besonderen Maße der Fall ist, wenn — auch ohne besonderen Vertrag — die beherrschte Person in den Dienst an einem anderen stärkeren Wirtschaftskörper gestellt wird. Meist allerdings steht die stimmenmäßige Abhängigkeit in solchen Fällen mit einer der beiden anderen Abhängigkeitsformen, insbesondere der vertragsmäßigen, in Verbindung, die ihrerseits unter Ausnutzung der Stimmenmöglichkeit geschaffen ist.

4. Es ist eine „stimmenmäßige" und nicht nur „kapitalmäßige" Abhängigkeit aus zwei wesentlichen Gründen:

a) Vorzugsaktien mit mehreren Stimmen wie verschiedene Aktienstückelung (bei RM. 50000 Kapital: RM. 25000 Aktien gestückelt zu je 100 Mk., RM. 25000 Aktien gestückelt zu je 1000 Mk., letztere geben u. U. 25 Stimmen, erstere 250 Stimmen!) führen eventuell zur Stimmenmehrheit ohne Kapitalmehrheit.

b) Es ist gar nicht nötig, daß Kapital oder Stimmen der herrschenden Person unmittelbar zustehen. Es genügt, wenn sie auf Grund obligatorischer Rechtsbeziehungen Einfluß auf die Stimmen in allen Fällen oder nur in besonders wichtigen wie etwa Aufsichtsratswahlen, hat.

5. Die stimmenmäßige Abhängigkeit beruht noch weniger als die beiden anderen Formen der Abhängigkeit auf einem einzelnen Rechtsverhältnis. Sie kann sich aus einer Mehrheit von Mitgliedschaftsrechten, die in einer Hand vereinigt sind, ergeben; sie kann aus mosaikartig zusammengesetzten Rechtsverhältnissen folgen. Teils kann die Macht auf eigenem Mitgliedschaftsrechte, teils auf obligatorische Ansprüche auf bestimmte Verwendung fremder Mitgliedschaftsrechte gestützt sein. Es ist hier noch schwieriger als bei der vertragsmäßigen Abhängigkeit, innerhalb der Form feste Begriffe zu schaffen, da die verschiedensten Wege der Machtentfaltung gegeben sind. Dieser Lage entspricht es, wenn wir hier in unserer Definition anders vorgehen, als bei den anderen Formen. Wir können bei der Fülle von Unterformen doch keine allgemeinen Regeln über Begründung, Aufhebung und Übertragung der stimmenmäßigen Abhängigkeit aufstellen, sondern müssen die einzelnen Fälle stimmenmäßiger Abhängigkeit in den Vordergrund stellen.

b) Die einzelnen Fälle stimmenmäßiger Abhängigkeit und ihre Wirkungen.

I. 1. Zwei Gruppen sind zu unterscheiden: Der Fall eigenen Mitgliedschaftsrechts oder wenigstens eigenen Ausübungsrechts einerseits und des obligatorischen Anspruchs auf Verwendung fremden Mitgliedschaftsrechts nach Weisungen der herrschenden Person andererseits.

Der einfachste und wohl auch häufigste Fall ist der eigentumsmäßiger Rechtsbestimmung oder anders ausgedrückt, der Mitgliedschaft der herrschenden Person. Je zahlreicher diese Rechte sind, desto besser fundiert ist die Abhängigkeit. Ist die Mitgliedschaft eine alleinige, so kann die Abhängigkeit mit Hilfe der beiden anderen Formen ohne weitere Schwierigkeit zu einer fast vollkommenen geformt werden. Ist sie wenigstens so umfangreich, daß sie satzungsändernd Beschlüsse fassen kann, so kann sie den Grad der Abhängigkeit immer mehr verstärken, z. B. durch Ausgabe von Aktien, auf die von der Verwaltung weitgehender Einfluß ausgeübt wird. Ist die Mehrheit nur eine einfache, oder besteht sogar nur eine Minderheit, die aber infolge mangelhafter Abstimmungsbeteiligung zur Abstimmungsmehrheit werden kann, so beherrscht sie mindestens vorübergehend die Willensbildung[63] und kann auch die Form der vertragsmäßigen Abhängigkeit erreichen.

Bezüglich der meisten aus der Abhängigkeit zu folgernden Konsequenzen kann von einer solchen nur gesprochen werden, wenn in konsequenter Weise auf Dauer gerichtet die beherrschte Person an den Wirtschaftskörper der herrschenden gefesselt wird. Eine einfache Mehrheit kann durch die Art ihrer Verwendung zu dieser Abhängigkeit führen. Ein typisches Beispiel sind die deutschen Linoleumunternehmungen AG., die Spitze des großen Linoleumkonzerns. Sie haben als reine Holdinggesellschaft die Aktienmehrheit der Deutschen Linoleumwerke AG., in der die Betriebe der früheren drei Delmenhorster Gesellschaften, der Germania-Linoleumwerke in Bietigheim, der Linoleumwerke Maximiliansau und der Rheinischen Linoleumwerke in Bedburg vereinigt sind. Die Herrschaft der Holdinggesellschaft im Konzern ergibt sich, wie sich Schöller im Enqueteausschuß mit Recht ausdrückt, einfach „aus den Regeln der Finanzdynamik" (3. Arbeitsgruppe 1. Teil, S. 456).

2. Diesem Fall am nächsten kommt die Nießbrauchsbestellung am Mitgliedschaftsrecht. Soweit dieses übertragbar ist, ist solche Bestellung zulässig. Es ist eine alte Streitfrage, ob der Nießbrauch einer Aktie oder eines GmbH.-Anteils Stimmrecht verleiht oder nicht[63a]. Ohne auf

---

[63] Weniger Mitgliedschaftsrechte benötigt die herrschende Person, wenn sie Vorzugsaktien mit mehrfachem Stimmrecht hat, zumal sie durch diese mit Rücksicht auf die notwendig getrennte Abstimmung in den wichtigsten Fällen ein absolutes Vetorecht hat, wenn sie die Mehrheit innerhalb der Vorzugsaktien besitzt. Ähnliches gilt selbstverständlich für die Vorzugsgeschäftsanteile der GmbH.

[63a] Goldschmit, a. a. O. zu § 252 Anm. 7 gibt eine Zusammenstellung der vertretenen Ansichten; Staub-Hachenburg Anm. 20 Anh. I zu § 15; Isay: Bergrecht, Anm. 29 zu § 108; RGRKomm. § 1086 Anm. 3; Staudinger Anm. 2, V zu § 1069 bejahen das alleinige Stimmrecht des Nießbrauchers; Lehmann II, 66; Dernburg III § 193, 4; Jacobi, Wertpapiere S. 356 halten nur Nießbraucher und Eigentümer gemeinsam für stimmberechtigt; Hacker: Nießbrauch

den Streitfall einzugehen, schließen wir uns der Ansicht an, daß der Nießbraucher das Stimmrecht allein ausüben kann.

Bei den Legitimationspapieren oder Inhaberpapieren, die das Mitgliedschaftsrecht verbriefen, ist die Möglichkeit der Stimmabgabe (das „Können“ im Gegensatz zum „Dürfen“) im Falle des Nießbrauchs schon deswegen immer gegeben, weil der Nießbraucher im Besitze des Papiers sein muß, doch darf diese Tatsache nicht für die Entscheidung der Rechtsfrage (des Dürfens), verwendet werden.

3. Auch durch Verpfändung (mit Stimmrechtsübertragung) kann eine stimmenmäßige Abhängigkeit entstehen. Es ist sehr wohl, besonders im Zusammenhang mit Sanierungen, möglich, daß Kredit nur unter Bedingungen gegeben wird, die auf eine dauernde Abhängigkeit hinauslaufen. Etwa eine Verpfändung der Anteile der Mehrheit mit dem Recht, das Stimmrecht beliebig auszuüben, führt zu solcher Abhängigkeit. Besonders scharf wird die Abhängigkeit dann, wenn der Kredit eine bestimmte Anzahl von Jahren unkündbar ist.

II. 1. Die weitgehendsten Rechte verleihen obligatorische Ansprüche dann, wenn „wirtschaftliches Eigentum“ vorliegt, das formellrechtliche Eigentum also in Wahrheit nur Treuhandeigentum ist. Hier ist die ganze wirtschaftliche Macht bei dem, der den Anspruch geltend machen kann. Nur formell ist der Weg über die Erhebung obligatorischer Ansprüche notwendig.

2. Dieser Rechtslage am nächsten kommt der Fall, daß sich der dinglich Berechtigte verpflichtet, seine Stimme während bestimmter Zeit nach den Weisungen der herrschenden Person abzugeben.

3. Gleichwertig ist der Poolvertrag[64], bei dem die herrschende Person die Mehrheit innerhalb gepoolter Mitgliedschaftsrechte hat[65]. Wenn vor den Abstimmungen durch Vorabstimmung deren Inhalt festgelegt wird, beherrscht der Inhaber der Poolmehrheit die Abstimmung fast vollkommen.

4. Geringerwertig ist das Vorliegen eines obligatorischen Vertrags, auf Grund dessen in bestimmten Fällen weisungsgemäße Abstimmung verlangt werden kann. Immerhin kann sich solche Vereinbarung gerade auf die wichtigsten Fälle, vor allem die Vorstands- und Aufsichtsratswahlen beziehen[66].

---

an Prämienpapieren, Aktien usw., Berlin 1906 und vor allem Staub, HGB. zu § 252 Anm. 6 und Koenige-Teichmann-Köhler zu § 252 Anm. 2c halten den Eigentümer allein für stimmberechtigt.

[64] Siehe hierzu Geiler bei Düringer-Hachenburg IV S. 274 ff.; Müller-Wirth: Konsortialverträge der Aktionäre zur Bildung von Stimmrechtskonsortien ungedr. Freib. Diss. 1924; Friedländer: Konzernrecht, S. 148 ff.

[65] Das kann auch durch indirekte Mittel so sein: es kann etwa die Verwaltung der beherrschten Person selbst Konsortialführerin sein, diese aber wieder von der herrschenden Person abhängen.

[66] Als Beispiel sei auf den Vertrag zwischen der AEG. und der Stadt Altona über das Elektrizitätswerk Unter-Elbe verwiesen (Passow a. a. O. S. 164).

Entsprechend können Poolverträge aussehen.

Es bedarf keiner besonderen Ausführungen, aus welchen Gründen die zweite Gruppe schwächere Wirkungen hat als die erste. Bei der ersten sind Verletzungen gar nicht möglich. Der Machthaber nützt eben unmittelbar seine Macht aus und damit fertig. Bei der zweiten Gruppe hängt alles davon ab, daß der Anspruchsgegner dem Anspruch auch nachkommt. Tut er es nicht, gibt es ausschließlich Schadensersatzansprüche [66a]. Eine Verurteilung zur Abstimmung gemäß der Verpflichtung bleibt vollkommen ohne Wirkung, da die verlangte Stimmabgabe nur einen Teil des Gesamtakts, der eine Abstimmung der Mitglieder darstellt, bildet; ebenso wenig wie eine Ersetzung der „Willenserklärung" in diesem Fall durch Urteil in Frage kommt, kann ein Dritter die Handlung der Abstimmung (§ 887 ZPO.) vornehmen, da zur Vornahme der Abstimmung das Recht der Mitgliedschaft gehört, das eben niemand anders als der Anspruchgegner selbst hat. Die Vollstreckung durch Geldstrafe (§ 890 ZPO.) kommt höchstens in dem wenig belangvollen Fall in Betracht, daß sich die eingegangene Verpflichtung lediglich auf eine Unterlassung der Stimmabgabe bezieht, die ja der herrschenden Person zur vollen Stimmenmacht verhelfen kann. Der Umfang des entstandenen Schadens ist sehr schwer nachzuweisen.

Die Praxis hat genügend Mittel gefunden, um diese Schwäche der Stimmenbildung durch obligatorische Verträge zu beseitigen. Das einfachste Mittel ist die Vertragsstrafe. Oft muß auch jeder am Konsortium Beteiligte seine Rechte einem Treuhänder übertragen, der die Stimmen nach den Konsortialbestimmungen abgibt. Im Ausland waren die Hinterlegungsscheine der Treuhänder schon lange Gegenstand von Rechtsgeschäften, durch die der jeweilige Erwerber ohne weiteres Vertragskontrahent des Konsortiums wurde. In Deutschland ist der erste entsprechende Fall — darauf verweist Friedländer: Konzernrecht, S. 136 — im Vergleich Hochbahn—Stadt Berlin geschaffen. Weniger Sicherheit bietet die sehr häufige Vereinbarung, daß einer der Konsorten die Stimmen aller anderen bei der Abstimmung vertritt und dazu jedesmal besonders in den Besitz der nötigen Vollmachten gesetzt werden muß.

Sehr viel seltener wird der Fall sein, daß sich ein Konsorte vorbehält, bei Verletzung des Vertrages gegenüber der Gesellschaft und somit indirekt auch den übrigen Konsorten gegenüber, Strafmaßnahmen zu ergreifen. Die Stadt Straßburg hatte sich vorbehalten, dem Elektrizitätswerk die Konzession zu entziehen, wenn die Konsortialvereinbarung über die Aufsichtsratswahlen nicht eingehalten wird.

[66a] Ebenso RG. JW. 1911, S. 463; RG. 112, 273 ff.; Brodmann: GmbHGes. § 13 Anm. 2 und § 47 Anm. 3; grundsätzlich abweichend: Hachenburg, LZ. 1908, S. 546; vermittelnder Ansicht ist Friedländer: Konzernrecht S. 100.

c) Bemerkungen zur Gründung, Aufhebung und Übertragung der stimmenmäßigen Abhängigkeit.

1. Die Begründung kann sich, wie aus der Zusammenstellung der Fälle ohne weiteres zu ersehen ist, ebensogut stückweise vollziehen, wie sie durch einen einzigen Rechtsakt begründet werden kann.

Es kann das Eigentumsrecht oder sonstige dingliche Rechte an den Anteilen uno actu erworben werden, es kann ebenso aber auch langsam mittels verschiedener aufeinanderfolgender Rechtsakte in eine Hand gebracht werden, indem vielleicht ganz geheim von verschiedenen Stellen diese Rechte aufgekauft werden. Natürlicherweise ist es möglich, daß an einem Teil der Rechte Eigentums-, an anderen Nießbrauchs- oder Pfandrechte bestehen.

Ganz ebenso steht es mit den obligatorischen Rechten. Auch sie können uno actu entstehen oder in verschiedenen Partien. auch können sie neben andersartigen Rechten in bezug auf andere Mitgliedschaftsrechte, insbesondere dinglichen Rechten, bestehen.

2. So kann die stimmenmäßige Abhängigkeit auch langsam und stückweise zerfallen. Hier bricht ein Vertragsgebäude zusammen [67], dort verlischt ein Nießbrauchsrecht oder wird ein Anteil veräußert. Man kann keine endgültigen Merkmale für die Aufhebung stimmenmäßiger Abhängigkeit finden.

3. Besteht die stimmenmäßige Abhängigkeit in dinglichen Rechten, kann ihre Grundlage übertragen werden, soweit überhaupt Mitgliedschaftsrechte übertragbar sind.

Eine Übertragung der obligatorischen Ansprüche wird meistens möglich sein, da bei solchen Ansprüchen fast immer — zumindestens stillschweigend — vereinbart ist, daß sie übertragbar sein sollen.

III. Einige sich aus dem Rechtsverhältnis zwischen herrschender und abhängiger juristischer Person ergebende theoretische Bemerkungen zur juristischen Person überhaupt.

a) Der Kern jeder juristischen Person: Die Kapitalbindung.

1. Die juristische Theorie hat sich mit der Erscheinung der juristischen Person immer wieder erneut beschäftigt; kaum lassen sich die über sie vertretenen Ansichten erschöpfend zusammenstellen [68]. Es war

---

[67] Das kann durch Zeitablauf oder Kündigung insbesondere aus wichtigen Gründen erfolgen.

[68] Fiktionstheorie: Savigny II §§ 85—102; Puchta: Rechtslexikon III S. 65 ff.; Windscheid (Kipp) §§ 5 ff. — Organische Theorie: Gierke I §§ 58—78; ferner deutsches Genossenschaftsrecht; Wesen der menschlichen Verbände 1902; Dogm. Jb. 35 S. 169, 319; Zitelmann: Wesen der juristischen Person; Zweckvermögenstheorie: Brinz II. Aufl. I §§ 59—62, III §§ 432 ff. —

nicht nur die rechtlich schwierige Konstruktion einer Einheit trotz Vielheit der dahinter stehenden Menschen, von der sich die juristische Theorie anlocken ließ, sondern vielleicht mehr noch das praktische Problem, unter welchen Voraussetzungen juristische Personen überhaupt vom Recht und damit vom Staat geduldet werden konnten. Politische Ziele versteckten sich in weitem Umfang hinter Rechtserwägungen, was uns um so weniger verwunderlich ist, als die bis vor wenigen Jahren das Feld der öffentlichen Meinung beherrschenden Theorien ihren letzten Schliff bei einer praktischen Gelegenheit, der Schaffung des deutschen bürgerlichen Rechts, erhalten haben. Man kann sie nicht nur als rechtliche, sondern muß sie zugleich als rechtspolitische Theorien, ihre Begriffe somit vornehmlich als Zweckbegriffe, ansehen. Den Anhängern einer möglichst freien Körperschaftsbildung war es darum zu tun, die gesellschaftliche Notwendigkeit freier Entfaltung der zur Einheit gewordenen Verbände, die in Wahrheit lebten und nicht erst vom Gesetz geschaffen wurden, zu zeigen. Nur im Sinne der Anerkennung einer Wirklichkeit, die sich von unten nach oben durchgesetzt hat, kann man mit Binder[69] die Lehre Beselers und Gierkes, die organische Theorie der juristischen Person, eine Folge des Individualismus des 19. Jahrhunderts nennen. Die juristische Person der Zeit, aus der die Lehre stammt, war eine Einheit mit einheitlichem Willen und eigenem Wert, wenn auch selbstredend abhängig von der Rechtsgemeinschaft, in die sie sich eingliederte.

Die organische Theorie betrachtete die juristische Person aber nicht nur vom rechtlichen und rechtspolitischen, sondern auch mehr als beachtet, vom soziologischen Standpunkt. Sie beobachtete die damals gegebenen Typen und glaubte aus ihnen das Entscheidende für das Wesen der juristischen Person schlechthin herausholen zu können. Sie fühlte mit Recht, daß es falsch sein mußte, das Leben der Verbände für eine Fiktion zu halten oder gar ihre Führer als „gesetzliche Vertreter" irgendwie gedanklich mit dem Vertreter der Geisteskranken gleichzustellen. Sie nahm im Grunde schon ein gutes Stück der heutigen — auch vorwiegend metajuristischen — Integrationslehre Smends[70] voraus, indem sie erkannte, wie jede Verbandsperson in ihrem Dasein auf fortwährender Integration beruht und die Vertreter des Staats, der Gemeinde, ja der Gesellschaft in jedem Augenblick von den Mitgliedern neu gekürt werden.

Die — um einen neueren methodologischen Begriff zu verwenden — Rechtstatsachen der damaligen Zeit zeigen nur juristische Personen,

Theorie der Zweckpersonifikation: Enneccerus § 96. — Theorie von den Mitgliedern als den wahren Rechtssubjekten: Ihering: Geist des röm. Rechts III S. 356. — Theorie von der juristischen Person als Beziehungspunkt für ein Vermögen: Gustav Rümelin: Zweckvermögen und Genossenschaft. Freib. 1892; Methodisches üb. juristische Personen, Freib. 1892.

[69] Binder: Philosophie des Rechts. S. 447 ff.

[70] Verfassung und Verfassungsrecht. München 1928.

die ein selbständiges, von eigenen Zwecken beherrschtes Leben führten und eben als Organismen angesprochen werden konnten. Unsere wirtschaftsrechtliche Methode wird sich davor hüten müssen, den gleichen Fehler bei ihrer soziologischen Betrachtung der Rechtstatsachen zu machen und aus augenblicklichen Erscheinungen des Rechtslebens notwendige Inhalte von im Gesetz verwandten Rechtsbegriffen zu machen. Wie tief bei der organischen Theorie dieser Fehler ging, zeigt eine Stelle in Gierkes glänzendster Darstellung der organischen Theorie, der Rede über das „Wesen der menschlichen Verbände“: „Nehmen wir an, die rechtlich geordnete Gemeinschaft sei ein Ganzes, dem eine reale Einheit innewohne, und suchen wir nun vom Rechte her zu ermitteln, wie dieses Ganze geschaffen sein muß, wenn sich im Rechte die Wirklichkeit spiegeln soll. Das Recht schreibt dem Verband Persönlichkeit zu. Soweit muß er gleich dem Individuum eine leiblich-geistige Lebenseinheit sein, die Wollen und das Gewollte in Tat umsetzen kann.

Das Recht aber ordnet und durchdringt zugleich den inneren Bau und das innere Leben des Verbandes. Somit muß er im Gegensatz zum Individuum ein Lebewesen sein, bei dem das Verhältnis der Einheit des Ganzen zur Vielheit der Teile der Regelung durch äußere Normen für menschlichen Willen zugänglich ist.“ Wir sehen also: die Verbände — sie sind im Sinne der organischen Theorie Lebens- und Willenseinheiten, gleichgültig ob der Lebenswille aus sich heraus (Körperschaft) oder von außen (Anstalt) gesetzt ist — müssen vom Gesetzgeber als juristische Personen anerkannt werden — das ist die sich auf die Erfahrungen der Zeit stützende Forderung der organischen Theorie — folglich kann auch nur juristische Person sein, was Verband oder Organismus ist. Das ist der Schluß, der Fehlschluß der organischen Theorie.

Die Bestimmungen des bürgerlichen Gesetzbuchs geben rein positiv-rechtlich auch Nichtorganismen die Möglichkeit, juristische Personen zu werden. Wenn man in der heutigen sozialen Organisation auf dem Gebiete des Handelsrechts die Verbände festzustellen sucht, die von der organischen Theorie allein zur juristischen Person geformt werden sollten, so findet man sie natürlich auch und zwar teils als juristische Personen, teils nicht. Jedenfalls aber ist die Anerkennung der juristischen Person völlig unabhängig von der Zugehörigkeit zu diesen sozialen Organismen, den Verbandspersonen.

Man würde Gierke und seiner organischen Theorie unrecht tun, wenn man annähme, er hätte die Möglichkeit dieser Entwicklung nicht vorausgesehen, zumal er doch die letzte Formulierung seiner Lehre gerade in der Zeit intensivsten Studiums des Bundesstaatswesens gegeben hat (Deutsches Privatrecht I S. 467). Er hat in der gleichen von uns zitierten Rede über die menschlichen Verbände (S. 31/32) in glänzender Voraussicht gesagt: „Ein reiches System sozialrechtlicher

Normen endlich befaßt sich mit der Eingliederung niederer gesellschaftlicher Organismen in höhere und allerzuletzt in das souveräne Gemeinwesen. Daß die Verbände zugleich selbständige Ganze mit eigener Lebenseinheit und Glieder oder Organe umfassenderer Ganzen sein können, haben sie mit den einzelnen Menschen gemein. Allein eine neue juristische Begriffswelt eröffnet sich vor allem dadurch, daß auch das innere Leben solcher Glied- oder Organpersonen einer rechtlichen Einwirkung der Gesamtorganismen zugänglich gemacht ist." Die Darstellung dieser Arbeit zeigt zur Genüge, wie weit das innere Leben einer juristischen Person heute durch „Einwirkung" der den Gesamtorganismus eines größeren Wirtschaftskörpers repräsentierenden herrschenden Person beeinflußt werden kann. Gierke hat selbst in dieser Erscheinung den Beginn einer neuen juristischen Begriffswelt, also wohl das Ende der Geltung der organischen Theorie, gesehen. In der Tat sind sie mit seiner Theorie nicht zu vereinbaren.

Einer der Wirtschaftskörper, die soziologisch weitgehend die Voraussetzungen, die von der organischen Theorie für die Anerkennung als juristische Personen gesetzt werden, erfüllen, ist das Unternehmen. Es ist eine Lebenseinheit, planvoll geleitet zum richtigen Gebrauch der in ihr angesammelten Menschen und Materialien. Über die Teilung in verschiedene juristische und physische Personen hinweg wirkt diese Einheit im Innenleben des Unternehmens wie nach außen. Eine Untersuchung des Unternehmens als solchem wird an den Ergebnissen der organischen Theorie von der juristischen Person nicht vorbeigehen können. Die sozialrechtliche Zusammengehörigkeit der abhängigen und der herrschenden Personen aber ist in zahlreichen Fällen die des Unternehmens.

2. War die organische Theorie Grundlage der Forderung freier Körperschaftsbildung, so die Fiktionstheorie die des gegenteiligen Verlangens. Wenn wirklich die ganze juristische Person nur eine Fiktion des Gesetzgebers ist, war kein Grund zu weitgehender Freistellung, sondern vielmehr jeder zu schärfster Bindung an den Willen des Gesetzgebers gegeben. Gierke formuliert den Gegensatz (Genossenschaftstheorie und die deutsche Rechtsprechung 1887 S. 5): „Den Kern der Genossenschaftstheorie bildet die von ihr dem Phantom der persona ficta entgegengestellte Auffassung der Körperschaft als realer Gesamtperson"[71].

Der Erscheinung der abhängigen juristischen Person gegenüber ist die Fiktionstheorie völlig irrelevant. Es läßt sich höchstens feststellen, daß die Möglichkeit solcher Erscheinung von der Art der gesetzlichen Regelung abhängig ist, da die Grenzen der Fiktion und die des Gesetzes identisch sind. Wäre die Formulierung des Gesetzes eine andere,

[71] Schönfeld: Zur Konstruktion der OHG., J. J. 73, S. 367.

so könnten Bedenken bestehen. Das ist eine gänzlich belanglose Feststellung. Man kann Schoenfeld (a. a. O. 273) nur zustimmen, wenn er sagt: „Was aber die Sache selbst anlangt, so werden die juristischen Personen ebensowenig zu Menschen fingiert, wie die physischen Personen Menschen sind. Entweder ist das ganze Recht samt allen seinen Personen fiktiv, weil es nicht Naturwirklichkeit ist oder die juristische Person ist es ebenfalls nicht. Ein Drittes ist nicht möglich."

3. Die abhängige juristische Person, die wir hier behandeln, hat einen außerhalb ihrer selbst liegenden „Zweck". Das gehört zu dem Begriff, den wir aufgestellt haben und den wir der Prüfung der praktischen Konsequenzen zugrunde legen.

Mit völlig anderem beschäftigt sich die Theorie vom Zweckvermögen, die das Problem der juristischen Person überhaupt lösen wollte. Diese Theorie kämpfte gegen die Annahme einer juristischen Person schlechthin. Nur eine Personifikation von Zwecken wollte sie anerkennen, nicht eine wirkliche Person. „Die römischen Quellen sprechen zwar davon, Staat, Gemeinde usw. treten wie eine Person auf, ziehen aber nicht die Konsequenz, die ihnen gehörenden Sachen nicht als „res nullius" zu bezeichnen. Wir tun es. Diese unsere Neuerung war kein Schritt vorwärts. Kaum bemerklich, aber nicht unbedenklich, weil ein Fehler" (Brinz, a. a. O. S. 196). Nicht die Korporation als solche, sondern die Mitglieder seien Träger der Rechte, allerdings mit der Beschränkung, sie für den Zweck, dem die Organisation zu dienen hat, zu verwenden. Das ist der Inhalt der Zweckvermögenstheorie. Es ist eine Verführung durch das Wort „Zweckvermögen", wenn etwa Bauer[72] annimmt, die Zweckvermögenstheorie werde der Kapitalabspaltung in Form juristischer Personen innerhalb eines Konzerns gerecht. In höherem Maße werden die modernen Erscheinungen durch die Ansicht Enneccerus' erfaßt, der (Bd. I, S. 232) von einer zur „Förderung der Zwecke geschaffenen Organisation" als „Rechts- und Bilanzsubjekt" spricht.

Das Zweckmoment ist in der juristischen Begriffsbildung nur zur Formung sekundärer Begriffe verwendbar. So können wir auch innerhalb der abhängigen juristischen Person nach deren Zweck teilen, tun es auch in gewisser Weise, wenn wir im praktischen Teil es für die Wirkung der Abhängigkeit entscheidend halten, ob sie in der Leitung, im Kapital oder der Produktion von den Zwecken der herrschenden bestimmt sind. Ihr Zweck muß — soll die Abhängigkeit wirken — ein „abhängiger" werden. Das Zweckmoment ist dagegen zur Bildung juristischer Begriffe primärer Art, wie hier einer in Betracht kommt, nicht verwendbar. So sehr die wirtschaftsrechtliche Methode, der ich weitgehend folge, gerade von sozialen Tatbeständen ausgeht und die Grundauffassung Kelsens (siehe insbesondere Hauptprobleme der Staats-

---

[72] Bauer: Die rechtliche Organisation des Trusts.

rechtslehre) ablehnt, in diesem Punkte muß man seine Bedenken teilen. Primäre Rechtsbegriffe können nur vom Rechtsinhalt und deren Konsequenzen bestimmt werden, der Zweck aber ist metajuristisch. Arnold Köttgen[73] formuliert recht glücklich: „Bekanntlich lassen sich solch materielle Zweckmomente, wenn überhaupt, so nur auf Umwegen, in die Netze juristischer Begriffsbildung einfangen. Ist der Zweck, wenn ich mich einer Definition Wundts bedienen darf, die antizipierte Vorstellung unseres Handelns, so ist hiernach ein jedes Zweckmoment von Haus aus psychologischer Natur. Wie jedoch die psychologische Haltung des Handelnden überhaupt nur mit Hilfe eines Schlusses aus der symptomatischen Bedeutung der Handlung der Erkenntnis zugänglich gemacht werden kann, so kann auch die juristische Begriffsbildung nicht unmittelbar an die Zweckvorstellung, sondern lediglich an bestimmte äußere Tatbestände anknüpfen, die erfahrungsgemäß zum typischen Reflex einer bestimmten psychologischen Haltung werden können."

Mittelbar ist der Zweck ein Erklärungsmerkmal des Unternehmens: der Zweck möglichster Ergiebigkeit hält es über alle juristischen Personen hinweg zusammen. Jeder ihrer Teile, so insbesondere jeder zu einer juristischen Person geformte Teil — hat seinen Teilzweck im Rahmen des im Unternehmen verkörperten Hauptzwecks.

4. Die Schule Kelsens[74] lehnt jeden Versuch, irgendwie soziologische Momente in den Rechtsbegriff von der juristischen Person aufzunehmen, grundsätzlich ab. Sie begnügt sich damit, festzustellen, daß „juristische Person" jedes vom Gesetz gemeinhin als Träger von Rechten und Pflichten anerkannte Rechtssubjekt ist. In der Tat ist es ein vergebliches Unterfangen, bei der so verschiedenen Gestaltung der juristischen Personen im Rechtsleben gemeinsame soziologische Elemente festzustellen. Die Möglichkeiten der Abhängigkeit, die hier gezeigt werden und die man sich untereinander recht vermischbar vorstellen muß, erweisen zur Genüge, wie die verschiedensten sozialen Organisationen in der Form der juristischen Personen auftreten. Eines aber läßt sich von allen vom Gesetz zugelassenen juristischen Personen in gleicher Weise feststellen: sie dürfen ihr Kapital nur unter Einhaltung bestimmter Vorschriften ausschütten (für den eV. § 47ff. BGB.; für die AG. §§ 294ff. HGB. für die GmbH. §§ 66 GmbHGes.; für die eGmbH. §§ 90 GenGes.). Diese Feststellung ist nicht etwa die einer zufälligen Übereinstimmung gesetzlicher Vorschriften, sondern läßt das „Wesen" der juristischen Person als eine durch Einhaltung gewisser Normen zum Rechtssubjekt geformte Kapitalbindung erscheinen. Hier liegt der Anfang und die Grenze des Begriffs „juristische Person": nur, wo die Kapitalbindung sein soll,

---

[73] Verwaltungsrecht der öffentlichen Anstalt, Veröffentlichungen der Vereinigung Deutscher Staatsrechtslehrer, Heft 6, Berlin 1929, S. 115.

[74] Schoenfeld: Rechtspers. u. Rechtsgut im Lichte des RG. RGPrax. II. Bd. S. 191 ff.

kann die juristische Person sein; nur solange die Kapitalbindung aufrecht erhalten bleibt, wird man dem Wesen der juristischen Person gerecht[75]. Jede mit einer juristischen Person versuchte Konstruktion ist darauf zu prüfen, ob sie die Kapitalbindung stört oder nicht. Tut sie es, so ist sie unzulässig. Nicht im Zweck, nicht in dem „Organismus", auch nicht in der „Organisation" liegen die bei der Abhängigkeit aufrecht zu erhaltenden Grenzen der juristischen Person, sondern in der Bindung des Kapitals[75a].

b) Juristische Personen, deren Zweck sich im wesentlichen in der Kapitalbindung erschöpft.

Für die juristische Person, die das Gesetz bei seiner Schaffung im Auge hatte, mögen die Vorschriften über die Kapitalbindung durchaus noch nicht von gleicher Bedeutung gewesen sein, wie sie es heute sind; zum mindesten standen sie keinesfalls so im Vordergrund. Sie waren nur Schutzbestimmungen für die Gläubiger der — die Hauptsache der gesetzlichen Regelung darstellenden — Organisationen. Heute gibt es, wie wir gesehen haben, juristische Personen, bei denen die Kapitalbindung das einzige Element darstellt, reine Kapitalabspaltungen von anderen Vermögen, in Leitung und Leben von anderen bestimmt.

Diese äußerste Art solcher juristischer Personen können wir als pekuliarische Form der juristischen Person bezeichnen. Die Möglichkeit, ein Vermögen derart in verschiedenen Gruppen zusammenzufassen, daß sie zwar unter einer Leitung stehen, aber der eine Teil nicht für die Geschäfte, die auf Grund des anderen Teils gemacht wurden, haftet, kannte auch das römische Recht bei fortgeschrittener Entwicklung der römischen Wirtschaftsverfassung in der Form des Pekuliums. Es war in Rom nicht notwendig, besondere formelle Rechtsträger für jede Kapitalabspaltung zum Zwecke der Risikoverteilung zu bilden, da man die Sklaven hatte, deren Rechte man überaus beweglich gestalten konnte[76]. Es war die Institution des Pekuliums, die vornehmlich geeignet war, Kapitalabspaltungen ganz so zu ermöglichen, wie wir es heute auf dem Wege über die Abhängigkeit der juristischen Person erreichen. Wir machen uns das am besten klar, wenn wir die folgenden corpus iuris-Stellen nebeneinander setzen:

[75] Nur diese Grenzen, nicht die vom RG. 3, 123 ff; 82, 309 ff; 83, 377 ff. in der Organisationsart gesuchten „Wesens-"grenzen können anerkannt und in den Rechtstatsachen nachgewiesen werden. — S. zu diesen Fragen auch Haff: Die juristischen Personen des bürgerlichen und Handelsrechts in ihrer Umbildung. RG-Prax. II S. 178.

[75a] Daran ändert die Erkenntnis nichts, daß es etwa eingetragene Vereine gibt, die zeitweise oder auch bestimmungsgemäß kein Kapital haben. Bei diesen tritt das Wesentliche der juristischen Person nicht hervor. Sobald sie doch Vermögen erhalten, zeigt sich die Bindung.

[76] Oppikofer: a. a. O. S. 30 ff. übersieht die Bedeutung des Peculiums für das römische Unternehmensrecht.

„Peculium autem Tubero quidem sic definit, ut Celsus libro sexto digestorum refert, quod servus domini permissu separatum a rationibus dominicis habet, deducto inde si quid domino debetur" (1. 5 § 4 D. 15,1).

„Peculii est non id, cuius servus seorsum a domino rationem habuerit, sed quod dominus ipse separarerit, suam a servi ratione discernens" (cf. 1. 4. pr. eod.).

„Actiones autem de peculio ideo adversus patrem dominumve comparavit praetor, quia, licet ex contractu filiorum servorumve ipso iure non teneantur, aequum tamen esset, peculio tenus, quod veluti patrimonium est filiorum filiarumque item servorum, condemnari eos" (§ 10. J. 5, 6).

„Si Noxali judicio conventus dominus litis aestimationem obtulerit, de peculio deducendum est: quod si noxae dederit, nihil est deducendum. Sed et si quid dominus soluturum se servi nomine repromisit, deduci oportebit, quemadmodum si quid domino servus pro debitore expromiserat. Idem est et si pro libertate quid domino expromisit, quasi debitor domino sid effectus, sed ita demum, si manumisso eo agatur" (1. 11 § 1 D. 15, 1)[77].

Der Herr stellt Teile seines eigenen Vermögens dem Haussohn oder Sklaven zur Verfügung und überläßt diesem im Rahmen seiner eigenen Weisungen die gesamte Verwaltung. Dieser führt besondere Bücher und geht für den Herrn mit der Beschränkung der Haftung auf die ihm zur Verfügung gestellten Vermögensteile Verpflichtungen ein. Beson-

---

[77] (Übersetzung):

„Der Begriff „Peculium" wird nach des Celsus Berichten im 6. Buch seiner Digesten von Tubero wie folgt umschrieben: Peculium ist alles, was ein Sklave mit Erlaubnis seines Herrn aus den für diesen geführten Büchern von seinem Besitz fortlassen darf, wobei natürlich das, was aus der restlichen Habe dem Herrn selbst geschuldet wird, aufzunehmen ist".

„Zum Peculium gehört nicht einfach das, was ein Sklave abgesehen von der für den Herrn geführten Rechnung innehat, sondern nur, was der Herr selbst von seiner Rechnung zugunsten des Sklaven abgetrennt hat".

„Klagen, die das Peculium betreffen, gewährt der Prätor gegen den Hausvater bzw. den Herrn; obwohl sie durch Vertretung der Söhne oder der Sklaven nicht einfach verpflichtet werden können, so ist es doch recht und billig, daß sie bis zur Höhe des Peculiumbetrages für haftbar erklärt werden, da doch dieses eben gleichsam als Vermögen der Haussöhne, Töchter oder Sklaven anzusehen ist".

„Wenn ein Herr mittels der Noxalklage belangt ist, und die Deckung des Streitwertes anbietet, so ist die Zahlung vom Peculium in Abzug zu bringen. Dagegen darf nichts abgezogen werden, wenn er den Sklaven selbst für den von ihm verursachten Schaden hingibt. Verspricht der Herr im Namen des Sklaven Zahlung, so muß vom Peculium abgezogen werden, insbesondere wenn der Sklave dem Herrn gegenüber die Deckung der eingegangenen Verbindlichkeiten versprochen hat. Ebenso ist es, wenn er dem Herrn etwas für die Erlangung der Freiheit versprochen hat. Er würde dann, wenn auch erst mit der Freilassung, Schuldner des Herrn."

ders interessant ist die verschiedene Lösung bei Kontrakten, die der Haussohn oder der Sklave abschließt und bei Delikten, die er begeht.

Zweites Buch.

Die Wirkungen der Abhängigkeit einer juristischen Person im bürgerlichen Handels- und Arbeitsrecht.[1])

I. Im bürgerlichen Recht.

a) Im Verhältnis zu Dritten.

1. Haftung der herrschenden Person für Verpflichtungen der Dritten.

Bei den Personal- und Kapitalgesellschaften spielt die Frage, ob und wieweit an ihnen beteiligte Gesellschafter für sie haften müssen, eine entscheidende Rolle, ja sie ist deren Hauptunterscheidungsmerkmal. Sie beherrscht die ganze Konstruktion dieser Gesellschaften. Das hier untersuchte Spezialproblem dagegen handelt nicht vom Aufbau einer Kollektivperson und der Haftung der beteiligten Personen für diese, sondern vielmehr von einer bestimmten Beziehung zwischen mindestens zwei formell selbständigen Personen, aus der u. U. eine Haftung der einen für die andere gefolgert werden kann. Es ist ausgeschlossen, auf Grund der Entscheidung der Haftungsfrage etwa die Existenz einer neuen Person zu behaupten, es kommt vielmehr lediglich auf Einzelfolgerungen aus der gegebenen Beziehung zwischen den beiden Personen an.

Unsere Arbeit beschränkt sich auf die abhängige juristische Person. Eine juristische Person kann — das ist ihre Eigenschaft — Träger von Pflichten sein, ohne daß diese Pflichten zugleich den sie tragenden Personen obliegen. So oft man anerkennt, daß die herrschende Person, die ja — wenn auch je nach der Abhängigkeitsform in verschiedenem Sinne — selbst die abhängige juristische Person trägt, für letztere haften kann, nimmt man allemal eine Ausnahme von der Regel an. Schon das verlangt vorsichtige Prüfung des Tatbestands und der Rechtslage. Nur soweit es der Tatbestand dringend gebietet und die heutigen Gesetze klar zulassen, kann eine Haftung der herrschenden Person für Verpflichtungen der abhängigen bejaht werden.

---

[1] Die Darstellung der Wirkungen muß sich auf die Herausarbeitung prinzipieller Feststellungen, die an Hand praktischer Einzelfälle gemacht sind, beschränken, soll nicht der Umfang dieser Arbeit weit über den gegebenen erstreckt werden. Es mußte so auf weitergehende Ausführungen verzichtet werden, auch wenn sie an sich wünschenswert gewesen wären. Es konnte so der Klarheit der Gesamtarbeit am besten gedient werden.

Die Frage der Haftung der herrschenden Person für vertragliche Verpflichtungen der abhängigen muß entsprechend den Haftungsgrundsätzen des bürgerlichen Rechts anders als die für die außervertraglichen (deliktischen und quasi deliktischen) entschieden werden.

aa) Die Haftung der herrschenden Person für vertragliche Verpflichtungen der abhängigen[2].

Wir haben den Grundsatz der Vertragsfreiheit, nach dem alles, was nicht gerade unsittlich oder ungesetzlich ist, vereinbart werden darf. Das gilt nicht nur für den Inhalt der Verpflichtungen, sondern ebenso auch für den Umfang der Haftung. So kann etwa vertraglich festgelegt werden, mit welchen Gegenständen eine Person für die von ihr übernommenen Verpflichtungen haften will[3]. Einer solchen besonderen Vereinbarung bezüglich der Beschränkung der Haftung auf ihr Vermögen bedarf es nicht, wenn feststeht, daß ausschließlich eine bestimmte, z. B. eine juristische Person — ist diese auch noch so abhängig und in den Vertragsverhandlungen noch so als Anhang einer anderen sie führenden Person aufgetreten — Vertragskontrahentin sein soll. Nur diese will haften, und der Gläubiger, der sich mit ihr begnügt, hat die Folgen auf sich zu nehmen. Der Tatbestand der Abhängigkeit allein kann nach bestehendem Recht noch nicht zur Haftung der herrschenden Person für Vertragsverpflichtungen der abhängigen führen. Abhängigkeit ist nicht rechtliche Identität. Es mußte weiteres hinzukommen, wenn die Haftung bejaht werden soll.

α) Ein unmittelbar zwischen der herrschenden Person und dem Gläubiger wirkender Haftungsgrund muß gegeben sein, wenn auch der Tatbestand der Abhängigkeit die Annahme eines solchen erleichtert: er legt der herrschenden Person gewisse Pflichten im Rechtsverkehr auf, wie überhaupt jede Tatsachenlage für die an ihr beteiligten Personen Pflichten — oder besser Obliegenheiten —, aus deren Nichtbeachtung Folgen rechterheblicher Art eintreten können, mit sich bringt.

Rechtlich kann sich der Grund für die Haftung der herrschenden Person für vertragliche Verpflichtungen der abhängigen als solcher außervertraglicher oder vertraglicher Art darstellen[4].

αα) Die gerade neuerdings im Fall Opel-Elite mehrfach betonte herrschende Meinung geht in diesem Problem nicht sehr tief. Sie untersucht

---

[2] Das Ergebnis dieser Ausführungen zeigt, wie unrichtig die Ausführungen Hamburgers (a. a. O. S. 318) der bei dem speziellen Fall der Organgesellschaft die Möglichkeit einer Haftung der herrschenden Person für Verträge der abhängigen strikt ablehnt, sind.

[3] Gierke: Vereine ohne Rechtsfähigkeit, S. 39; Reichel: Haftungsbeschränkung; Leonhardt: Recht der Schuldverhältnisse, S. 38. A. M. Hölder: Natürliche und juristische Personen S. 285.

[4] Es sind hier nicht bezüglich aller Abhängigkeitsformen in allen Punkten gleiche Grundsätze aufzustellen.

bezüglich der außervertraglichen Haftung zunächst mit Recht, ob im Einzelfalle eine unerlaubte Handlung oder ungerechtfertigte Bereicherung vorliegt, verneint dann aber meist die Frage mit unzureichender Begründung zu Unrecht. Ein Anspruch wegen unerlaubter Handlung kann sich nur auf § 826 BGB. — vorsätzliches Handeln der herrschenden Person — oder § 823, II — Verletzung einer strafrechtlichen Schutzbestimmung — stützen. Dabei ist in diesem Zusammenhang die feststehende Judikatur zu § 823, I, nach der ein Ersatz wegen Vermögensschädigung nicht verlangt werden kann, es sei denn, daß § 826 durchschlägt, einmal hinzunehmen[5].

*α*1) Die Möglichkeit der Annahme des § 826 BGB. wird wohl wegen des damit verbundenen absprechenden sittlichen Werturteils, das man nicht gerne abgibt, obgleich die Praxis sich längst bemüht, diese Bestimmung über die moralische Grundlage hinaus zu heben, zu leicht abgelehnt. Man untersucht zu wenig, ob es nicht unter bestimmten Voraussetzungen der herrschenden Person obliegt, bei Eingehen vertraglicher Verpflichtungen durch die abhängige, in gewissem Umfang die Interessen Dritter zu schützen, und inwieweit eine Verletzung dieser Obliegenheit eine solche allgemeiner Rechtsgrundsätze oder der „guten Sitten" darstellt. Das ist um so verwunderlicher, als die Judikatur, soweit solche Obliegenheit bejaht wird, in der Tat[6] aus einem Unterlassen die Anwendung des § 826 BGB. zuläßt.

Wenn es auch richtig ist, daß die herrschende Meinung[7] einen Schadensersatzanspruch wegen Unterlassung in erster Linie nur bei Verletzung einer Rechtspflicht, die auf Grund Gesetzes oder Vertrags besteht, zugesteht — das häufigste Beispiel ist das der Kindergärtnerin, die dem ins Wasser gehenden Kind, das sie zu betreuen übernommen hat, nicht nachgeht — so ist die Judikatur doch schon lange darüber hinausgegangen und hat diesen Pflichten Obliegenheiten gleichgestellt, die sich aus bestimmten Tatsachenlagen heraus ergeben. Wer z. B. an seinem Hause eine gefährliche Treppe unterhält, haftet, wenn er es unterläßt, sie umbauen zu lassen und infolgedessen jemand etwas zustößt (RG. 1912, JW. 1912 S. 143; RG. 54, 56ff.; 55, 27; 62, 33; JW. 1910, 618; Gruchot 46, 1186). Noch weitergehend werden Schadensersatzpflichten aus Gewerbebetrieb oder Berufsausübung Dritten gegenüber anerkannt; so etwa, wenn für die Verhütung von Schäden nicht genügend getan wurde. Es sei nur hingewiesen auf RG. 102, 42: Wer gewerbs-

---

[5] Diese Ansicht (RG. 53, 315 u. a.) wird bekanntlich damit begründet, daß § 823, I nur von Verletzung des „Eigentums oder eines sonstigen Rechts", also nur eines absoluten Rechts, spricht. Ein solches kann aber durch Verletzung vertraglicher Verpflichtungen seitens der abhängigen Person nicht getroffen werden.

[6] Siehe zu folgendem die Anm. bei Staudinger zu dieser Bestimmung.

[7] Traeger: Probleme der Unterlassungsdelikte S. 60 ff.; Enneccerus II § 451, II; a. M. Leonhard: a. a. O. S. 166.

mäßig die Lagerung oder Beförderung von Sachen betreibt (Lagerhalter oder Spediteur) ist auch außer dem Rahmen der Vertragspflicht zur Obhut der im Gewerbebetrieb an ihn gelangenden Sachen verpflichtet, sowie auf RG. 102, 374ff.: Ein Tierarzt hat auch Fürsorgepflichten gegen Dritte. So hat denn Leonhard[8] ganz recht, wenn es ihm zu eng erscheint, die Möglichkeit einer Haftung aus Unterlassung an das Vorliegen rechtlicher Pflichten im engeren Sinne dieses Begriffes zu knüpfen; er läßt es umgekehrt entscheidend sein, ob „der Gefährdete sich auf das Eingreifen des anderen verlassen konnte." Darauf kommt es in der Tat allein an.

In unserem Fall ist diese Voraussetzung unter bestimmten Umständen gegeben:

1. wenn die Abhängigkeit eine so einschneidende ist, daß die Geschäftsführung der abhängigen Person von der herrschenden maßgebend beeinflußt wird. Im ersten Buch sind alle Möglichkeiten dazu geprüft; es wäre ein aussichtsloses Beginnen, wollte man versuchen, alle die Fälle herauszuarbeiten, in denen der Einfluß gerade so groß ist, daß man bei ihm die Möglichkeit einer Haftung für Unterlassung anerkennen muß. Die Entscheidung muß da dem Richter des Einzelfalls, der ein Werturteil darüber abzugeben hat, ob das Einflußrecht der herrschenden Person so groß ist, daß aus ihm Pflichten gegenüber Dritten entstehen können, überlassen bleiben. Eher wird die organisatorische und die vertragsmäßige Form der Abhängigkeit in Betracht kommen als die stimmenmäßige, ja letztere allein kann nur selten (im Falle der 100% Beteiligung) eine Verpflichtung zum Handeln zu Gunsten Dritter zur Folge haben, werden doch bei ihr die verantwortlichen Organe der abhängigen Person nur mittelbar durch die herrschende Person mittels deren Stimmenmacht bestimmt, während diese u. U. den Willen der verantwortlichen Organe bei der organisatorischen unmittelbar bildet und bei der vertragsmäßigen oft gerade gegen den Willen der verantwortlichen Organe der abhängigen Person ein Verhalten derselben erzwingen kann. Die Stimmenmacht selbst gibt zu unmittelbarem Einfluß auf Eingehen vertraglicher Verpflichtungen nur selten Gelegenheit.

Ein solcher unmittelbarer Einfluß besteht u. U. in derart positiven Eingriffsmöglichkeiten, daß die herrschende Person intern irgendwie den Abschluß des Vertrags der beherrschten mit dem Dritten beeinflussen kann, oder auch nur in Beobachtungsmöglichkeiten, die der herrschenden Person dauernden Einblick in die Vermögensdispositionen der beherrschten geben. Beide Fälle können zur Anerkennung einer Obliegenheit der herrschenden Person, zum Schutze der Dritten tätig zu werden, führen.

2. Wenn der Einfluß der herrschenden Person bekannt ist.

---

[8] Leonhard: a. a. O. S. 176.

Dazu genügt einerseits nicht und ist andererseits nicht notwendig, daß er gerade dem bestimmten Vertragskontrahenten der beherrschten Person, der sich mit Schadensersatzforderungen an die herrschende halten will, bekannt ist, sondern die Tatsache muß den interessierten Kreisen im allgemeinen bekannt sein. Nur wenn die herrschende Person nach außen als die Patronin der abhängigen auftritt, sich mehr oder weniger als deren Herrin geriert oder wenigstens in alle Dinge Einblick nehmen kann, ist die Haftung gerechtfertigt.

Eine unmittelbare Eingriffs- oder Einblicksmöglichkeit der herrschenden Person und deren Publizität ist Voraussetzung dafür, daß sich ein Dritter darauf verlassen kann, jene werde zu ihren Gunsten handeln.

aa) Auf was nun erstreckt sich diese Obliegenheit zum Handeln? Auf Warnen! Auf nicht mehr und nicht weniger. Die herrschende Person, die weiß, daß die von ihr abhängige voraussichtlich, d. h. bei normalen Verlauf der Dinge, von ihr einzugehende Verpflichtungen u. U. nicht wird erfüllen können, muß, will sie nicht die Gefahr der Haftung übernehmen, entweder intern dafür Sorge tragen, daß die Verpflichtungen gar nicht eingegangen oder aber die Vertragskontrahenten doch richtig über die Situation belehrt werden. Sie muß also — kurz gesagt — das Gegenteil von dem tun, was Opel im Fall Elite getan hat, wo bekanntlich in der Generalversammlung von Opel die Geschäftslage der Elite befriedigend geschildert wurde, während einige Zeit später diese Firma ihre Zahlungen einstellte.

Aus dieser Umgrenzung des Inhalts der Obliegenheit ergibt sich auch weitgehend der Umfang der Haftung: die herrschende Person haftet unter den angegebenen Voraussetzungen dafür, daß die abhängige im Zeitpunkt des Entstehens der Verpflichtung imstande war, die eingegangene Verpflichtung zu erfüllen. Sie haftet dagegen nicht für die spätere Entwicklung der Geschäftslage der abhängigen Person.

Gegenüber diesem allgemeinen Falle ist es in gewissem Sinne ein spezieller Fall, wenn der Vertragskontrahent der abhängigen Person von der herrschenden eine Auskunft erhob und dort eine unrichtige Mitteilung erhielt. Hier liegt eine Schädigung durch ein positives Handeln der herrschenden Person vor, wo man ein anderes Handeln erwarten durfte. Man kann hier nicht sagen, eine Haftung bestehe nicht, weil zwischen dem Dritten und der herrschenden Person kein Vertragsverhältnis da sei. Wo schon ein Unterlassen der Warnung u. U. zur Haftung führen kann, muß noch viel schneller und leichter eine falsche Auskunft die Haftung nach § 826 BGB. zur Folge haben[8a].

[8a] Das Reichsgericht hatte neuerdings öfter Gelegenheit, seine Grundsätze über die Haftung für Auskünfte neu aufzustellen. BankA. 29. Jg. S. 237 (Urt. v. 21. XI. 1929) und S. 256 (Urt. v. 22. X. 1929).

bb) *α*) Im letzten Jahrzehnt hat sich mit großer Kraft eine neue Art der Lehre über die culpa in contrahendo durchgesetzt. Sie ist weit über die Grundsätze, die das BGB. in §§ 122, 179, 307 aus Iherings Arbeit (DogmJb. 4, 1 ff.) übernommen hat, hinausgegangen. In einer sehr reichhaltigen Rechtsprechung sind die Möglichkeiten, die sich im Stadium der Vertragsverhandlungen ergeben können, herausgearbeitet worden — zunächst aber nur für solche Fälle, in denen dann auch wirklich der Vertrag zustande kam. Erst in RG. Bd. 104, 265 ff. ist diese Voraussetzung aufgegeben[9], und die Möglichkeit einer Haftung aus culpa in contrahendo auch ohne Zustandekommen des bei den Verhandlungen erstrebten Vertrags bejaht worden. Als Rechtsgrund dieser Haftung verwies das Reichsgericht auf allgemeine aus Treu und Glauben folgende Grundsätze. In der Literatur wird entweder eine Art von pactum de contrahendo, das mit Aufnahme der Verhandlungen eo ipso geschlossen wird[10] (Stoll, LZ. 1923, 532 ff.) oder ein sonstiges Rechtsverhältnis angenommen (v. Tuhr: Allgemeiner Teil II, 486 ff.; derselbe Arch. f. ziv. Praxis 121, 316; Sieber-Planck II, 1, 190; dazu ist auch Enneccerus II, der in § 266 von einem Vertrauensverhältnis spricht, zu rechnen).

Mit Recht macht Leonhard (Schuldverhältnisse, S. 554) mit Nachdruck darauf aufmerksam, wie stark die Wirkung der Annahme solchen Rechtsverhältnisses sein muß, wenn auch er selbst, der die Erweiterung der Schadensersatzpflicht auf den Fall des Nichtzustandekommens des Vertrags mit scharfen Worten bekämpft, kein irgendwie geartetes Rechtsverhältnis vor Vertragsabschluß sehen will. Wir können uns an dieser Stelle im einzelnen mit ihm nicht auseinandersetzen. Für uns genügt als Konsequenz aus der neueren Rechtsprechung die allgemeine Anerkennung eines Rechtsverhältnisses von Aufnahme der Vertragsverhandlungen an festzustellen. Keinen anderen Inhalt kann solche Beziehung haben als die gegenseitige Verpflichtung, sich einander weder vorsätzlich noch fahrlässig unwahre Angaben zu machen. Soweit zwischen einer Verletzung dieser Verpflichtung und einem Schaden in der

---

[9] Im Gegensatz zu Levy JW. 1922, 1313 bezweifelt Stoll a. a. O. S. 538, daß diese Entscheidung einen Wendepunkt bedeutet. Er hält es für möglich, daß das Reichsgericht zu dieser Entscheidung nur aus dem Gesichtspunkt der Haftung für Nichtigkeit des Vertrages gekommen ist. Nicht allein der Wortlaut der Entscheidung, vor allem seine Wirkung in Literatur und Praxis geben Levy Recht.

[10] Stoll, auf dessen Ausführungen hier besonders Bezug genommen wird, faßt seinen Standpunkt wie folgt zusammen: „Wir haben somit den Grund für das Vorhandensein von Rechtspflichten schon im Stadium der Vertragsverhandlungen darin gefunden, daß durch das einseitige Rechtsgeschäft des Vertragsangebots oder der Aufforderung zum Eintritt in die Vertragsbesprechungen ein Schuldverhältnis zwischen den Parteien entsteht, aus dem insbesondere Sorgfalts-, Aufklärungs- und Mitteilungspflichten während der Verhandlungen vor Vertragsschluß abzuleiten sind.“

Person eines Verhandlungspartners ein Kausalzusammenhang[11] besteht, muß der andere, der Verfehlende, dafür aufkommen.

Wir fragen weiter: kann ein Vertragsverhältnis zwischen der herrschenden Person und einem Dritten, mit dem jene wegen eines Vertrages, der von der abhängigen Person abgeschlossen werden soll, verhandelt, angenommen werden? Leonhard führt als eines seiner stärksten Argumente gegen die Annahme eines pactum de contrahendo und die Haftung aus culpa in contrahendo bei Nichtzustandekommen des Vertrags an, daß ja auch bei Zustandekommen des Vertrags unrichtige Angaben des Vertreters nur zu einer Haftung des Vertretenen und nicht des Vertreters führen, „eben weil nur innerhalb des Vertragsverhältnisses für Abschlußschuld gehaftet werde" (S. 560), solches Ergebnis aber bei Nichtzustandekommen des Vertrags nicht denkbar sei. Das ist ein klarer Fehlschluß, eine petitio principii: wird ein Rechtsverhältnis, eine vertragliche Beziehung, angenommen, so schließt der Vertreter auch diesen Vertrag nur als „Vertreter" mit der Wirkung ab, daß alle Folgen des Vertragsabschlusses in der Person des Vertretenen eintreten. Das pactum de contrahendo verpflichtet, wie der endgültig abgeschlossene Vertrag, den Vertretenen und nicht den Vertreter. Leonhard hätte mit seinem Hinweis nur Recht, wenn nicht nach der von ihm selbst begründeten Lehre der Haftgrund im Vertrag und nicht in unerlaubter Handlung gesehen würde. Nur im letzteren Fall wäre es erstaunlich, wenn der Vertretene für fahrlässiges Verhalten des Vertreters haften müßte.

Schließt so der Vertreter wissentlich und ausdrücklich auch das vorläufige Vertragsverhältnis nur für den Vertretenen ab, so geht in dem hier angenommenen Fall die herrschende Person dieses Verhältnis gerade für sich ein. Sie verhandelt nicht als Vertreter der von ihr abhängigen Person, sondern als deren Herrin. Oft führt sie die Verhandlungen sogar zunächst quasi für sich und erklärt erst später dem Vertragskontrahenten beim Abschluß, aus irgendwelchem Grunde trete sie nun nicht selbst auf, sondern lasse einen anderen, der gewöhnlich als eine „Tochterunternehmung" vorgestellt wird, unterzeichnen. Der Vertragsabschluß selbst erfolgt dann durch die abhängige Person, möglicherweise durch ganz andere Leute vertreten, als die Verhandlungsführer waren. Das ist ein alltäglicher Fall der Konzernpraxis.

Das Entscheidende ist, daß die herrschende Person die Weisungen zum Vertragsabschlusse der abhängigen gibt und sie zum Vertragsabschluß veranlaßt. Diese Erwägung ist auch maßgebend, wenn die herrschende Person sogar formell nach außen als „Vertreterin" der abhängigen auftritt. Ist sie da auch scheinbar nur Vertreterin im Rechts-

[11] Viele der Bedenken Leonhards wegen der Konsequenzen aus der Annahme eines Rechtsverhältnisses in der oben beschriebenen Art erledigen sich bei richtiger Prüfung des Kausalzusammenhanges.

sinn, so entscheidet in Wirklichkeit doch sie die Verhandlung. Sie erhält nicht, wie sonst ein Vertreter, Weisung zum Abschluß, sondern gibt sie bzw. entschließt selbst, ob die abhängige Person abschließen soll oder nicht. Voraussetzung ist natürlich auch hier — und zwar in ganz besonderem Maße — daß die Machtstellung der herrschenden Person zweifelsfrei ist. Es genügt, auf die Untersuchungen des ersten Buches hinzuweisen, in dem im einzelnen gezeigt ist, wann eine Abhängigkeit eine solche sein kann, daß die Weisungen der herrschenden Person für die Entscheidungen der abhängigen maßgebend sind. Wir müssen uns auch hier darauf beschränken, die Haftung als solche darzutun; es bleibt Werturteil, wann die Abhängigkeit im einzelnen eine solche ist, daß die Voraussetzungen zu bejahen sind.

Unser Rechtssystem kennt grundsätzlich Haftung nur aus Verschulden, nicht schon wegen Verursachung: haften muß die herrschende Person nur, wenn sie schuldhaft falsche Angaben über die Situation der abhängigen gemacht oder trotz besseren Wissens oder Wissenmüssens es unterlassen hat, den Dritten zu warnen, den Vertrag mit der abhängigen Person abzuschließen. Es genügt Fahrlässigkeit; der § 276 BGB. findet ohne Einschränkung Anwendung, wodurch diese Haftung gegenüber der oben erörterten aus unerlaubter Handlung besondere Bedeutung gewinnen kann.

Die Haftung erstreckt sich, wenn der Vertrag mit der abhängigen Person zustandekommt, auf das positive Erfüllungsinteresse, vorausgesetzt, daß letztere schon im Zeitpunkt der Vertragsverhandlungen gar nicht in der Lage war, zu erfüllen oder auf Grund ihrer schon bestehenden Verpflichtungen anzunehmen war, daß sie außerstande kommen mußte, die dem Dritten gegenüber eingegangenen neuen Verpflichtungen zu erfüllen. Auch hier spielt somit erst späterer Niedergang der abhängigen Person keine Rolle, denn für die spätere Entwicklung soll die herrschende Person eben gerade nicht aufkommen[12].

Schließt der Dritte den Vertrag nicht ab, weil er während der Verhandlungen von anderer Seite die schlechte Lage der abhängigen Person erfährt, so haftet die verhandlungsführende herrschende Person für das Vertrauensinteresse des Dritten, weil sie diesen mit Verhandlungen belästigt hat, indem sie eine falsche Meinung erweckte; die gleiche Haftung möchte ich annehmen, wenn die herrschende Person die Verhandlungen erst so führt, als schließe sie selbst ab und dann im späteren Stadium der Verhandlungen mit der Mitteilung kommt, sie verhandele überhaupt für eine von ihr abhängige Person; doch gehört die ganze Frage an sich nicht mehr zu dem Problem der Haftung der

[12] Nur Voraussehbarkeit der Verschlechterung wirtschaftlicher Lage überhaupt genügt nicht, die spezielle Lage der abhängigen Person allein ist entscheidend.

herrschenden Person für Verträge der abhängigen, sondern zu einer reinen Haftung wegen eigenen Unrechts.

cc) Seltener wird man das Bestehen eines Vertrages anerkennen müssen, auf Grund dessen die herrschende Person eine Garantie irgendwelcher Art übernimmt. Immerhin ist zu erwägen, ob man nicht in bestimmten Fällen über die culpa in contrahendo hinaus annehmen kann, daß die herrschende Person, die während der Verhandlung positive Erklärungen über die Lage der abhängigen abgibt, für deren Richtigkeit einstehen will und muß. Insoweit käme es für die Haftung nur auf die Tatsache an, daß die Erklärung objektiv falsch ist, ohne daß die Frage des Verschuldens der herrschenden Person bei Abgabe der Erklärung zu berücksichtigen wäre. Aus dem Tatbestand der Abhängigkeit ergeben sich für das Verhalten der Beteiligten, wie schon oben festgestellt ist, Konsequenzen. Ist er gegeben, so müssen Erklärungen der herrschenden Person anders gewertet werden, als wenn sonst bei Vertragsverhandlungen zwischen zwei Personen ein Dritter Erklärungen über die Lage eines Vertragspartners macht. Wer aus seiner eigenen Interessensphäre heraus positive Angaben macht, will im Zweifel für deren Richtigkeit einstehen. Nimmt der andere Vertragspartner diese Erklärung entgegen und gibt zudem noch zu erkennen, daß er sich gerade auf diese Angaben verlassen will und sich auf Grund ihrer für den Vertragsabschluß entschließt, so ist anzunehmen, daß zwischen herrschender Person und Drittem ein Vertrag zustande gekommen ist, wonach erstere für eines aufzukommen hat: für die Richtigkeit und vor allem auch für die Vollständigkeit ihrer Angaben über die Lage der abhängigen Person. Sie übernimmt somit eine Garantie dafür, daß die abhängige Person auf Grund ihrer im Augenblick gegebenen Lage fähig ist, die nunmehr einzugehende Verpflichtung zu erfüllen. Auch hier wird nicht etwa für spätere Verschlechterung, die nicht klare Folge schon damals bestehender Verpflichtungen ist, gehaftet.

In einem geht, wie schon gesagt, die Haftung aber wesentlich über die früher erörterten Haftungsmöglichkeiten hinaus: sie ist unabhängig von einem Verschulden der herrschenden Person bei der Abgabe einer Erklärung. Wer sich selbst dafür verbürgt, daß etwas, was er behauptet, richtig ist, haftet unabhängig von jedem Verschulden. Weiter ist weder eine Irrtumsanfechtung[13] möglich, wenn die herrschende Person sich im Irrtum über die Lage der abhängigen befand, denn die Abgabe der Garantieerklärung bedeutet gerade die Übernahme dieses Risikos, noch irgendeine Folgerung, wenn die herrschende Person durch die abhängige arglistig getäuscht wurde[14]. Der einzige Einwand, den die herrschende

[13] Staudinger zu § 119 Anm. 3; RG. 62, 205; 77, 309 ff.; KG. in OLGR. 16, 43 ff.; OLG. Stuttgart in SeuffBl. 72, 677 ff.; Leist im Archiv für Zivil. Praxis 102, 284 ff.

[14] Staudinger zu § 123 Anm. 6 b.

Person haben könnte, wird so gut wie niemals praktisch werden: nämlich, daß der Dritte die Lage der abhängigen Person besser gekannt hat als die herrschende selbst.

Wann im einzelnen die Erklärungen der herrschenden Person als Garantie anzusehen sind, bleibt Auslegungsfrage, für die sich aber immerhin eine Regel aufstellen läßt: je stärker der Grad der Abhängigkeit und je bekannter ihr Vorhandensein, um so schwächer die Anforderungen, die an die Erklärungen der herrschenden Person zu stellen sind, damit diese als Garantieerklärung in dem hier beschriebenen Sinne anzusehen sind.

b) Die Haftung der herrschenden Person für außervertragliche Verpflichtungen der abhängigen.

aa) Für unerlaubte Handlungen der abhängigen Person.

α) Hat die herrschende Person bei der im Einzelfall gegebenen Abhängigkeitsform[15] Weisungen an die abhängige erteilt, so ist sie immer, wenn die unerlaubte Handlung auf einer solchen beruht, als Anstifterin anzusehen und haftet nach § 830, II BGB. wie eine Mittäterin. Die Tatsachenlage verlangt, daß man zu Lasten der herrschenden Person das Vorliegen solcher Weisung weitgehend vermutet.

Oft auch geht die Tätigkeit der herrschenden Person über die bloße Anstiftung hinaus und begründet Mittäterschaft. Nehmen wir nur einmal den an anderer Stelle schon behandelten Fall an, in dem die herrschende Person gemeinsam mit der abhängigen Verhandlungen in deren Interesse führt und bei diesen von irgendwelcher Seite arglistig falsche Angaben über die wirtschaftliche Lage der abhängigen gemacht werden, ohne daß die herrschende Person widerspricht.

β) In vielen Fällen wird die Frage akut, ob Persönlichkeiten, die ihre regelmäßige Tätigkeit bei der herrschenden ausüben und nur zeitweise etwa als Verwaltungsratsmitglieder der abhängigen tätig sind, durch ihre Teilnahme an der unerlaubten Handlung die eine oder die andere Person oder beide verpflichten (§ 31 BGB.) oder gar nur selbst haften. Man wird diese Frage danach entscheiden müssen, in welchem erklärten Interesse die Persönlichkeiten im Einzelfall tätig werden. Bei der organisatorischen Abhängigkeit, bei der die herrschende Person die Organe der abhängigen verantwortlich bestellt, ist im Zweifelfalle zu vermuten, daß die so bestellten Personen im Interesse der herrschenden tätig sind. Gleiches gilt — wenn auch in schwächerem Grade — für auf Grund von Stimmenmacht[16] gewählte Personen, vorausgesetzt

[15] Es kann das bei der organisatorischen, wenn auch mittelbar über die Organstellung, und der vertragsmäßigen Form der Fall sein.

[16] Der Fall kann praktisch werden, wenn die Weisung an die abhängige zwar auf vertragsmäßiger Abhängigkeit beruht, die Machtstellung der herrschenden Person innerhalb der abhängigen aber auf Stimmenmacht.

immer, daß der betreffende zugleich im Dienste der herrschenden Person steht und es offen liegt, daß der Interessent der unerlaubten Handlung eben die herrschende Person ist.

Auf jeden Fall muß man die hier bisher kurzerhand ablehnende Praxis lebenswahrer gestalten. In Wirklichkeit ist es die herrschende Person, die durch ihre Delegierten im Rahmen ihrer eigenen Tätigkeit, ihres eigenen Unternehmens, an den unerlaubten Handlungen der beherrschten Person teilnimmt; sie muß auch dafür einstehen.

Doch kommt solches nur bei unerlaubten Handlungen gegenüber Dritten, nicht gegenüber der abhängigen Person selbst in Frage.

γ) Können somit bei der organisatorischen und vertragsmäßigen Abhängigkeit leicht Haftungen der herrschenden Person aus eigener Tat entstehen, so auch aus fremder Tat bei der vertragsmäßigen — gleichgültig, ob sie mit der organisatorischen und stimmenmäßigen zusammenfällt oder nicht.

Hamburger[17] weist mit Recht auf die Möglichkeit der Anwendung des § 831 BGB.[18] für die von ihm ausschließlich behandelte Organgesellschaft hin. In der Tat kann man diese Bestimmung noch ganz erheblich über diesen Rahmen hinaus anwenden. Die abhängige juristische Person ist dann immer zu einer „Verrichtung" bestellt, wenn sie im Rahmen des Unternehmens der herrschenden tätig zu sein hat und diese Tätigkeit eine bestimmungsgemäße ist. Insoweit ist die Abhängigkeit immer — mindestens auch — eine vertragsmäßige im Sinne des ersten Buchs und es kommt eine Haftung der herrschenden aus § 831 BGB. in Betracht.

Die Haftung erstreckt sich auf alle unerlaubten Handlungen, die sich die abhängige Person als solche zu Schulden kommen läßt, also auf Taten, die diejenigen Personen, die nach § 31 BGB. die abhängige juristische Person durch unerlaubte Handlungen verpflichten können, begangen haben, sowie auf solche, für die die abhängige Person ihrerseits nach § 831 einstehen muß.

Die herrschende Person kann den Exkulpationsbeweis führen. Er bezieht sich nicht nur auf die richtige Auswahl der juristischen Person, sondern vielmehr auch deren gesetzlichen Vertreter. Doch wird man die Möglichkeit des Exkulpationsbeweises keinesfalls auf die Fälle beschränken dürfen, in denen die herrschende Person gerade die Vorstandsmitglieder der abhängigen auswählt (organisatorische Abhängigkeit), sondern sie auf alle Fälle, in denen die abhängige für die herrschende Person tätig ist, ausdehnen müssen, sonst könnte die herrschende Person u. U. ja besser stehen, je enger die Verbindung und je schlechter, je loser

[17] Hamburger a. a. O. S. 319.

[18] Siehe Staudinger zu § 831; von Einzelarbeiten kommen in Betracht Feder: Verantwortlichkeit für fremdes Verschulden, 1902; K. Fischer: Zurechnung fremden Verschuldens, 1904; Brückner: Recht, 1901, 99ff., 338ff., 373ff.

sie ist. Eine rechtspolitisch unmögliche Lösung! Es ist ja gerade die entscheidende Erkenntnis, daß die Bedeutung der juristischen Person in bestimmter Beziehung umgestaltet werden muß: wer sich eine juristische Person zur Verrichtung bestellt, haftet wie für eine Abteilung seines Geschäftes, die keine besondere Rechtspersönlichkeit ist, dafür, daß sie von Persönlichkeiten geleitet wird, die sich erwartungsgemäß keine unerlaubten Handlungen zuschulden kommen lassen, kurz also, richtig ausgewählt sind; er muß sich aber andererseits auch ebenso vor Inanspruchnahme aus unrechter Tat der abhängigen Person durch den Exkulpationsbeweis bezüglich der Leiter dieser Person entlasten können. Gelingt es ihm in dieser Hinsicht den Exkulpationsbeweis zu führen, so kommt eine Haftung nach § 831 BGB. nicht mehr in Frage. Auf diesen Beweis kommt es auch ausschließlich dann an, wenn die abhängige Person ihrerseits nach § 831 BGB. haften soll und die herrschende Person aus diesem Grunde zur Mithaft herangezogen wird[19], haftet doch die herrschende Person sogar nicht, wenn der sorgfältig ausgewählte und überwachte Geschäftsleiter einer ihrer unselbständigen Abteilungen seinerseits weniger sorgfältig einen Unterangestellten bestellt (§ 831, II).

Nicht recht verständlich sind die Bemerkungen Hamburgers zur Frage des Exkulpationsbeweises. Er sagt (a. a. O. S. 319): „Der Exkulpationsbeweis der Herrschaftsperson wird hier ja besonders schwierig sein, weil die Vorstandsmitglieder der Organgesellschaft zugleich Angestellte der Herrschaftsperson zu sein pflegen. Begeht ein solcher Angestellter für die Organgesellschaft ein Delikt, so liegt immer culpa in custodiendo vor. Der Angestellte ist ja gerade Vorstandsmitglied der Organgesellschaft geworden, um diese seitens der Herrschaftsperson zu überwachen.“ § 831 BGB. hat nicht culpa in custodiendo, sondern in eligendo zur Voraussetzung. Die Tatsache, daß Angestellte der herrschenden Person als solche Vorstandsmitglieder der abhängigen sind, wirkt doch zunächst nur inter partes, nicht gegenüber Dritten. Gegenüber diesen kann die ganze Frage nur auftreten, wenn die abhängige Person zu einer Verrichtung bei der herrschenden bestellt ist und gleichzeitig eine culpa in eligendo vorliegt.

δ) Es kann aber auch eine Haftung der herrschenden Person aus culpa in custodiendo entstehen. Das nach außen erkenntliche, auf die Dauer abgestellte Abhängigkeitsverhältnis — wobei zunächst gleichgültig ist, welche der verschiedenen Formen der Abhängigkeit vorliegt — zeigt auch hier seine Wirkung: die Obliegenheit gewisser Aufsicht.

Wir müssen aus einem ganz anderen Rechtsgebiet einen analogen Fall entnehmen: der Grund der Haftung des Vaters für seine Kinder liegt in der nach außen klar bestehenden Aufsichtsverpflichtung, nicht aber

[19] Weigert: Die außervertragliche Haftung von Großbetrieben für ihre Angestellten, 1925.

ist sie etwa ein Äquivalent der aus der elterlichen Gewalt resultierenden Rechte. Das ergibt sich eindeutig aus § 832, II BGB., der die gleiche Haftung dem auferlegt, der durch Vertrag die Obhut der Kinder übernimmt. Lediglich der Tatbestand ist es, der eine Haftung des Vaters für jede rechtswidrige, nicht nur schuldhafte Tat der Kinder verlangt. Das gleiche Prinzip muß sich bei dem Verhältnis zwischen herrschender und abhängiger Person durchsetzen. Nach außen klar gezeichnet übernimmt es die herrschende Person auf die Dauer, die abhängige Person zu beaufsichtigen und zwar nicht nur so wie ein Organ der juristischen Person diese selbst beaufsichtigt, sondern eine Person die andere.

§ 832 BGB. stellt nur in einem Punkte besonderes Recht dar, der Regelung der Beweislast. Die Haftung selbst folgt meist schon aus §§ 823, 826 BGB., denn die Führung der Aufsicht über seine eigenen Verhältnisse, zu denen die ganze eigene Häuslichkeit einschließlich der Kinder gehört, ist eine auch Dritten gegenüber bestehende Verpflichtung. Wir treffen hier wieder mit dem an anderer Stelle Ausgeführten zusammen: jeder haftet für die Folgen, die aus einem Unterlassen der Sicherung seines eigenen Betriebes entstehen. Wer in seinem eigenen Interessenkreis, den er auf die Dauer regiert, keine Ordnung hält, obwohl er dazu in der Lage ist, haftet. Der von der abhängigen Person Verletzte kann sich darauf berufen, daß die Aufsicht der herrschenden Person keine genügende war und sich so an diese halten, es sei denn, sie könnte den Beweis für ihre Aufsicht führen. Eine Entgegnung aus § 831, I, S. 2 BGB. hilft der herrschenden Person nicht, denn trotz Bestellung noch so zuverlässiger Leute bei der abhängigen Person hat sie ihrer nach außen übernommenen Aufsichtspflicht zu genügen. Es hilft hier auch nicht, wenn auf die Zuverlässigkeit der die Aufsicht führenden Personen völliger Verlaß zu sein scheint. § 831 BGB. kann nur den Exkulpationsbeweis zulassen, soweit an sich eine unrechte Tat der Angestellten in Frage kommt und es sich nur darum handelt, inwieweit der Arbeitgeber trotzdem herangezogen werden kann. Hier aber kommt ausschließlich eine unerlaubte Handlung der herrschenden Person selbst in Betracht.

Wann ist nun die Aufsichtspflicht verletzt? Das hängt von der Form der Abhängigkeit ab. Die Pflicht ist selbstredend bei einer Vermischung aller drei Formen am stärksten. Wer Organe einer Person bestellt, zugleich die Stimmenmacht bei ihr hat und sie schließlich noch in seinen Unternehmenskreis aufnimmt, der ist für das Tun und Lassen dieser Personen aufs stärkste verpflichtet und muß sich um sie kümmern, wie um sich selbst.

Schwächer, aber noch immerhin erheblich, ist die Aufsichtspflicht bei der vertragsmäßigen Abhängigkeit, bei der in nach außen klarer Weise eine Person in den Unternehmenskreis der anderen aufgenommen ist.

Unter Umständen zu bejahen ist die Aufsichtspflicht auch bei der stimmenmäßigen Abhängigkeit. Wer mittels dieser in einer von ihm abhängigen Person herrscht, als sei sie sein Eigen, übernimmt auch die Pflicht der Aufsicht. Auch hier wieder kommt alles auf das Werturteil im Einzelfall an.

Dagegen verneine ich diese Pflicht, wenn lediglich eine organisatorische Abhängigkeit gegeben ist. Hier ist der Einfluß der herrschenden Person eng umschrieben und ebenso ihre Pflicht. Darüber hinaus kommt eine Haftung nicht in Frage.

bb) Aus ungerechtfertigter Bereicherung der abhängigen Person.

α) Das BGB. kennt zwei Fälle, bei denen ein Dritter, obwohl nicht durch mittelbare Leistung des Benachteiligten bereichert, zur Herausgabe nach den Grundsätzen der ungerechtfertigten Bereicherung verpflichtet sein kann: den Fall des § 822 BGB. — bei unentgeltlicher Übernahme des Gegenstands, um den der Empfänger bereichert war — und den des § 816, I, 2 — bei unentgeltlicher Entgegennahme des Gegenstandes, über den der Veräußerer nicht hätte verfügen dürfen.

Es ist selbstverständlich, daß diese Ansprüche bei gegebenem Tatbestand auch gegen die herrschende Person geltend gemacht werden können. Sie werden sogar bei dem hier behandelten Rechtsverhältnis relativ häufig sein.

β) Hier kommt es aber natürlich gerade darauf an, inwieweit sich Ansprüche gegen die herrschende Person aus ungerechtfertigter Bereicherung der abhängigen richten können, ohne daß ein „Dritter" haften würde.

αα) Grundsätzlich haben Ansprüche aus ungerechtfertigter Bereicherung unmittelbaren Vermögensübergang zwischen dem Geschädigten und dem Bereicherten zur Voraussetzung[20, 21]. Es soll hier nicht untersucht werden, ob dieser besonders von Enneccerus (II § 441) angegriffene Standpunkt der Judikatur zu billigen ist oder nicht. Für die hier behandelten Probleme ist von der gegebenen Rechtsprechung auszugehen.

Unsere Frage ist speziell so zu formulieren: ist ein Vermögensübergang von einem Dritten auf die abhängige Person zugleich ein solcher auf die herrschende oder kann er es wenigstens in bestimmten Fällen sein?

[20] RG. 66,80; 73,177; 79,285; 92,82 ff.; 94,192; 97,65. — RG. JW. 1908, 432; 1910,752. — RG. Warn. 1908 Nr. 439.

[21] Das Reichsgericht bezeichnet in 92,83 „die Vorschriften §§ 816,822 als Ausnahmen von dem sonst das Bereicherungsrecht beherrschenden Grundsatz, daß nämlich die Vermögensverschiebung sich unmittelbar zwischen dem Condictionskläger und seinem Gegner vollzogen haben muß". Vgl. dazu Erich Jung: Das Wesen des schuldrechtlichen Grundes (§ 812 BGB.) und dessen Bedeutung für die Systematik des Privatrechts. RGPrax. III, 143 (insbes. S. 154/155).

Wir haben erkannt, daß die Vermögensverselbständigung in gewissem Rahmen der ganze Inhalt der juristischen Person ist. Es wäre ein Widerspruch zu diesem Standpunkt, wollten wir gleichwohl die Ansicht vertreten, es sei die herrschende Person ganz allgemein ungerechtfertigt bereichert, wenn die abhängige bereichert ist. Es kann dieser Standpunkt nur in bestimmt herauszuarbeitenden Gruppen von Fällen vertreten werden.

Wir finden diese Gruppen bei der vertragsmäßigen Abhängigkeit. Hier sind die beiden Personen unternehmensmäßig mehr oder weniger eng verknüpft, und die abhängige Person tritt sehr oft wirtschaftlich als indirekte Stellvertreterin der herrschenden auf. In einem Konzern, bei welchem wirtschaftlichen Gebilde wir am häufigsten vertragsmäßige Abhängigkeiten finden, kauft etwa eine Einkaufsgesellschaft mbH. die Maschinen für alle zum Konzern gehörenden Werke ein, ohne daß gerade die Abhängigkeit ihr den Charakter einer Organgesellschaft gibt. Es sei ein Kaufvertrag zwischen einem Lieferanten und einer solchen EinkaufsGmbH. aus irgendwelchem Grunde nichtig. Ein Anspruch des Lieferanten gegen die GmbH. aus ungerechtfertigter Bereicherung (§ 812 BGB.) stehe somit fest, die Maschine sei aber schon dem Konzernwerk übergeben. Die Verrechnung sei abgeschlossen: § 818, III BGB. schließt die Geltendmachung des Anspruchs aus § 812 aus. Kann das eine erträgliche und besonders eine dem Gesetz entsprechende Lösung sein?

Die Frage ist zu verneinen; das Gesetz geht zwar mit vollem Recht davon aus, daß, wer ohne das Bestehen eines Anspruchs aus ungerechtfertigter Bereicherung zu kennen, den Gegenstand dieses Anspruchs aus der Hand gibt, höchstens noch um den Übererlös bereichert sein kann, der Erwerber des Gegenstandes aber schutzbedürftiger ist als der Anspruchsgläubiger selbst. In unserem besonderem Falle jedoch bleibt der Gegenstand nicht nur im gleichen Interessenkreis, kommt nicht nur oft an die von vornherein für ihn bestimmte Stelle, sondern die Abhängigkeit, der er gefolgt ist, war von vornherein nach außen erkennbar, ohne daß unter mehreren Konzernwerken gerade das spezielle Werk, zu dem er gekommen ist, bekannt war. Es genügt festzustellen, daß bestimmungsgemäß die kaufende Person im Dienste eines anderen Kreises ist, zu dem auch die Person, die letzten Endes die Maschine bekam, gehört, um zu sagen: es dringt weder der Zweck des § 818, III BGB. noch der Grundsatz über die Unmittelbarkeit als Voraussetzung der Bereicherung durch. Die Interessen der liefernden Firma sind schutzwürdiger als die des Konzerns, der als Ganzes noch bereichert ist und dessen Gesamtbereicherung nach außen erkenntlich ist. Es geht hier nicht an, die Konzernfirma der Form wegen als Dritte anzusehen. Der Anspruch aus ungerechtfertigter Bereicherung muß in diesem Falle auch gegen die Konzernfirma zulässig sein, die Leistung ist wirtschaftlich eine unmittelbare. Es ist auf die Tatsache der Erkenntlichkeit und des bestimmungsmäßigen Verhältnisses der beteiligten Personen Wert zu legen.

$\beta\beta$) In diesen Fragenkreis gehört auch der folgende Fall. Es sei zwischen herrschender und abhängiger Person ein Sicherungsübereignungsvertrag derart abgeschlossen, daß alle von Dritten an die abhängige Person gelieferten Waren unmittelbar auf Grund antizipierter Einigung in das Eigentum der herrschenden übergehen sollen. Die Übergabe erfolgte in der Art, daß die Gegenstände unter Verschluß der herrschenden kommen. Das Eigentum geht nach § 929 BGB. an die herrschende Person über, wenn auch etwa an den Waren ein Eigentumsvorbehalt eines Dritten besteht.

Jede der drei Abhängigkeitsformen muß es ausschließen, daß dieses Ergebnis richtig bleibt. In Wahrheit hat der Lieferant unmittelbar die herrschende Person bereichert. Der Tatbestand des Rechtsverhältnisses zwischen herrschender und abhängiger Person verlangt, daß hier wenigstens nach einer Ausgleichsmöglichkeit gesucht wird. Es kann dabei auf § 826 BGB. abgehoben werden: wer eine von ihm abhängige Person nach außen als selbständige auftreten läßt, während er in Wahrheit selbst der Erwerber ist, handelt unsittlich. Weiter wird zu untersuchen sein, ob wirklich Gegenleistungen seitens der herrschenden Person an die abhängige gemacht wurden und ob nicht § 822 BGB. durchschlägt. Aber schließlich ist auch zu fragen, ob nicht hier die gleichen Gedanken durchschlagen müssen wie oben: geht in einer nach außen erkennbaren Abhängigkeitsfolge ein der abhängigen Person übergebener Gegenstand auf die herrschende weiter, so ist die Unmittelbarkeit der Bereicherung der herrschenden gegeben. In der Tat muß diese Frage unter den gleichen tatsächlichen Voraussetzungen wie oben betrachtet werden.

cc) Aus Gefährdungshaftung der abhängigen Person[22].

Das Verhältnis zwischen herrschender und abhängiger Person erscheint nirgends so häufig wie im Industrierecht. Dieses kennt auch die meisten Fälle der Gefährdungshaftung. Hier ist schon die unmittelbare Anwendung des § 26 RGewO. überaus häufig: sobald ein der Genehmigungspflicht unterworfener Industriebetrieb von der zuständigen Polizeibehörde genehmigt ist, kann einerseits von den Nachbarn dieses Betriebs eine Beseitigung nicht mehr verlangt werden, andererseits aber haftet der Unternehmer für allen Schaden, den dieser Betrieb — auch ohne daß jemand ein Verschulden trifft — mit sich bringt.

Nehmen wir nun an: In einem Konzern wird eine besonders gefährliche Fabrikation einer nichts besitzenden GmbH. übertragen. Die gan-

---

[22] Kronstein: Zur Haftung für Sprengungsschäden bei der Neckarkanalisation. VerwArch. Bd. 35, S. 195.

zen Vorteile der Fabrikation kommen der sie beherrschenden Person zugute. Ein in der Tat unerträgliches Ergebnis! Das Gesetz stellt sich vor, ein Betrieb biete, je umfangreicher er ist, desto größere Sicherheiten finanzieller Art. Bei den hier behandelten Rechtsverhältnissen zeigt sich die Möglichkeit gegenteiliger Tatbestandsentwicklung.

Die Haftung kann sich nicht auf die juristische Person beschränken, auf deren Namen formell der Betrieb läuft; sie muß vielmehr in den Fällen vertragsmäßiger Abhängigkeit, die sich hier gerade meist mit der stimmenmäßigen decken werden, auf die herrschende Person, die in Wahrheit den Betrieb für sich arbeiten läßt, ihn leitet und ihn mit sich zu einem Unternehmen verbindet, ausgedehnt werden.

Öffentlich-rechtliche Grundsätze — um solche handelt es sich hier — können nicht durch private Rechtskonstruktionen umgangen werden.

Anders sind auch die übrigen Fälle der Gefährdungshaftung (Funkenflug usw.) nicht zu behandeln.

2. Der Einfluß des Tatbestandes der Abhängigkeit aus Vertragsverhältnissen mit Dritten.

a) Zwischen der herrschenden Person und Dritten.

aa) Im modernen Wirtschaftsleben der Großbetriebe haben sich kaum andere Verpflichtungen so ausgedehnt, wie die Pflichten zur Unterlassung. Es besteht eine Unzahl von regionalen und sachlichen Tätigkeitsvereinbarungen, auf Grund deren eine Person einer oder mehreren anderen gegenüber verpflichtet ist, nur auf oder in bestimmten Gebieten tätig zu sein. Die Kartellverpflichtungen[23], insbesondere die der einfachen Konditions- und Preiskartelle, enthalten auch in erster Linie Unterlassungspflichten: nämlich die Pflicht zu unterlassen, zu anderen Bedingungen als den vereinbarten, tätig zu werden.

In allen Fällen ist die Möglichkeit sehr leicht gegeben, daß die verpflichtete Person sich zwar selbst an die Vereinbarung hält, aber sich mittels der Außenseiterstellung abhängiger Personen die Vorteile aus Vertragsverletzungen verschafft.

Eine sinnvolle Vertragsauslegung, die von einer Kenntnis der Beziehungen zwischen herrschender und abhängiger Person ausgeht, muß weitgehend eine solche Vertragsumgehung ausschließen[24]. Die Verpflichtung, selbst etwas nicht zu tun, enthält auch ohne Zweifel die Verpflichtung, es zu unterlassen, bei anderen Personen, bei denen entspre-

---

[23] Friedländer: Konzernrecht, S. 334; Rosendorff: Die rechtliche Organisation der Kartelle, Berlin 1927, S. 47 ff.

[24] Die sehr interessante Arbeit von Wilhelm Groh: Sittenwidrige Erfüllungsvereitlung. RGPrax. III, S. 109 ff. übersieht diese Gruppe von Fällen. Sie lassen sich in keine der von ihm S. 124 aufgestellte fünf Gruppen einordnen. Vieles, was dort gesagt ist, muß auf den vorliegenden Fall übertragen werden.

chender Einfluß besteht, darauf hinzuwirken, daß diese die Verletzung vornehmen. Dabei ist es gleichgültig, ob sich der Einfluß auf Statut, Vertrag oder Stimmrecht stützt[25].

Ja, man wird sogar noch einen Schritt weitergehen müssen: man wird es als der Unterlassungspflicht immanent anzusehen haben, daß die herrschende Person tätig wird, sobald die von ihr abhängigen ohne ihren Willen eine Tätigkeit entfalten, die die herrschende Person als solche zu unterlassen hat. Allerdings wird man da bei der Auslegung nicht jeden Einfluß als hinreichend anzusehen haben, sondern es ist auch hier wieder die Abgabe eines Werturteils darüber Voraussetzung, daß die herrschende Person in der Lage ist, das Tätigkeitsgebiet der abhängigen zu bestimmen.

bb) Man muß über die Anerkennung solcher Einwirkung auf die Unterlassungspflicht noch hinausgehen und eine Wirkung auf Leistungspflichten als möglich ansehen. Gehen wir auch hier wieder von einem angenommenen praktischen Fall aus: die herrschende Person gehöre einem Kartell an, auf Grund dessen Bedingungen die ganze Produktion an eine bestimmte Stelle (Verkaufsstelle usw.) abzuliefern ist. Diese Verpflichtung der herrschenden Person erstreckt sich m. E. auch auf die Produktion solcher abhängiger Personen, die erst nach Eingehen der Kartellverpflichtung durch die herrschende Person in deren Kreis aufgenommen wurden. Wäre es anders, so wäre, abgesehen von dem eventuellen Kündigungsrecht der Genossen, der Wert der Kartellverpflichtung ein sehr geringer, da die Vereitelung der Erfüllung nur zu leicht wäre. Ebenso ist zu entscheiden, wenn eine der abhängigen Personen zwar als solche bereits bestanden hat, dagegen aber nicht auf dem Gebiete der hier in Frage kommenden Produktion tätig war.

Dagegen liegt es anders, soweit es sich um abhängige Personen handelt, die bei Eingehung der Kartellverpflichtung bereits bestanden und auf dem Produktionsgebiet tätig waren[26]. Die Tatsache, daß diese Personen nicht in das Kartell aufgenommen worden sind, zeigt, daß ihre Tätigkeit auch von der Kartellast frei bleiben sollte. Es ist aber in Verbindung mit der positiven Leistungspflicht der herrschenden Person deren Verpflichtung anzuerkennen, keinesfalls daran mitzuwirken, daß die abhängige Person ihre Produktion erhöht.

Wir werden noch festzustellen haben, daß umgekehrt die herrschende Person im Rahmen der Kartelle zu Gunsten der abhängigen Person gewisse Ansprüche stellen kann, die mit den hier behandelten Verpflichtungen korrespondieren.

cc) Nicht nur die Begründung der Abhängigkeit über außerhalb des

[25] Tschierschky: Kartellorganisation, Berlin 1928, S. 111.

[26] Im Grunde sind für diese Scheidung die gleichen Gesichtspunkte maßgebend, die z. B. Flechtheim: Kartellrecht, 132 ff. für die Erweiterung der Selbstverbrauchungsrechte bei Neuangliederungen anführt.

Kartells stehende Personen hat übrigens auf die Kartellverträge Einfluß, sondern auch eine Herrschaftsgründung über zum Kartell gehörende Personen. Es kann eine sehr weitgehende Beeinträchtigung des Gleichgewichts der Kräfte, das dem Vertragsabschluß zugrunde lag, eintreten, wenn eine Abhängigkeit eines Kartellmitglieds durch andere, sei es in welcher Form immer, begründet wird. Neuere Kartellverträge enthalten deshalb oft Beschränkungen[27] bezüglich der Erweiterung der Einflußsphäre eines Kartellmitglieds auf andere. Die Judikatur des Kartellgerichts hat von Anfang an mit der Frage zu tun, ob unter Umständen eine solche Abhängigkeitsbegründung den anderen Kartellmitgliedern das Recht der Kündigung nach § 8 KVO. gibt[28]. Das Kartellgericht hat die Frage bejaht, macht es allerdings — und das mit vollem Recht — von einer jedesmaligen eingehenden tatsächlichen Prüfung abhängig, ob wirklich eine Verschiebung der Vertragsgrundlage stattgefunden hat[29].

Wie im Kartellrecht kann die Begründung der Abhängigkeit auch auf andere Verträge der herrschenden Person Einfluß haben und dem Dritten das Recht der Kündigung geben. Bei allen Verträgen, bei denen überhaupt die Möglichkeit der Kündigung aus wichtigem Grunde gegeben ist (in erster Linie also Gesellschaftsverträgen und anderen Dauerschuldverhältnissen) und ein Kontrahent der herrschenden Person ein berechtigtes Interesse, das allerdings in dem Vertragsinhalt begründet sein muß, an der Nichterweiterung des Machtverhältnisses oder der Kapazität der herrschenden Person und ihres Unternehmenskreises hat, ist dem Kontrahenten der herrschenden Person das Recht zur Kündigung aus wichtigem Grunde gegeben, wenn ein Abhängigkeitsverhältnis begründet wird. Siehe dazu Staudinger-Geiler zu § 723 BGB.

dd) Die Ansprüche aus den Unterlassungs- oder Leistungsverpflichtungen richten sich immer nur gegen die herrschende Person selbst. Ein unmittelbarer Anspruch des Vertragskontrahenten der herrschenden Person gegen die abhängige läßt sich nicht konstruieren.

Dagegen hat die herrschende Person ihrerseits wenigstens bei der vertragsmäßigen Abhängigkeitsform einen Anspruch gegen die abhängige auf Unterlassung bzw. Leistung an die Stelle, die aus dem Rechtsverhältnis berechtigt ist. Ein Verzicht auf diesen Anspruch seitens der herrschen-

---

[27] Andere wieder, in denen die kräftigen Firmen eine besonders führende Stellung haben, bevorzugen die Begründung von Abhängigkeiten insofern, als sie solche der Fusion gleichstellen.

[28] Friedländer: Konzernrecht, S. 350 ff.; ders. Kartellaufsichtsgesetz, S. 135 ff.; Isay-Tschierschky: KO. § 8 Anm. 52.

[29] E. 1 und 9 Hefeverband; E. 4 Interessengemeinschaft der Isolatorenfabrikanten; E. 12 Rhein.-Westf. Zementsyndikat; E. 27 Verband Deutscher Elektrotechnischer Porzellanfabriken e. V.: E. 33 und 60 ROHAG.; E. 44 Ver. Hochspannungsisolatoren Werke GmbH.

den Person könnte keinen anderen Sinn haben, als daß der Berechtigte geschädigt werden soll, denn es wäre sonst nicht einzusehen, warum die herrschende Person bei Vorliegen einer vertragsmäßigen Abhängigkeit, aus der eine Unmenge von Ansprüchen folgt, gerade auf diesen einzelnen Anspruch verzichten sollte. Ein solcher Verzicht wäre nach § 138 BGB. nichtig, zum mindesten aber seitens des Gläubigers anfechtbar. Aus dem ganzen Charakter des hier besprochenen Rechtsverhältnisses folgt eine Vermutung, daß die abhängige Person den mit dem Verzicht verfolgten Zweck genau kennt. Je mehr die wissenschaftliche Untersuchung von der Darstellung des objektiven Rechts (des Sollgebiets) zur Darstellung typischer Tatbestände übergeht, desto mehr Vermutungen werden dem Richter die Beweisfrage erleichtern. Wer behauptet, in einem Sonderfall seien Merkmale einer typischen Tatsachenlage nicht gegeben, muß es beweisen.

Bei der organisatorischen und stimmenmäßigen Abhängigkeit ist weder Abtretung noch Pfändung möglich. Hier ist die Erfüllung der Verpflichtung durch Vertragsstrafen sicher zu stellen, die in den hier angenommenen Fällen der Erfüllungsvereitelung fällig werden.

ee) Wie das Bestehen des Abhängigkeitsverhältnisses u. U. eine Erweiterung der Pflichten der herrschenden Person mit sich bringt, so muß sie nach richtiger Vertragsauslegung auch zu einer entsprechenden Erweiterung ihrer Rechte führen.

Nehmen wir folgenden praktischen Fall an: der herrschenden Person sei von dem Inhaber eines Patentes eine ausschließliche Lizenz eingeräumt. Sie darf die Lizenz nicht weitergeben, insbesondere auch keinerlei Unterlizenzen verleihen. Dagegen muß es ihr gestattet sein, die Lizenz durch eine von ihr abhängige Person ausüben zu lassen, vorausgesetzt, daß ihr Einfluß hinreicht, die Art der Ausübung der Lizenz durch diese auf die Dauer zu beaufsichtigen. Solchen Einfluß kann jede der im ersten Teil dieser Arbeit festgestellten Abhängigkeitsformen geben. Sicherheit muß vor allem dafür bestehen, daß ein Ende des Abhängigkeitsverhältnisses auch das Ende der Lizenzausübung der abhängigen Person bedeutet. Gegen den hier eingenommenen Standpunkt kann nicht etwa eingewandt werden, auf diese Weise erfahre die abhängige Person die Geheimnisse des Lizenzgebers, zumal ja die herrschende Person auch bei unmittelbarer Lizenzausübung irgendwelchen Angestellten das Geheimnis mitteilen muß, und in gewissem Sinne die Sicherheit für die Wahrung des Geheimnisses immer nur in den Ansprüchen des Lizenznehmers auf Unterlassung der Ausnutzung der Geheimnisse gegen diejenigen Persönlichkeiten, die bei ihr die Erfindung kennen gelernt haben, besteht. Diese Ansprüche hat die herrschende Person gegen die abhängige genau so wie gegen irgendwelche Angestellten; weiter ist ihr ein Anspruch auf Abtretung aller diesbezüglichen Rechte der abhängigen Person gegen deren Angestellte zuzuerkennen.

Was für die Weitergabe der Gesamtlizenz an die abhängige Person gilt, muß in noch höherem Grade für die Mitbenutzung der Lizenz gelten. Der Lizenzgeber kann es nicht verbieten, wenn die herrschende von ihr abhängige Personen — vorausgesetzt, daß die Abhängigkeit die oben angegebene Stärke hat — an der Ausübung der Lizenz teilnehmen läßt.

Verklagt der Lizenzgeber die abhängige Person auf Unterlassung, so kann sie sich auf das Vertragsverhältnis zwischen der herrschenden und dem Kläger einerseits und auf ihr Abhängigkeitsverhältnis zur herrschenden andererseits berufen. Sie kann ex iure tertii eine Einrede (im technischen Sinne) geltend machen, daß ihr Vormann zur Überlassung an sie berechtigt sei. Es ist genau der gleiche Fall gegeben wie im Verhältnisse zwischen dem klagenden Eigentümer und einem Drittbesitzer (§ 986 BGB.).

ff) Zu den aus dem Abhängigkeitsverhältnis entstehenden Rechten gehört das Recht der Kartellmitglieder, ihren Selbstverbrauch und Konzernbedarf außerhalb der Beteiligungsziffer frei von Umlagen oder vom Ablieferungszwang zu beziehen[30]. Es war einer der heißesten Kämpfe in der Entwicklung unseres Kartellrechts, als im Rheinisch-Westfälischen Kohlensyndikat, dem Muster der deutschen Kartelle, die Hüttenzechen verlangten, daß ihr Kohlenbedarf in den Hütten privilegiert wird. Sie hatten dabei einen vollen Erfolg. Die Folge war, daß gleich die weitere Frage kam: Wie steht es mit der Belieferung abhängiger Personen seitens der dem Syndikat angeschlossenen Zechen? Auch diese Frage brachten die Zechen zur Bejahung: es wurde der sogenannte Konzernbedarf anerkannt. Die Zechen dürfen vom Syndikat anerkannte abhängige Personen mit Kohle beliefern, ohne daß sich die Verkaufsstelle um diese Lieferungen zu bekümmern hat[31]. Nur ist die Menge

---

[30] Flechtheim: Kartellrecht, S. 132 und Anhang hierzu. Tschierschky: a. a. O. S. 59. Manstadt: Ursachen und Ziele des Zusammenschlusses im Gewerbe. Jena, S. 88 ff.

[31] Über den neuen Vertrag des Rheinisch-Westfälischen Kohlensyndikats Essen berichtet die Deutsche Bergwerkszeitung vom 20. IV. 1930 (31. Jg. Nr. 93) zu diesem Punkte: „Von dem Vertriebe der Brennstoffproduktion der Mitglieder durch das „Kohlensyndikat" sind ausgeschlossen der „Zechenselbstverbrauch", der „Werkselbstverbrauch", der „Landabsatz", die sogenannten „Deputate", und die für wohltätige Zwecke verschenkten Brennstoffe.

Der Werkselbstverbrauch, in dem das vielumstrittene Hüttenproblem wurzelt, stellt den Kohlenverbrauch in solchen Werken dar, die im Eigentum der Mitglieder stehen, soweit dieser Verbrauch auf die Verbrauchsbeteiligung in Anspruch genommen wird. Unter Festhaltung an der bisherigen grundsätzlichen Regelung soll dem Eigentum an einem Verbraucherwerk gleichstehen, die Beteiligung von mindestens 51 % an einem Unternehmen, die Verbundenheit des Mitglieds mit einem Verbraucherwerk durch Verträge, die nach Inhalt und Dauer einer Verschmelzung oder Eigentumsübertragung im wirtschaftlichen Sinne gleichstehen und endlich die Beteiligung von 51 % an den Bergwerksunternehmen des Mitglieds an der Hand eines Verbrauchers, oder unter gewissen Voraussetzungen mehrerer Verbraucher".

des Verbrauchs im Konzernbedarf bei den einen Kartellen festgelegt (Verbrauchsbeteiligung inklusive Selbstverbrauch), bei anderen wieder findet eine Anrechnung auf die Quote statt, bei wieder anderen bleibt der Verbrauch im Konzernbedarf und der Selbstverbrauch unberücksichtigt. Das für uns hier Entscheidende ist die Annäherung des Konzernbedarfs an den Selbstverbrauch.

Was sich hier in schwerem wirtschaftlichen Kampf durchgesetzt hat, ist nichts anderes als die bloße Folge des von uns behandelten Rechtsverhältnisses zwischen herrschender und abhängiger Person. Allerdings kommt hier nur die vertragsmäßige Abhängigkeitsform in Frage, die allein Grundlage der Konzerne sein kann. Eine auf Grund von Verträgen in das Unternehmen der herrschenden Person eingebaute abhängige darf von der herrschenden so behandelt werden, als sei sie ein Stück von sich selbst. Wenn die Kartellsatzung fast durchweg eine ausdrückliche Genehmigung der Belieferung von Konzernfirmen in Form einer Anerkennung dieser Firmen als Konzernfirmen verlangt, so geschieht das, um eine Sicherheit vor Umgehungen zu haben. Es darf z. B. nicht eine rein stimmenmäßige Abhängigkeitsform, die nach den meisten Kartellsatzungen eine Vermutung für das Bestehen der vertragsmäßigen Abhängigkeit begründet, einen Konzernbedarf rechtfertigen[32]. Echte Konzernstellung, also vertragsmäßige Abhängigkeit, ist notwendig.

b) Zwischen der abhängigen Person und Dritten.

aa) Auf Verträge, die von der abhängigen Person mit Dritten erst nach Eintritt des Abhängigkeitsverhältnisses abgeschlossen werden, hat das Abhängigkeitsverhältnis als solches keinen Einfluß. Wer einen Vertrag abschließt, muß sich seinen Kontrahenten ansehen und kann nicht später aus einer ihm bekannten Eigenschaft des Kontrahenten Folgerungen ziehen.

Nur in engem Rahmen wird man hier die Möglichkeit einer Anfech-

---

[32] Eine weitergehende Bedeutung darf der Angabe einer kapitalsmäßigen Beteiligung als Voraussetzung der Anerkennung des Konzernbedarfs selbst dann nicht zugesprochen werden, wenn in den Statuten gesagt ist: die Genehmigung muß erteilt werden, wenn die Antragstellerin mit mehr als 51% an dem Konzernwerk beteiligt ist. Die oben zitierte Mitteilung der deutschen Bergwerkszeitung sagt zu diesem Punkt: „Besondere Schutzmaßnahmen sind vorgesehen gegen den Scheincharakter solcher wirtschaftlichen Fusion zum Zwecke der Schaffung von Verbrauchsrechten". Solcher Scheincharakter ist immer dann gegeben, wenn die abhängige Person nicht zugleich auch in vertragsmäßiger Abhängigkeit zur Antragstellerin steht. Mir lag in jüngster Zeit folgender Fall zur Begutachtung vor: Ein Kartellmitglied gründete mit einer Reihe seiner Abnehmer je eine GmbH. mit kleinem Kapital, der der Betrieb des Abnehmers verpachtet wurde. Der Pachtpreis sollte jedes Jahr auf eine Art verrechnet werden, daß von vornherein so gut wie der ganze Gewinn dem Abnehmer zufloß. Der Abnehmer war im Grunde vom Kartellmitglied unabhängig, es war nur erreicht, daß die formellen Voraussetzungen der Statuten erfüllt waren.

tung wegen Irrtums anerkennen müssen, ja es ist sogar nicht zu leugnen, daß u. U. der Anfechtungsgrund der arglistigen Täuschung vorliegen kann, wenn das Abhängigkeitsverhältnis dem Dritten nicht bekannt gegeben war. Nehmen wir an, der Dritte will als Konkurrent der herrschenden Person oder darf auf Grund irgendwelcher Kartell- oder anderer Verpflichtungen die herrschende Person nicht beliefern. Hätte er das Abhängigkeitsverhältnis gekannt, so hätte er den Vertrag nie abgeschlossen, zumal unter Umständen aus dem Abschluß eines solchen Vertrages Schadensersatzfolgen gegenüber anderen Personen eintreten können.

Für die Ansprüche aus § 122 BGB. kann sich der Dritte nur an die abhängige Person, nicht etwa an die herrschende halten, es sei denn, daß sich gegen die letztere im Einzelfalle Ansprüche aus §§ 826, 830 BGB. rechtfertigen lassen.

bb) Auf Verträge, die die abhängige Person vor Eintritt des Abhängigkeitsverhältnisses mit Dritten abgeschlossen hat, kann dieses zwar unmittelbar keinen Einfluß haben, aber man muß den Dritten in diesem Falle in weitem Umfang das Recht der Kündigung aus wichtigem Grunde zuerkennen, so z. B. bei allen Vertrauensverhältnissen, in die kein Fremder irgendwelchen Einblick haben soll, sowie bei Verträgen mit Dritten, die ein berechtigtes Interesse daran haben, gerade mit der herrschenden Person (etwa als Konkurrenzfirma) nicht in Verbindung zu stehen.

Besondere Fälle bietet auch hier das Kartellrecht: der erste, auf den wir abheben, fällt mit einem schon oben erörterten fast zusammen. Ist die Machtverteilung innerhalb eines Kartells auf Grund bestimmter Einflußsphären der einzelnen am Kartell beteiligten Personen erfolgt, hat sich dann aber eine oder die andere der beteiligten Persönlichkeiten in die Abhängigkeit eines anderen Mitgliedes begeben, so kann nach der oben zitierten Rechtsprechung des Kartellgerichts darin ein Grund zur Kündigung nach § 8 der Kartellverordnung für die anderen Mitglieder gesehen werden.

Der zweite gehört zu den weitestgehenden Konsequenzen, die das Abhängigkeitsverhältnis bisher gehabt hat. Auch hier nehmen wir den neuen Syndikatsvertrag des Rheinisch-Westfälischen Kohlensyndikats zum Beispiel. Der schon mehrfach zitierte Bericht der Deutschen Bergwerkszeitung meldet: „Die bisherigen in der Syndikatspraxis durch Versammlungs- und Ausschußbeschlüsse geregelte, aber nicht in dem Vertrage kodifizierte syndikatrechtliche Behandlung von Mitgliedern, die wirtschaftlich fusioniert sind oder werden, ist in glücklicher Weise in dem § 7 des neuen Vertrages zusammengefaßt. Danach soll, wenn ein Mitglied wenigstens 81% der Anteile eines andern Mitglieds erwirbt, oder sich ein anderes Mitglied durch Vertrag, der nach Inhalt und Dauer einer endgültigen Verschmelzung und Eigentumsübertragung im wirtschaftlichen Sinne gleich zu erachten ist, angegliedert, auf Antrag der verbundenen Mitglieder in allen rechtlichen Beziehungen, die mit der Zugehörigkeit der Vereinigung zusammenhängen, so angesehen werden, als ob das angliedernde Mitglied das Bergwerkseigentum der angegliederten erworben hätte. Voraussetzung ist, daß das Mitglied durch diesen Anteilsbesitz von 81% die Gesellschaft wirtschaftlich beherrscht. Die Beteiligungsziffern beider Gesellschaften gelten als eine Einheit."

Also hier Behandlung als volle wirtschaftliche Einheit! Die Ergebnisse dieser Arbeit geben Fingerzeige dafür, wann die Voraussetzungen solcher Bestimmungen erfüllt sind. Im Gegensatz zu dem oben behandelten Selbstverbrauchsfall ist hier eine Ausnutzung durch Scheinverträge weniger zu befürchten, weil für die eventuelle „schein-abhängige Person" die Anerkennung der Abhängigkeit durchaus nicht nur Vorteile bringt.

cc) Der Eintritt des Abhängigkeitsverhältnisses kann Dritten gegenüber, wie sich aus dem I A, 1 Ausgeführten von selbst ergibt, nicht etwa eine Haftung der herrschenden Person für die bestehenden Verpflichtungen der beherrschten nach sich ziehen.

Es liegt im Zweifel auch ein Fall des § 419 BGB. nicht vor; nur ganz selten kann diese Bestimmung hier zur Anwendung kommen, so unter Umständen bei Eingehen eines Organverhältnisses unter gleichzeitiger Übertragung des gesamten Vermögens auf die herrschende Person; doch ist zu beachten, daß es hier eigentlich nicht die Begründung des Abhängigkeitsverhältnisses ist, die die Haftung der herrschenden Person zur Folge hat, sondern die zeitlich Hand in Hand mit ihr gehende Übertragung des Gesamtvermögens.

dd) Die vertragsmäßige Abhängigkeit kann es mit sich bringen, daß die abhängige Person an der Erfüllung der von ihr abgeschlossenen Verträge so gut wie kein eigenes Interesse mehr hat. Der wahre Interessent kann in allen oder bestimmten Fällen die herrschende Person sein. Wie steht es dann mit der Geltendmachung von Schadensersatzansprüchen? Die herrschende Person kann solche als eigene nur haben, wenn sich der Dritte nicht nur eine Vertragsverletzung gegenüber der abhängigen, sondern einer unerlaubten Handlung gegen die herrschende schuldig gemacht hat, was sehr selten praktisch werden wird. Diese Rechtslage ist nicht nur auf das von uns hier behandelte Rechtsverhältnis beschränkt; wir finden sie vielmehr oft im Verhältnis zwischen Geschäftsführer und Geschäftsherrn[33]. Es kann nicht angehen, mit Rücksicht auf die interne Situation des Vertragsgläubigers, infolge deren nicht er selbst, sondern eine andere Person den Schaden einer

---

[33] Leonhard: Schuldverhältnisse, S. 202; Enneccerus II, § 237 Anm. 5; v. Tuhr: Grünh. Z. 25, 259 ff.; Regelsberger JJ. 41, 251; Kunze: Haftung des Schuldners für den Drittberechtigten. Insbes. aber Hamburger: a. a. O. S. 312 und Müller-Erzbach RGPrax. II, S. 161 ff.

Vertragsverletzung durch den Dritten tragen muß, den Vertragsverletzer zu Lasten des tatsächlich Geschädigten von Schadensersatzpflicht freizustellen.

Rechtslehre und Rechtsprechung haben verständigerweise keine Schwierigkeit gemacht, soweit der Geschäftsführer seinerseits Ersatzansprüchen des Geschäftsherrn ausgesetzt ist, weil insoweit dem ersteren ein Schaden entsteht, den er geltend machen kann. Bei der vertragsmäßigen Abhängigkeit wird dieser Fall fast stets[34] vorliegen. Immerhin ist auch denkbar, daß kein Ersatzanspruch der herrschenden Person gegen die abhängige gegeben ist, letztere aber infolge ihres Rechtsverhältnisses zu ersterer ein berechtigtes Interesse daran hat, für die Deckung deren Schadens Sorge zu tragen. Die Judikatur RG. 40, 187ff.; 52, 335; Recht 09, Nr. 12; HansGZ. 09, Nr. 50 hat auch hier die Berücksichtigung fremden Schadens bei der Geltendmachung des eigenen zugelassen und ist damit einem dringenden praktischen Bedürfnis gefolgt. Das Interesse der herrschenden Person ist gleich der Differenz zwischen dem Erlös, den sie von der abhängigen bei vertragsgemäßer Abwicklung erhalten hätte und den eigenen Aufwendungen, die sie durch die Nichtdurchführung des Vertrags gespart hat, das Interesse der abhängigen gleich dem, was sie bei vertragsmäßiger Abwicklung nach Abzug aller Spesen behalten hätte[35].

Der Anspruch geht, auch soweit das Interesse der herrschenden Person in Frage kommt, auf Zahlung an die abhängige, kann aber auch unmittelbar auf Zahlung an die herrschende geltend gemacht werden. Die Abrechnung zwischen herrschender und abhängiger Person berührt den Vertragskontrahenten in keiner Weise.

Auch hier ist ein Unterschied, je nach dem Zeitpunkt des Eintritts des Abhängigkeitsverhältnisses zu machen. Ist letzteres vor Abschluß des Vertrags der abhängigen mit dem Dritten eingetreten und konnte es dem Dritten bekannt sein[36], so kann jeder bei der herrschenden Person entstandene Schaden geltend gemacht werden; ist es dagegen erst nach Abschluß des Vertrages entstanden, nur ein solcher, der gerade so gut bei der abhängigen Person hätte entstehen können. Es wäre eine Unbilligkeit, wollte man gegen den Dritten die Verletzung besonderer

---

[34] Man denke nur an die Organgesellschaft, aber auch an weniger weitgehende, Fälle. Verletzt ein Warenabnehmer der Kartellverkaufsstelle den mit dieser abgeschlossenen Lieferungsvertrag, insbes. die Verpflichtung, ausschließl. dort zu kaufen, so kann letztere den Schaden der Werke geltend machen, da sie selbst für ihn aufzukommen hat.

[35] Das ergibt sich aus den allg. Grundsätzen der Schadensberechnung unter Vorteilsausgleichung; s. zu dieser Frage die sehr treffenden Bemerkungen Hamburgers: a. a. O. S. 311ff.

[36] Leonhard: a. a. O. S. 203; Enneccerus a. a. O.

Interessen der herrschenden Person, die er gar nicht ahnen konnte, geltend machen[37].

3. Der Einfluß des Tatbestandes der Abhängigkeit auf außervertragliche Rechtsverhältnisse der herrschenden bzw. abhängigen Person mit Dritten.

a) Das Abhängigkeitsverhältnis selbst kann schwerlich Gegenstand eines Deliktes sein. Angriffe gegen die vertragsmäßige Form sind nur seitens des Vertragskontrahenten denkbar; zudem aber sind die Vertragsansprüche vermögensrechtlicher Art, was schon von vornherein eine Anwendung des § 823 BGB. ausschließt. Angriffe gegen die stimmenmäßige Abhängigkeit sind theoretisch höchstens als Zugriffe auf die mit den Mitgliedschaftsrechten in Zusammenhang stehenden Inhaberpapiere, solche gegen die organisatorische Form als Entziehung der Freiheit der Organpersonen möglich — beides Fälle, die kaum praktische Bedeutung erlangen können.

b) Dagegen kann das Bestehen eines Abhängigkeitsverhältnisses zur Folge haben, daß ein Angriff gegen die abhängige zugleich einen solchen gegen die herrschende und umgekehrt darstellt, so daß also Ansprüche wegen Schadensersatz nicht nur von dem unmittelbaren Objekt des Angriffs, sondern auch vom mittelbaren gestellt werden können.

Eine solche Wirkung kann weder die organisatorische noch die stimmenmäßige Form allein haben, sondern stets nur in Verbindung mit der vertragsmäßigen. Ist die abhängige Person Teil des Unternehmens der herrschenden geworden, so ist jedes Vorgehen gegen die eine zugleich ein solches gegen die andere, sofern nur die Attacke im Zusammenhang mit dem Gesamtunternehmen im wirtschaftlichen Sinne steht. Hat etwa eine als selbständige juristische Person organisierte Einkaufsstelle eines Konzerns oder eine entsprechende Verkaufsstelle eines Kartells unter unlauterem Wettbewerb, dem typischen Delikt gegen ein Unternehmen als solches, zu leiden, so wird damit nicht nur die Stelle, gegen die sich zunächst der Angriff richtet, getroffen, sondern ebenso jedes der Konzern- bzw. Kartellwerke. Jedes dieser Werke hat einen selbständigen Anspruch gegen[38] den Störer auf Unterlassung und auf Schadensersatz,

---

[37] Alle im Zusammenhang mit den hier erörterten Fragen entstehenden Ansprüche können selbstredend auch an die herrschende Person abgetreten und von dieser so geltend gemacht werden. Es kann die herrschende Person aber auch zur Prozeßführung gegen Dritte ermächtigt sein. RG. 73, 308 ff. Öfter noch wird letzteres im umgekehrten Falle bei der Geltendmachung von Ansprüchen der herrschenden Person durch die abhängige der Fall sein. Vgl. Ludewig: Ermächtigung nach bürgerlichem Recht 1922.

[38] Isay: Recht am Unternehmen 103/104 übersieht diesen unmittelbaren Anspruch der herrschenden Person und erkennt nur die unten noch zu besprechende Möglichkeit der Geltendmachung des Interesses der herrschenden Person durch die abhängige an.

wobei es gar nicht darauf ankommen kann, ob dem Störer im Zeitpunkte der Störung die Beziehung der unmittelbar betroffenen Stelle zu den Werken bekannt war. Wer eine unerlaubte Handlung begeht, riskiert hohen Schaden und hat im Gegensatz zum Vertragsschuldner (s. oben) kein Recht auf besondere Rücksichtnahme, was nicht daran hindert, den Grundsatz des adäquaten Kausalzusammenhanges zu beachten.

Ganz ebenso kann die abhängige Person unmittelbare Ansprüche geltend machen, wenn ein Angriff gegen die herrschende Person erfolgt. Doch wird oft nur ein Unterlassungsanspruch und kein Ersatzanspruch in Frage kommen können, nämlich immer dann, wenn sie gar keinen eigenen Gewinn an den in Betracht kommenden Geschäften macht. Es entspricht nur der Bedeutung des Unternehmenszusammenhangs für diese Frage, wenn wir feststellen, daß die abhängige Person nur insoweit Ansprüche stellen darf, als ihr Unternehmensaufgaben übertragen sind, denn darüber hinaus fehlt ihr jedes eigene Interesse an der Unterlassung.

Doch ist bezüglich dieser unmittelbaren Ansprüche eine recht bedeutungsvolle Einschränkung geboten: sie sind nur möglich, soweit nicht die Verletzung eines subjektiven Rechts der Verletzten Voraussetzung des Anspruchs ist. Es kommen also wohl Ansprüche aus unerlaubtem Wettbewerb oder § 826 BGB., nicht aber aus § 823 BGB. in Frage[39].

c) Öfter wird das Problem praktisch, ob die herrschende bzw. abhängige Person das Interesse der herrschenden bzw. der abhängigen gemeinsam mit ihrem eigenen als eigenen Anspruch geltend machen darf. Es handelt sich dabei um ganz das gleiche Problem, das wir oben bei der Untersuchung der Geltendmachung fremden Schadens bei Vertragsverletzungen kennen gelernt haben. Das Interesse eines Dritten darf bei der Schadensberechnung berücksichtigt werden[40], sofern der Gläubiger berechtigten Grund — gleichgültig ob dieser rechtlicher oder auch moralischer Natur ist — hat, für die Deckung des Drittschadens Sorge zu tragen. Meist wird es sich darum handeln, daß sie abhängige Interessen der herrschenden Person zu wahren hat, insbesondere die Kartellverkaufsstelle die der Kartellwerke.

Hier ist es gleichgültig, auf Grund welcher gesetzlicher Bestimmung der Schadensersatzanspruch erhoben wird, denn das Interesse des Dritten ist in jedem Falle zu berücksichtigen, gleichgültig, ob die Maschinen der abhängigen gestört oder ein unlauterer Wettbewerb an ihr begangen wurde.

---

[39] Beispiel: Werden Maschinen der abhängigen Person beschädigt, so kann die herrschende keine unmittelbaren Ansprüche erheben.

[40] Bezüglich der Schadensberechnung gilt das gleiche wie oben bei der Frage der Vertragsverletzung ausgeführt.

b) Im Verhältnis zueinander.

1. Der Einfluß des Tatbestands der Abhängigkeit auf Rechtsgeschäfte zwischen herrschender und abhängiger Person.

Dieses Problem kann schwerlich einmal — wenigstens solange das Abhängigkeitsverhältnis besteht — zwischen den beiden Personen streitig werden; es spielt dagegen im Verhältnis zu Dritten eine große Rolle. Gleichwohl gehört es hierher, da es sich völlig nach den Vorgängen zwischen den Personen entscheidet, ob etwa die herrschende Person bei Erwerb von Rechten von der abhängigen inbezug auf das Recht ihrer Rechtsvorgängerin gutgläubig war.

Das bürgerliche Gesetzbuch hebt auf den guten Glauben des Erwerbers an das Recht seines Vorgängers in erster Linie beim Eigentumserwerb ab; das Eigentum geht auf den nicht über, der das mangelnde Recht seines Vorgängers kannte oder kennen mußte (§ 932ff. BGB., bei unbeweglichen Sachen „kannte" § 892 BGB.). Der gute Glaube wird in § 932, II indirekt durch den Satz definiert: „Der Erwerber ist nicht in gutem Glauben, wenn ihm bekannt, oder infolge grober Fahrlässigkeit unbekannt ist, daß dem Veräußerer die Sache nicht gehört[41]."

Der Tatbestand der Abhängigkeit erfordert, — gleichviel, welcher Form die Abhängigkeit ist, — von der herrschenden Person vor deren Erwerb im Rahmen des Zumutbaren alle ihre Informationsmöglichkeiten darüber zu benützen, ob ein Recht der abhängigen Person auch in der Tat an dem zu übertragenden Gegenstand besteht.

In jedem einzelnen Falle bleibt es schließlich auch hier wieder ein Werturteil, inwieweit die Informationsquellen zu dieser Nachforschung ausreichen oder nicht, und ob die Mühe, die die herrschende Person sich geben muß, um zur Kenntnis der wahren Sachlage zu kommen, ihr noch zugemutet werden kann.

Eine besonders strenge Prüfung ist der herrschenden Person bei allen Sicherungsübereignungsverträgen mit der abhängigen aufzuerlegen. Bei solchen Verträgen geht das Eigentum nur über, wenn dem Erwerber mittelbarer Besitz eingeräumt wird (§ 933 BGB.), die Gegenstände z. B. grundsätzlich sich im Verschluß des Erwerbers befinden, aber im Rahmen des Notwendigen jeweils dem Übereigner zeitweise zur Verfügung gestellt werden. Nur bei Einräumung unmittelbaren Besitzes kann die Frage des guten Glaubens vor der endgültigen Erteilung des Verfügungsrechts über die Gegenstände an den Erwerber, die etwa zur Perfektion der Sicherung erfolgt, akut werden.

Ganz Entsprechendes gilt für die Ersitzung nach § 937 BGB.[42] Abs. 2

[41] Martin Wolff: Sachenrecht, § 69, II, 1. „Guter Glaube ist der nichtgrobfahrlässige Glaube an das Eigentum des Veräußerers."

[42] Martin Wolff: a. a. O. § 71. Hubert Naendrup: Die Ersitzung als Rechtsscheinwirkung. RGPrax. III, 35ff.

dieser Bestimmung schließt den Eintritt der Ersitzung aus, wenn der Erwerber z. Z. des Erwerbes nicht in gutem Glauben war. Er muß sich hier ganz genau so, wie das oben dargestellt ist, wenn er in einem Herrschaftsverhältnis zu der veräußernden Person steht, bemühen, die wahre Rechtslage zu erfahren, da ihm sonst grobe Fahrlässigkeit vorzuwerfen und der gute Glaube abzusprechen ist. Wohl gilt der Satz: „Mala fides superveniens non nocet; scientia superveniens nocet“ auch hier, aber in einer im Ergebnis abgeschwächten Form.

Tritt dagegen das Abhängigkeitsverhältnis erst nach dem Erwerbe ein, so wird man ihm nicht in gleicher Weise zumuten dürfen, daß er Nachforschungen darüber anstellt, ob das Recht seines Vorgängers in Ordnung ist. § 937, II verlangt in seiner zweiten Hälfte nicht „guten Glauben“, sondern positives Wissen des mangelnden Eigenrechts[43]. Der Unterschied zwischen den beiden Fällen ist so klar, daß er nicht weiter erklärt zu werden braucht.

Die besonderen Pflichten, die der Tatbestand der Abhängigkeit der herrschenden Person auferlegt, führen auch notwendigerweise zu einer Veränderung der Beweislast in diesen Fragen. Es ist mit das bedeutendste Ergebnis der Herausarbeitung typischer Tatbestände, daß derjenige, der entweder trotz äußeren Anscheins im Einzelfall behaupten will, der typische Fall liege nicht oder nicht ganz vor, oder der bestimmte normale Folgen aus der typischen Situation im Einzelfalle leugnen will, oder schließlich der behauptet, er habe alle aus der typischen Sachlage ihm zukommenden Pflichten erfüllt, es beweisen muß. Die aus dem Tatbestand folgende Vermutung ist gegenüber der Rechtsvermutung die speziellere. Wem das Gesetz aus Rechtsgründen die Beweislast auferlegt, entledigt sich dieser, wenn es ihm gelingt, das Vorliegen eines bestimmten Sachverhalts zu beweisen, aus dem seinerseits wieder zu vermuten ist, daß seine Behauptung richtig ist. Nunmehr liegt die Beweislast dem ob, der gleichwohl noch das Gegenteil behauptet.

Der gute Glaube des Erwerbers (Wolff: a. a. O. § 69, II) und des Besitzers wird kraft Gesetzes[44] vermutet. Kann der den schlechten Glauben Behauptende das Vorliegen solchen Abhängigkeitsverhältnisses beweisen, bei dem die herrschende Person genügend Informationsmöglichkeit über die wahre Rechtslage hatte, so liegt die Beweislast darüber, daß sie gleichwohl gutgläubig war, der herrschenden Person ob.

Ganz entsprechendes gilt in einer Reihe von Fällen, etwa der §§ 135, II und 161, III BGB. sowie für alle Fälle, in denen das Gesetz davon ausgeht, daß eine Person etwas hätte wissen müssen, also z. B. bei §§ 123, II; 142 BGB. Erwirbt z. B. die herrschende von der abhängigen Person irgend etwas, was letzterer nur in anfechtbarer Weise zugehörte, so

[43] Siehe dazu Naendrup: a. a. O. Anm. 15.

[44] Es ergibt sich das aus der Formulierung der §§ 932 ff. und des § 937, II BGB.

trifft sie der Vorwurf grober Fahrlässigkeit, wenn sie dabei nicht ihre Informationsquellen zur Klarstellung benützt.

Es ist selbstverständlich, daß die hier erörterten Grundsätze im umgekehrten Falle, wenn die abhängige Person Erwerber und die herrschende Veräußerer ist, zu Lasten der abhängigen nicht gelten können. Es liegt in der Natur des Abhängigkeitsverhältnisses, daß sich die herrschende Person zwar bei der abhängigen verhältnismäßig leicht jedes Wissen verschaffen kann, während umgekehrt die abhängige bei der herrschenden Person sich nicht leichter Klarstellung verschaffen kann, als ein völlig fremder.

2. Das Abhängigkeitsverhältnis und die Anfechtung von Rechtsgeschäften zwischen herrschender und abhängiger Person in- und außerhalb des Konkurses[45].

a) Für diese Frage gilt das Gleiche wie für die unter 1. behandelten Probleme des guten Glaubens: sie gehört zwar zur Betrachtung des Rechtsverhältnisses zwischen herrschender und abhängiger Person, Bedeutung aber erlangt sie nur gegenüber Dritten.

b) Auch in anderer Beziehung treffen sich die Anfechtungsfragen mit denen des guten Glaubens: handelt es sich bei letzterer darum, inwieweit ein Recht des Dritten geschützt bleiben kann, wenn ein Gegenstand, an dem es besteht, den Besitzer wechselt, so handelt es sich bei ersteren darum, wie es mit dem Schutze der Gläubiger überhaupt steht, wenn Gegenstände, die wirtschaftliche Grundlage der Erfüllung der Ansprüche der Gläubiger sind, vom Schuldner auf Dritte übergehen.

Diese Gleichheit der Grundlagen rechtfertigen es, auch hier die spezielle Vermutung, die sich aus der typischen Sachlage ergibt, der Gesetzesvermutung gegenüber zu stellen. §§ 31 KO. und 3 AnfGes. legen dem anfechtenden Gläubiger die Beweislast dafür auf, daß tatsächlich die angefochtenen Rechtsgeschäfte vom Schuldner in der dem Anfechtungsgegner bekannten Absicht der Gläubigerbenachteiligung vorgenommen sind. Dieser Beweislast genügt er, wenn er die Absicht der abhängigen Person und das Abhängigkeitsverhältnis sowie die aus ihm folgenden Informationsmöglichkeiten beweist; mag dann die herrschende Person beweisen, daß sie gleichwohl von der Absicht der abhängigen keine Kenntnis gehabt hat. Damit werden diese Fälle der Regelung bezüglich des einzigen Zusammengehörigkeitsverhältnisses, das dem Gesetz bekannt war, im wesentlichen gleichgestellt: sowohl die Konkursordnung (§ 31, II) wie das Gesetz über die Anfechtung von Rechtshandlungen eines Schuldners außerhalb des Konkursverfahrens

[45] Dazu Jäger: Kommentar zur Konkursordnung. Auch Conrad Cosack: Das Anfechtungsrecht des Gläubigers eines zahlungsunfähigen Schuldners innerhalb und außerhalb des Konkurses.

(§ 3 Ziff. 2) stellen eine Vermutung zu Ungunsten eines Ehegatten oder nahen Verwandten auf, der Rechtsgeschäfte mit dem Schuldner abgeschlossen hat. Sie lassen die Anfechtung bezüglich aller im letzten Jahr vor dem entscheidenden Zeitpunkt der Eröffnung des Konkurses bzw. der Anfechtungserklärung mit den genannten Personen vom Schuldner geschlossenen entgeltlichen Geschäfte durchgreifen, wenn es nur feststeht, daß durch den Abschluß des Vertrages die Gläubiger geschädigt worden sind. Es bleibt dem Anfechtungsgegner überlassen zu beweisen, daß er die Absicht der Benachteiligung seitens des Schuldners nicht gekannt hat.

Dieses Zusammentreffen mit einem gesetzlich geregelten Fall einer Zusammengehörigkeit verlangt eine Einschränkung des hier aufgestellten Grundsatzes, da nicht einzusehen ist, wie sich ein Hinausgehen über einen gesetzlich geregelten — in den Gründen entsprechenden — Fall hinaus vertreten ließe. Das Gesetz erleichtert die Anfechtung von Rechtsgeschäften zwischen dem Schuldner und mit ihm eng verbundenen Personen nicht schlechthin, sondern nur soweit sie im Laufe des letzten Jahres vor dem offenen Zusammenbruch bzw. der Anfechtung geschlossen worden sind; diese Einschränkung ist auch hier zu machen.

c) Eng mit dem Problem der Anfechtung berührt sich eine weitere Frage: das Abhängigkeitsverhältnis bringt es mit sich, daß sowohl von der herrschenden auf die abhängige wie umgekehrt oft fiduziarische Rechtsübertragungen vorgenommen werden. Für die Gläubiger sowohl der einen wie der anderen kann es von großer Bedeutung sein — etwa für länger als vor einem Jahre abgeschlossene Geschäfte — festzustellen, welche zwischen den beiden getätigten Rechtsgeschäfte fiduziarischer Art waren. Bekanntlich kann die Treuhandgeberin im Konkurse des Treuhänders ein Aussonderungsrecht geltend machen[46], während im Konkurse des Treuhandgebers der Konkursverwalter alle die Rechte geltend machen kann, die der Gemeinschuldnerin aus dem Treuhandverhältnis zustehen. Die Gläubiger beider an dem hier behandelten Rechtsverhältnis beteiligten Personen werden auf sehr große Schwierigkeiten stoßen, wenn sie etwa den Beweis für das Vorliegen eines Treuhandgeschäfts durch den Konkursverwalter der Treuhandgeberin antreten lassen wollen. Auch hier muß es u. U. mit Rücksicht auf den zu erwartenden Verlauf der mit dem Abhängigkeitsverhältnis zusammenhängenden Dinge genügen, wenn der das Treuhandgeschäft Behauptende neben der Abhängigkeit noch bestimmte auf das Treuhandgeschäft hinweisende Merkmale beweist. Die Erleichterung ist zu einer wirksamen Ergänzung der Anfechtungsbestimmungen besonders notwendig, wenn es sich um Rechtsgeschäfte handelt, die seiner Zeit gar nicht zum Nach-

---

[46] Trotz der Ernstlichkeit des Geschäfts an sich OLGE. 35, 17; 45 Nr. 45; SeuffA. Nr. 91; Enneccerus I, § 139 II, 3. A. M. v. Tuhr: Allg. Teil II, 2 S. 202ff.

teil der Gläubiger abgeschlossen wurden, sondern etwa aus steuerlichen oder ähnlichen Gründen. In erster Linie ist es ein zunächst neben der Abhängigkeit genügendes Merkmal, wenn die Rechtsübertragung unentgeltlich oder mindestens nicht zu normalem Entgelt erfolgt ist, in zweiter Linie, wenn der Erwerb nicht unmittelbar von der anderen Person, sondern von einem Dritten erfolgt ist, die andere aber nach außen als mittelbare Stellvertreterin auftrat. Mag in diesem Fall die beklagte Person beweisen, daß kein Treuhandgeschäft vorliegt. Diese Erleichterung der Beweislast wirkt selbstverständlich nicht zugunsten der übertragenden oder empfangenden Person, sondern nur zugunsten der Gläubiger der übertragenden Person; sie hat zur Folge, daß bei jedem Angriff der Gläubiger, insbesondere im Konkursfall, ein besonders schwieriger Beweis von dem zu führen ist, der das Vorliegen der typischen Folgen des Tatbestandes bestreitet.

3. Verpflichtungen der herrschenden und abhängigen Person gegeneinander.

a) Ansprüche der abhängigen Person gegen die herrschende aus deren mit dem Abhängigkeitsverhältnis zusammenhängenden Handlungen.

aa) Hamburger[47] geht bei seiner Untersuchung der mit der Organgesellschaft zusammenhängenden bürgerlich-rechtlichen Fragen davon aus, der Schutz Dritter bei Geschäften mit der Organgesellschaft sei nur über die Ansprüche dieser gegen die herrschende Person zu lösen; er verweist einerseits den Dritten auf die Pfändung der Ansprüche der Organgesellschaft gegen die herrschende Person und erklärt andererseits einen Verzicht der Organgesellschaft auf diese Ansprüche für sittenwidrig. Unsere Ausführungen zur Frage der unmittelbaren Haftung der herrschenden Person gegenüber den Gläubigern der abhängigen haben gezeigt, daß in sehr vielen Fällen der Schutz des Dritten von den Ansprüchen aus dem Verhältnis zwischen abhängiger und herrschender Person unabhängig ist.

Immerhin hat eine Untersuchung der Rechtsverhältnisse zwischen herrschender und abhängiger Person indirekt immer auch ihre Bedeutung für die Stellung des Dritten, der eben auf die aus diesem Rechtsverhältnis stammenden Ansprüche auf dem Wege der Pfändung greifen kann.

bb) Die Frage der Haftung der herrschenden Person gegenüber der abhängigen ist nicht allgemein zu beantworten; sie muß vielmehr für jede der im ersten Buch geschiedenen Abhängigkeitsform verschieden gelöst werden. Wir haben dort darauf bereits hingewiesen, so daß hier nur noch zu ergänzen ist:

---

[47] Hamburger: a. a. O. S. 316 ff.

α) Bei der organisatorischen Abhängigkeit:

Unsere Untersuchung hat gezeigt, daß die herrschende Person bei dieser Form die Stellung eines Organs der abhängigen einnimmt. Daraus ergeben sich die Grundsätze über die Haftung. Sie haftet immer so, wie es für Organe von Gesetzes wegen vorgeschrieben ist, wobei, soweit die gesetzlichen Vorschriften dispositiver Natur sind, in den Statuten die weitgehendsten Modifikationen der gesetzlichen Regelung denkbar sind.

Soweit das Gesetz ein mit solchen Aufgaben betrautes Organ, wie sie der herrschenden Person nach dem Statut der abhängigen obliegen, nicht kennt, gilt der allgemeine Grundsatz der Haftung für Vorsatz und jede Fahrlässigkeit, wobei das Statut aber die Haftung auf Vorsatz und grobe Fahrlässigkeit oder gar auf Vorsatz allein beschränken kann.

β) Bei der vertragsmäßigen Abhängigkeit:

αα) Können wir bei der organisatorischen Abhängigkeit die Lösung der Haftungsfragen auf einheitliche Gesetzesregelung zurückführen, so können wir bei der vertragsmäßigen nur einen allgemeinen rechtlichen Grundsatz, der in einer ganzen Reihe von Bestimmungen zum Ausdruck kommt, zugrundelegen: Wer es unternimmt, eine andere Person zu verpflichten, seinen Anweisungen Folge zu leisten, muß dieser anderen Person gegenüber für alle aus den Weisungen folgenden Schäden und Verpflichtungen, soweit diese unmittelbar mit den Weisungen zusammenhängen, aufkommen. Für die Untersuchung der einzelnen zwischen herrschender und abhängiger Person in Betracht kommenden Fälle müssen wir zwei Gruppen scheiden:

a) Weisungen der herrschenden Person, Rechtsgeschäfte mit Dritten abzuschließen;
b) Weisungen der herrschenden Person, in ihrem Interesse innerhalb der etwa einen Konzern bildenden Gruppen sonst tätig zu sein.

Im ersten Fall liegt, soweit die abhängige Person unentgeltlich tätig wird, ein Auftrag i. S. der §§ 662ff BGB. und soweit sie entgeltlich tätig wird, ein Dienst- oder Werkvertrag, „der eine Geschäftsbesorgung zum Gegenstande hat“ (§ 675 BGB.) vor. Es kommen also — bei entgeltlichem oder unentgeltlichem Geschäft dieser Art — im wesentlichen die gleichen Rechtsgrundsätze in Betracht. Die Bestimmungen des § 354 HGB. finden auch im Verhältnis zwischen herrschender und abhängiger Person Anwendung: im Zweifel sind Kaufleute berechtigt untereinander auch ohne Verabredung für ihre Tätigkeit Entgelt zu verlangen[48].

Die Auftragsbestimmungen enthalten für die hier in Betracht kommenden Fragen im wesentlichen den Grundsatz: die herrschende Person hat die abhängige von allen Verpflichtungen, die letztere in Erfüllung

---

[48] Das ist eine notwendige Folge der oben S. 91 gemachten Feststellungen über den Verzicht auf eine Forderung gegen die herrschende Person.

des Auftrags eingegangen ist, freizustellen und ihr alle Aufwendungen, die sie im Interesse der ersteren gehabt hat, zu ersetzen.

Auch im zweiten Falle kann Auftrag[49], Dienst- oder Werkvertrag anzunehmen sein, je nachdem, ob ein unentgeltliches oder entgeltliches Handeln vorliegt. Bei der Scheidung zwischen Dienst- und Werkvertrag erweist sich hier die Richtigkeit der Formel Hoenigers[50], wie vielleicht sonst in keinem Falle: ein Dienstvertrag liegt vor, wenn die herrschende Person der abhängigen das Substrat ihrer Arbeit, also etwa die Maschinen, zur Verfügung stellt, ein Werkvertrag dagegen, wenn die abhängige selbst das Substrat ihrer Arbeit stellen muß. Im modernen Konzernaufbau finden wir beide Möglichkeiten sehr häufig. So werden etwa der reinen Betriebsführungsgesellschaft alle Unterlagen ihrer Arbeit gegeben, während eine erst z. Z. der Konzerntätigkeit zum Zwecke der Erfüllung bestimmter technischer Aufgaben angegliederte Gesellschaft die Arbeitsunterlagen selbst stellen muß.

Es lassen sich in bestimmten Fällen auch aus beiden Typen gemischte Verträge vorstellen: nehmen wir z. B. an, eine Gesellschaft habe sich im Sanierungsstadium einer herrschenden Person angegliedert, ohne daß ihr über die zur Bezahlung der Schulden notwendigen Mittel hinaus neues Kapital zugeflossen wäre. Sie habe sich gegenüber der herrschenden Person verpflichtet, bestimmte technische Aufgaben in deren Interesse zu erfüllen. Insoweit die eigenen Arbeitsunterlagen der abhängigen Person hinreichen, greifen die Grundsätze des Werkvertrags durch, insoweit dagegen die Weisungen der herrschenden die Möglichkeiten der abhängigen überschreiten, die des Dienstvertrags; die abhängige ist letzterenfalls nur verpflichtet, wenn sich die herrschende zur Schaffung der Arbeitsunterlagen bereit erklärt.

ββ) Hamburger legte, wie schon oben gesagt, entscheidendes Gewicht darauf, daß die abhängige Person nicht berechtigt sei, gegenüber der herrschenden auf ihre aus dem Abhängigkeitsverhältnis folgenden Ansprüche zu verzichten, besonders soweit sie auf Weisung zu Rechtsgeschäften mit Dritten beruhen.

Hamburger geht dabei von einer doppelt irrigen Voraussetzung aus: er übersieht die Möglichkeit unmittelbarer Inanspruchnahme der herrschenden Person durch die Gläubiger und nimmt weiter zu Unrecht an, die Annahme einer Haftung aus § 826 BGB., die sich auf die Tatsache des Verzichts stütze, müsse unbedingt auch die Nichtigkeit des Verzichts zur Folge haben. Wohl spricht § 826 wie § 138 BGB. in gleicher Weise von der Verletzung der guten Sitten; die erstere Bestimmung handelt aber von einer Verletzung im Verhältnis zu Dritten, die letztere dagegen von der Bedeutung der Verletzung der guten Sitten im Vertragsverhältnis selbst. Es braucht also absolut nicht unsittlich

[49] Enneccerus II, § 308 ff.
[50] Arbeitsrecht Einl. S. 2.

zu sein, wenn die abhängige Person z. B. auf sämtliche Ansprüche gegen die herrschende verzichtet und es kann die Annahme dieses Verzichts doch als eine sittenwidrige Verletzung der Rechte eines Dritten wirken. Schließt die herrschende Person solche Verträge ab, so sind sie zwar wirksam, sie verpflichten aber nach den in dieser Arbeit aufgestellten Grundsätzen zu ihrer eigenen Haftung. Eine Nichtigkeit wegen Unsittlichkeit läßt sich nur in ganz bestimmten Fällen erweisen. Sie ist dann anzunehmen, wenn der Verzicht ausschließlich erfolgt, um bestimmte Personen zu schädigen. Nimmt aber die Rechtspraxis die hier entwickelten Grundsätze an, so kommt diesem Fall keine große Bedeutung mehr zu, weil ein größeres Interesse als die unmittelbare Haftung der herrschenden Person zu erreichen ja höchstens für den Konkursverwalter der abhängigen Person bestehen kann.

Ist somit meist auch keine Nichtigkeit gegeben, so doch eine erleichterte Anfechtungsmöglichkeit. In Anwendung der oben dargelegten Grundsätze muß zwischen in solchem Rechtsverhältnis stehenden Personen die Vermutung gelten, daß Verzichte in der Absicht der Gläubigerbenachteiligung erfolgen (S. 91).

γγ) Bei der vertragsmäßigen Abhängigkeit ist noch zu erwägen, inwieweit ein Anspruch der abhängigen gegen die herrschende Person auf eine ihrer Kapazität entsprechende Beschäftigung zu bejahen ist. Es gibt Fälle, in denen man im Wege der Vertragsauslegung zu dem Ergebnis kommen müßte, daß der Verpflichtung der abhängigen Person, ihre ganzen Arbeitsunterlagen nur nach Weisungen der herrschenden zu benützen, der Anspruch entspricht, ihren Arbeitsunterlagen entsprechend beschäftigt zu werden. Es lassen sich nicht etwa allgemeine Grundsätze aufstellen, wann solche Vertragsauslegung gerechtfertigt ist; das zu entscheiden, ist Aufgabe der Vertragsauslegung im einzelnen Falle.

Unter Umständen kann sich der Anspruch auch etwas modifizieren; er kann etwa nur auf eine im Verhältnis zu der Beschäftigung der herrschenden Person oder anderer von ihr abhängiger Personen prozentualen Beschäftigung gehen. Zu dieser Vertragsauslegung wird man im Konzernverhältnis oft kommen können.

cc) Bei der stimmenmäßigen Abhängigkeit:

In der Vorkriegsliteratur wurde ausschließlich untersucht, inwieweit der Mehrheitsinhaber auf die Minorität Rücksicht zu nehmen hatte. Erst die moderne juristische Literatur hat das Problem aufgeworfen, inwieweit auch eine Haftung aus Schädigung der Gesellschaft, des „Unternehmens an sich", eintreten kann[51]. Die vom Deutschen Juristentag ein-

[51] Es sei insbes. auf Haussmann: Vom Aktienwesen und Aktienrecht, Mannheim 1928, S. 27 und auf Geiler: Bericht an den Enquêteausschuß, über die wirtschaftlichen Strukturwandlungen und die Reform des Aktienrechts, S. 70—72, sowie die beiden angegebenen Literaturstellen verwiesen.

gesetzte Kommission hat die Fragestellung aufgenommen und eine entsprechende Bestimmung für die Revision des Aktienrechts vorgeschlagen. Wir haben hier nicht die Aufgabe, zu der Frage, ob eine solche Haftung gegenüber der Gesellschaft für eine Schädigung des „Unternehmens an sich" möglich und wünschenswert ist, Stellung zu nehmen, sondern nur auf die besondere Lage bei der abhängigen Person einzugehen.

Mit gutem Grund scheidet Haußmann[52] zwischen dem Großaktionär und dem Unternehmensaktionär. Letzterer hat nicht nur mehr als 51% des Kapitals, sondern „gewinnt vermittels seiner Majorität auf das Unternehmen selbst einen maßgeblichen Einfluß, d. h. er beherrscht das Unternehmen". Weitgehend deckt sich der Begriff „Unternehmensaktionär" mit unserem: „herrschende Person auf Grund Stimmenmacht." Erkennt man eine Haftung des ersteren aus Stimmenabgabe wegen vorsätzlicher Schädigung der Gesellschaft an, so wird man bei der letzteren Entsprechendes annehmen müssen. Doch haben wir bereits festgestellt, daß sich der Typ der stimmenmäßigen Abhängigkeit nur sehr selten rein darstellen wird, meist erscheint er verbunden mit einer oder beiden anderen Abhängigkeitsformen. Es ist sehr häufig, daß etwa die vertragsmäßige Abhängigkeit eine so weitgehende ist, daß (z .B. bei der Organgesellschaft, aber auch in weniger in die Augen springenden Fällen) die abhängige Person überhaupt nicht mehr „ein Unternehmen an sich" darstellt. Obwohl die Diskussion über die Haftung des Mehrheitsbesitzers stets aufs engste mit der Auffassung vom „Unternehmen an sich" zusammenhängt, ist noch nicht klar herausgearbeitet, ob es sich hier um eine Haftung wegen Verletzung der juristischen Person oder eines von dieser unabhängigen „Unternehmens" handeln soll. Diese Arbeit zeigt — was auch schon früher genügend bekannt, aber nicht genügend beachtet war — daß es viele juristische Personen im Handelsrecht gibt, deren Tätigkeitsgebiet unter keinen Umständen als ein selbständiges Unternehmen angesehen werden kann. Der Selbständigkeit der juristischen Person entspricht nicht immer die Selbständigkeit der Tätigkeit. Hinter der juristischen Person steht nicht immer ein Unternehmen.

Die Haftung für Verletzungen des „Unternehmens an sich" soll sich darauf gründen, daß etwas gesellschaftlich Schutzfähiges und Schutzbedürftiges da ist. Sie hat die Erfassung des Unternehmens als gesellschaftlichen — im Gegensatz zum privaten — Wert zur Voraussetzung. Es wird also nicht nur Aufgabe der entscheidenden Gerichte sein zu prüfen, ob eine Schädigung der „Gesellschaft" als Rechtsperson eingetreten ist, sondern ob ein schutzwürdiges, von der herrschenden Person unabhängiges Unternehmen innerhalb der Rechtsperson besteht. Damit wird allerdings eine neue unsichere Größe geschaffen, ein neues

---

[52] Haussmann: a. a. O. S. 19ff.

Werturteil notwendig; aber das läßt sich nicht vermeiden, soll solche Haftung der Mehrheitsaktionäre nicht zu etwas in hohem Maße Wirtschaftsfeindlichen werden. Nehmen wir an: die Mehrheit beschließt Fusion einer an sich schon abhängigen Person mit der herrschenden, weil vom Standpunkt des von letzterer getragenen Unternehmens eine Verteilung der weitgehend einheitlichen Tätigkeit auf zwei Rechtspersonen sich nicht mehr rechtfertigen läßt. Vom Standpunkt der abhängigen Person ließe sich vielleicht irgendein Schaden wegen späterer Möglichkeiten, die sie als selbständige Person haben könnte, errechnen, vom Standpunkte des — eben gar nicht vorhandenen — Unternehmens dagegen nicht[53].

Als Sonderfall gegenüber dem oben behandelten ist anzusehen, was zwar durch Stimmabgabe geschieht, intern aber Auswirkung bestehender vertragsmäßiger Abhängigkeit ist. Es sei z. B. eine abhängige Person verpflichtet, im Interesse der herrschenden mit dritten Personen Vereinbarungen irgendwelcher Art abzuschließen und diese Vereinbarung sei in der Körperschaftsversammlung zur Genehmigung vorgelegt und dort mittels der Stimmenmacht der herrschenden Person genehmigt worden. Bei solcher Verbindung von vertrags- und stimmenmäßiger Abhängigkeit regelt sich die Haftungsfrage ausschließlich nach den Grundsätzen über die vertragsmäßige als der weitergehenden.

Liegt dieser Sonderfall vor, so braucht auf die Frage des Schutzes „des Unternehmens an sich" gar nicht eingegangen werden, da die vertragsmäßige Abhängigkeit schon zur Haftung führt.

b) Ansprüche der herrschenden gegen die abhängige Person aus dem Abhängigkeitsverhältnis.

aa) Die Natur des organisatorischen wie des stimmenmäßigen Abhängigkeitsverhältnisses schließt Ansprüche der herrschenden Person, die sich aus ihr herleiten könnten, aus. Bei der stimmenmäßigen Abhängigkeitsform kommen überhaupt keine obligatorischen Ansprüche in Frage, bei der organisatorischen höchstens nur mittelbar mit ihr zusammenhängende, z. B. solche aus einem in Verbindung mit der Organstellung der herrschenden Person stehenden Dienstvertrage auf angemessene Entschädigung.

bb) Ein Anspruch der herrschenden Person, der unmittelbar mit der Abhängigkeit zusammenhängt, ist dagegen bei der vertragsmäßigen Abhängigkeitsform gegeben: der Anspruch auf Vertragserfüllung. Hier ist dieser nicht im Einzelnen zu zerlegen, denn es ergibt sich aus früheren Ausführungen dieser Arbeit, was alles zur Vertragserfüllung gehört bzw. gehören kann.

---

[53] Etwas ganz anderes ist es, wie weit für den Unternehmensaktionär die Frage des Schutzes der Minorität eine Rolle spielen kann. Wir haben auf diese Frage bei der Untersuchung der Begründung der organisatorischen wie der vertragsmäßigen Abhängigkeit hingewiesen.

II. Im Handelsrecht.[54]

a) Bilanzfragen.

1. Bilanzierung der Rechte aus dem Abhängigkeitsverhältnis bei der herrschenden Person[55,56].

aa) Der Bilanzierung sind nur reine Vermögensrechte fähig. Für diese scheiden also Rechte der herrschenden Person, die aus der organisatorischen Abhängigkeitsform folgen, ohne weiteres aus; bei der stimmenmäßigen kommen für sie nur die Kapitalrechte, auf die das Stimmrecht zurückzuführen ist, also etwa Aktien, Geschäftsanteile, Kuxe usw. in Betracht, während die sich auf die Vorzugsstimmen stützende Machtstellung in der Bilanz der herrschenden Person nicht zum Vorschein gebracht werden kann.

Nicht so einfach kann man die Frage der Aktivierung der aus vertragsmäßiger Abhängigkeit folgenden Rechte beantworten. Es sind großenteils zwar vermögens-rechtliche, u. U. sogar in Geldwert ausdrückbare, meist aber erst werdende, nur im Grunde feststehende Ansprüche, deren Hauptwert einen immateriellen Geschäftswert darstellt. Wie etwa Maschinen einer Fabrik bei entsprechender Beschäftigung einen über den Verkaufs- oder Einkaufswert hinausgehenden, u. U. irgendwie berechenbaren immateriellen Wert haben, so haben auch Weisungsrechte einer herrschenden Person gegenüber einer abhängigen für die erstere bei entsprechender Ausnützungsmöglichkeit einen solchen. Bedenkt man, daß gerade die vertragsmäßige Abhängigkeitsform oft nichts anderes ist als die Zugehörigkeit der abhängigen Person zum Unternehmen der herrschenden, so wird der Vergleich zwischen dem Ausnützungswert der Maschinen und dem dieser Vertragsrechte noch plausibler. Beide Werte zu bilanzieren ist unzulässig und zwar bei allen Formen der Kapitalgesellschaft[57].

---

[54] Eine Reihe von Spezialuntersuchungen handelsrechtlicher Fragen hat hier den Boden schon weitgehend bearbeitet. Aus Gründen der Raumökonomie habe ich mir hier deswegen weitgehendst Zurückhaltung auferlegen müssen.

[55] Nicht hierfür gehört die Frage der Bilanzierung von Scheingeschäften, die nur zum Zwecke der Bilanzverschleierung zwischen herrschender und abhängiger Person gemacht werden. Flechtheim verweist in seinem Bericht an den Enquêteausschuß (S. 34) auf die Geschäfte der Leipziger Bank mit der Aktiengesellschaft für Trebertrocknung und deren Tochtergesellschaft (vgl. Schär: Buchhaltung und Bilanz, S. 385 ff.). Der Revisionsbericht der Frankfurter Allgemeinen Versicherungsaktiengesellschaft bietet hier Material.

[56] Siehe zu diesem Abschnitt auch Erstes Buch II, A, V „Bindung der abhängigen Person inbezug auf Bilanzfeststellung und Gewinnverteilung, insbesondere zur Frage der Bilanzierung bei Interessengemeinschaft".

[57] Selbstverständlich können dagegen Ansprüche aktiviert werden, doch bedeutet das keine Bilanzierung des Abhängigkeitsverhältnisses. Es ist der herrschenden Person aber hier eine besonders schwerwiegende Prüfungspflicht hinsichtlich der Bonität der abhängigen Person aufzuerlegen. Flechtheim führt

bb) Die Höhe der in der Bilanz aufzuführenden Kapitalbeteiligung ist — zum mindesten im Aktienrecht — durch die Vorschriften des § 261, I HGB. gebunden. Die Beteiligungsrechte dürfen „höchstens zu den Börsen- oder Marktpreisen des Zeitpunktes, zu welchem die Bilanz aufgestellt wird, sofern dieser Preis jedoch den Anschaffungs- oder Herstellungspreis übersteigt, höchstens zu dem letzteren angesetzt werden". Ein Börsen- oder Marktpreis kommt in den meisten Fällen stimmenmäßiger Abhängigkeit gar nicht in Frage[58], da ja das Hauptpaket der Anteile eben in einer Hand ist und zwar in einer auf die Dauer bestimmten Weise, so daß kein großer Anreiz besteht, mit der Minderheit zu handeln, sofern nicht wenigstens eine qualifizierte Minderheit auf dem Markte zu haben ist, mit der Einfluß gewonnen werden kann. Dies verstärkt sich, je mehr mit der stimmenmäßigen eine vertragsmäßige Abhängigkeit Hand in Hand geht, die bis zur Gewinnlosigkeit führen kann.

Meistens ist die Höchstsumme, die als Aktivum in die Bilanz der herrschenden Person eingesetzt werden kann, der Anschaffungspreis. Handelt es sich um eine Gründung seitens der herrschenden Person, so ist das fast stets der Nominalwert; ist die Beteiligung später erworben, der Ankaufspreis.

Diese Rechtslage hat zur Folge, daß eine noch so glänzende Geschäftsentwicklung bei der abhängigen Person den Aktionären der herrschenden unter Umständen nicht zugute kommen kann. Was ihnen Nutzen bringt, sind nur die ausgewiesenen Gewinne, die auf Grund der Beteiligungsrechte der herrschenden Person ausbezahlt werden und somit unter Einnahmen zu verbuchen sind. Wenn man sich aber klar macht, daß die Bestimmung der Höhe der Gewinne mehr oder weniger von der Verwaltung der herrschenden Person kraft ihres Einflusses auf die beherrschte abhängt, so sieht man erst, welche Möglichkeit diese

---

in seinem Bericht an den Enquêteausschuß (S. 33/35) aus: „Die Gefahr liegt überhaupt in dem Geschäftsverkehr zwischen Mutter- und Tochtergesellschaft. Formell besteht kein Bedenken, daß ein Industrieunternehmen eine Verkaufsgesellschaft ins Leben ruft und diese für die käuflich übernommenen Gegenstände buchmäßig belastet. Die Waren gehören dann rechtlich nicht mehr der Muttergesellschaft. Aber wirtschaftlich ist der in der Spanne zwischen Selbstkosten und Verkaufspreis liegende Gewinn noch nicht realisiert. Nicht anders liegt es bei der Lieferung von Anlagegegenständen an Tochtergesellschaften, so z. B., wenn eine Elektrizitätsgesellschaft Tochtergesellschaften zum Betriebe von Kraftzentralen, Straßenbahnen usw. ins Leben ruft und diesen die zum Betriebe erforderlichen Anlagen liefert. Wirtschaftlich ist auch hier der Gewinn erst realisiert, wenn das Tochterunternehmen sich rentabel erweist und in die Lage kommt, die gelieferten Gegenstände zu bezahlen".

[58] Sollte sich auch durch den zufälligen Handel mit einigen Anteilsrechten von geringer Bedeutung ein niedrigerer Tageskurs feststellen lassen, so ist doch der Anschaffungspreis zugrunde zu legen. Das verlangt der Zusammenhang. Geiler: Bericht an den Enquêteausschuß, S. 84.

auf Grund zwingender gesetzlicher Bestimmungen bestehende Rechtslage zur Benachteiligung der Aktionäre bietet[59].

Es wird gegen diese Auffassung oft geltend gemacht, den Aktionären käme ja der Vorteil dann zugute, wenn die Beteiligungsrechte abgestoßen werden, da dann der Verkaufspreis entsprechend dem höheren Werte der Anteile einen ganz erheblichen Gewinn im Verhältnis zum Erwerbspreis ausweist.

Dabei wird aber nicht beachtet, daß die hier behandelten Rechtsverhältnisse ja eben immer auf die Dauer angelegt sind und nur unter ganz außergewöhnlichen Umständen gelöst werden[60]. Diese aber liegen meist in schlechter wirtschaftlicher Situation oder gar wirtschaftlichem Zusammenbruch der herrschenden Person, wie wir es etwa im Falle der Frankfurter Allgemeinen Versicherungs-Aktiengesellschaft erlebt haben. In solcher Lage aber ist es für die Aktionäre leere Theorie, daß ihnen nun wirklich die Gewinne, die in der Besserung der Anteile an den Tochtergesellschaften liegen, zugutekommen. Wie ja überhaupt jedes Aktivum im Augenblick wirtschaftlichen Zusammenbruchs einen ganz erheblichen Teil seines Wertes verliert, so insbesondere Beteiligungsrechte, die dann von Interessenten zu keinem den Bilanzwert erheblich übersteigenden Preise erworben werden.

Gleichwohl wird man sich — sogar de lege ferenda — keine andere Lösung dieses Problems vorstellen können, durch die in diesem Punkte ein die Interessen der Beteiligten besser wahrendes Ergebnis herbeigeführt werden könnte. Man muß sich hier mit einer notwendigen Folge der Konstruktion verschiedener juristischer Personen abfinden[61].

cc) Verschlechtert sich umgekehrt die wirtschaftliche Lage der abhängigen Person nach dem Erwerbe der Anteile durch die herrschende, so heben die Bilanzvorschriften des Gesetzes auf die Berücksichtigung der auf Grund der jeweiligen wirtschaftlichen Situation errechneten

---

[59] Flechtheim weist in diesem Zusammenhang mit Recht darauf hin, daß die Aktionäre der herrschenden Person hier nicht die Möglichkeit haben, gegen stille Reserven vorzugehen, wie sie das nach § 271, III, Satz 2 bei unmittelbaren der herrschenden Person können. Bericht an den Enquêteausschuß S. 35/36; Recht und Wirtschaft, 1922, S. 21 ff.

[60] Das ist gerade der von Haussmann a. a. O. herausgearbeitete Unterschied zwischen „Großaktionär" und „Unternehmensaktionär".

[61] In der Praxis wird wenigstens vielfach größere Klarheit dadurch zu erreichen versucht, daß die Bilanzen der abhängigen mit denen der herrschenden Person zusammen veröffentlicht werden. Flechtheim: Bericht, S. 37, nennt als Beispiele „Rheinische Braunkohle", „Harpener Bergbau", „Kaliindustrie Kassel" mit den Bilanzen von über 60 Tochtergesellschaften. Ähnlich Burbach (Der Gerlingkonzern). — Der Aktiengesetzentwurf (§ 110, III) schreibt vor, im Geschäftsbericht eines Unternehmens zu berichten, zu dem die Berichte der Gesellschaft solche Beziehungen unterhält, daß ihre Verhältnisse „durch sie maßgebend beeinflußt" werden können. Das gilt sowohl für die Beziehung der herrschenden zur abhängigen Person, wie umgekehrt.

Werte ab, da es für die Bilanzaufstellung weniger darauf ankommt, eine richtige als eine nicht zu günstige Bilanz aufzumachen. Sobald die herrschende Person weiß, daß die Lage bei der abhängigen eine Minderbewertung der Anteile notwendig macht, muß diese Minderbewertung auch erfolgen. Es liegt im Wesen der Abhängigkeit, daß die herrschende Person die wahre Lage bei der abhängigen kennt, denn aus der Abhängigkeit folgen so viele Informationsmöglichkeiten, daß kaum ein Fall denkbar ist, in dem eine wirkliche Verschlechterung der Lage bei der abhängigen Person nicht von der herrschenden erkannt werden muß. Immerhin sind, wie schon an anderer Stelle betont, entsprechend den verschiedenen Graden der Abhängigkeit verschieden starke Informationsmöglichkeiten denkbar. Hier bietet der Revisionsbericht der Frankfurter Allgemeinen Versicherungs-A.G. sehr unterrichtende Beispiele, wie ja jeder Zusammenbruch immer wieder erweist, daß die Beteiligung an abhängigen Personen, in die niemand hineinsehen kann als die Verwaltung selbst, die größte Möglichkeit der Bilanzverschleierung bietet. Diese Erkenntnis müssen wir für die Untersuchung der Frage der Auskunftspflicht in der Körperschaftsversammlung der herrschenden Person festhalten.

2. Bilanzierung der Pflichten aus dem Abhängigkeitsverhältnis bei der herrschenden Person.

aa) Pflichten, die die Bilanz der herrschenden Person belasten könnten, sind weder bei der organisatorischen noch bei der stimmenmäßigen Abhängigkeitsform möglich, dagegen in erheblichem Umfang bei der vertragsmäßigen.

Wir haben oben die aus dem Rechtsverhältnis der vertragsmäßigen Abhängigkeit zwischen herrschender und abhängiger Person für die herrschende folgenden Pflichten klargestellt. Als wichtigster Anspruch erschien uns der auf Ersatz aller Aufwendungen und Leistungen, die zur Erfüllung der inneren Konzernaufgaben der abhängigen Person notwendig waren. Grundsätzlich müssen diese Verpflichtungen, sobald sie ersichtlich werden, in die Bilanz aufgenommen werden, ja der Aktiengesetzentwurf (§ 113, I, IV) will sogar gesonderte Aufstellung verlangen.

Ausnahmsweise kann davon abgesehen werden, und zwar dann, wenn durch diese Leistungen der abhängigen Person bei der herrschenden schon tatsächlich Werte geschaffen sind und diese auf der Aktivseite, obwohl das eigentlich zulässig wäre, nicht aufgenommen wurden. Die Weglassung des Bilanzaktivpostens erlaubt es in solchen Fällen, auch den entsprechenden Passivposten in der Bilanz nicht aufzuführen. Nur dann wird man zugeben können, daß eine Weglassung von aus dem Abhängigkeitsverhältnis folgenden Verpflichtungen keine strafbare Verschleierung der Bilanz darstellt.

bb) Besonderer Erwähnung bedarf die Bilanzierung fiduziarischer Geschäfte: hat etwa die abhängige Person von der herrschenden aus irgendeinem Grunde eine Reihe von Gegenständen fiduziarisch erworben, so besteht ein Anspruch der herrschenden auf Herausgabe dieser Gegenstände. Es kann in der Bilanz der herrschenden Person dieser Gegenstand als Aktivum verbucht werden.

Hat dagegen — und darauf kommt es in diesem Abschnitt besonders an — die herrschende Person von der abhängigen etwas fiduziarisch erworben, so lastet die Herausgabepflicht auf der herrschenden. Es kann in diesem Falle von einer Verbuchung dieser Gegenstände sowohl auf der Aktiv- wie auf der Passivseite abgesehen werden. Nimmt man aber diese Gegenstände einmal in die Bilanz auf, so muß — gleichgültig, ob ein Gebrauchsrecht an ihnen zugunsten der herrschenden Person besteht oder nicht — unter den Passiven ein ebensolcher Posten aufgenommen werden wie unter den Aktiven, da reine Gebrauchswerte richtiger Auffassung nach überhaupt nicht bilanzfähig sind. Nach dem Aktiengesetzentwurf (§ 110, V, 1) muß bei Weglassung dieser Posten in der Bilanz im Geschäftsbericht über sie berichtet werden.

cc) In diesem Zusammenhang sei auch auf die Bilanzierung von mittelbar mit dem Abhängigkeitsverhältnis zusammenhängenden Pflichten der herrschenden Person hingewiesen, also in erster Linie auf gegenüber Dritten aus dem Abhängigkeitsverhältnis entstehende Verpflichtungen, die im einzelnen oben behandelt sind. Der Dritte kann ohne weiteres bei der herrschenden Person seinen Anspruch geltend machen; er ist, sobald er erkannt wird, unter den Passiven zu bilanzieren, wenn auch — soweit die abhängige Person wirtschaftlich intakt ist — als Gegenposten auf der Aktivseite die Forderung gegen die abhängige Person auf Freihaltung von den Ansprüchen des Dritten berücksichtigt werden darf.

In zweiter Linie kommen hier Avale und Bürgschaften, die zugunsten der abhängigen Person übernommen worden sind, in Betracht. M. E. sind selbstschuldnerische Bürgschaften so zu bilanzieren, wie der zuletzt behandelte Fall, während andere Bürgschaften nur neben die Zeile gesetzt zu werden brauchen. Auf jeden Fall ist es aber bei der heutigen Rechtslage unter keinen Umständen in Ordnung, wenn solche Verpflichtungen, wie das heute sehr oft geschieht, überhaupt nicht in der Bilanz berücksichtigt werden. Gerade beim Abhängigkeitsverhältnis ist mehr als sonst darauf Wert zu legen, daß alle möglichen Verpflichtungen bilanzkundig gemacht sind.

3. Bilanzierung der Rechte aus dem Abhängigkeitsverhältnis bei der abhängigen Person.

a) Bei der Bilanz der abhängigen Person ist ebenso eine organisatorische wie eine stimmenmäßige Abhängigkeit nicht zu beachten. In

Betracht kommt nur die vertragsmäßige. Auch hier ist daran festzuhalten, daß Rechte aus einem Vertrag, die noch nicht zu fälligen Ansprüchen geführt haben, nicht bilanziert werden können, ohne daß im Effekt immaterielle Werte in der Bilanz erscheinen. Ist z. B. die Grundlage der vertragsmäßigen Abhängigkeit die Verpflichtung der herrschenden, die ganze Produktion der abhängigen Person abzunehmen, so wäre eine Bilanzierung dieses Rechts, soweit es noch nicht zu fälligen Ansprüchen geführt hat, die Vorwegnahme der wirtschaftlichen Ertragsmöglichkeit in der Bilanz. Das aber wäre gerade eine Bewertung immaterieller Werte.

Eine Verpflichtung der herrschenden Person, ihren ganzen Bedarf — eine solche Verpflichtung allein kann natürlich keine vertragsmäßige Abhängigkeit begründen — bei der abhängigen zu beziehen, kann bei dieser auch deswegen nicht bilanziert werden, weil dieser Bedarf zum mindesten bei der abhängigen nicht festgestellt werden kann.

bb) Dagegen ist die Bilanzierung der schon tatsächlich effektiv gewordenen Ansprüche zulässig.

Je enger die vertragsmäßige Abhängigkeit gestaltet wird, je näher sie der engsten Verknüpfung, nämlich der Organgesellschaft, kommt, desto mehr müssen den effektiven Ansprüchen der abhängigen Person im wesentlichen genau effektive Pflichten der gleichen Person entsprechen. Man kann es den einzelnen Gesellschaften völlig überlassen, ob sie unter diesen Umständen die Ansprüche, die, wenn sie auch in der Tat bestehen, doch formeller Natur sind, überhaupt bilanzmäßig aktivieren wollen; zulässig ist es auf jeden Fall.

4. Bilanzierung der Pflichten aus dem Abhängigkeitsverhältnis bei der abhängigen Person.

Grundsätzlich sind die im vorigen Abschnitt im einzelnen behandelten Verpflichtungen der abhängigen gegenüber der herrschenden Person bilanzmäßig festzustellen, soweit sie im einzelnen schon effektiv geworden sind.

Davon kann nur abgesehen werden, wenn auch die entsprechenden Rechte — gegenüber Dritten oder der herrschenden Person — nicht verbucht sind; sobald aber z. B. der Regreßanspruch gegen die herrschende Person etwa durch Verschlechterung von deren wirtschaftlicher Lage gefährdet wird, muß eine Bilanzierung der eingegangenen Verpflichtungen trotz des Regreßanspruches gegen die herrschende Person erfolgen, da sie dann die Bilanz der abhängigen auch im Ergebnis belastet.

Was oben für die Bilanz der herrschenden Person bezüglich der Avale und Bürgschaften gesagt ist, gilt auch hier für den umgekehrten Fall entsprechend.

b) Die Frage der Auskunftspflicht bei der herrschenden Person über die Lage der abhängigen[62].

aa) Der Umfang der Auskunftspflicht gehört zu den umstrittensten Problemen der Reform des Körperschaftsrechts, insbesondere die Frage, ob die Mehrheit einer Generalversammlung beschließen darf, daß eine Anfrage nicht zugelassen wird (im Anschluß an RG. 82, 182ff.). Heute ist es auf jeden Fall unbestritten, daß die Verwaltung jeder juristischen Person über alle Bilanzposten der Mitgliederversammlung Rede und Antwort stehen muß, soweit sie dazu tatsächlich in der Lage ist und soweit sie es tun kann, ohne z. B. gegenüber der Konkurrenz die Interessen der Gesellschaft zu verletzen. Der Posten „Beteiligungen" an einer abhängigen Person ist hierbei anders zu behandeln, als irgendwelche sonstige Beteiligung. Je weiter die Verschachtelung vorwärtsschreitet, desto unklarer werden die Bilanzen, da sie wichtige Posten, über die in Wahrheit die Verwaltung ziemlich uneingeschränkt verfügt und die zum eigenen Geschäftsrahmen gehören, einfach unter „Beteiligungen" verbucht. Dabei sind die Informationsquellen der herrschenden Person, d. h. ihrer Verwaltung desto stärker — und darauf kommt es auch hier wieder an — je enger die Abhängigkeit ist. Das gilt zwar für alle drei Abhängigkeitsformen, doch können hier nur die stimmenmäßige und in gewissem Maße auch die vertragsmäßige Abhängigkeit in Betracht kommen. Vollzieht sich auch die Geschäftsentwicklung im Rahmen mehrerer juristischer Personen, so handelt es sich bei den „Beteiligungen" doch um die in die Bilanz aufgenommenen Posten, über die von der Verwaltung Auskunft gegeben werden k a n n. Das genügt zur Bejahung ihrer Pflicht. Es widerspricht der Aufgabe der Auskunftserteilung und insbesondere der Erstattung der Geschäftsberichte, die ja nur ein Sonderfall der allgemeinen Auskunftserteilung durch den Vorstand ist, überhaupt, wenn das RG. JW. 29, 88 im Goedhard-Fall ausführt: „Zur Erfüllung der Rechenschaftspflicht, wie sie den Mitgliedern der Verwaltung der Generalversammlung gegenüber oblag, war eine Mitteilung dieser geschäftlichen Ergebnisse bei der Tochtergesellschaft ebenfalls nicht unbedingt geboten, es kamen hier nicht geschäftliche Maßnahmen in Betracht, die der Vorstand der Beklagten (der herrschenden Person) in deren eigenen Betriebe vorgenommen hat, sondern es handelte sich um das Geschäftsgebahren der Organe der Companie de Terrenos, obwohl für das die Verwaltung der Beklagten nicht ohne weiteres verantwortlich war. Rechtlich war die Companie de Terrenos, obwohl ihre Aktien rechtlich im Besitz der Beklagten waren, eine selbständige Persönlichkeit mit eigenen Organen, deren Verantwortlichkeit bei der Rech-

[62] N e t t e r: Die aktienrechtl. Auskunftspflicht, Berlin 1928, und die dort angegebene Literatur, sowie die Berichte an den Enquêteausschuß.

nungslegung in der Generalversammlung der Beklagten nicht unmittelbar zu prüfen war[63]".

Der Aktiengesetzentwurf nimmt den de lege lata hier schon vertretenen Standpunkt ein (§ 86, I). Der Wortlaut der Begründung (S. 109) ist von besonderem Interesse: „Angesichts der fortschreitenden wirtschaftlichen Verflechtung kann die Auskunft nicht auf die Angelegenheiten der Gesellschaft selbst beschränkt werden. Vielmehr ist, soweit diese Angelegenheiten durch die Beziehungen zu einem anderen Unternehmen maßgebend beeinflußt werden, auch über dieses Unternehmen und die Beziehungen zu ihm zu berichten (§ 86, I). Es können also Verhältnisse angegliederter Unternehmungen, von Konzerngesellschaften, Mutter-, Tochter- und Schwestergesellschaften, von der Auskunftserteilung nicht ausgenommen werden. Unter Tochtergesellschaft versteht der Entwurf eine Gesellschaft, auf die eine andere Gesellschaft auf Grund von Beteiligung oder in sonstiger Weise unmittelbar oder mittelbar beherrschenden Einfluß ausübt oder auszuüben in der Lage ist. Das entscheidende Begriffsmerkmal ist die beherrschende Einflußnahme oder die Möglichkeit zu einer solchen. Worauf der Einfluß beruht, ob er sich auf Beteiligungen, auf Verträge, auf die Personengleichheit der leitenden Persönlichkeit oder auf sonstige Tatsachen stützt, ist gleichgültig, ebenso, ob die Einflußnahme eine mittelbare oder unmittelbare ist."

Die Art der Berichterstattung und insbesondere die Beantwortung gestellter Fragen, kann Regreßfolgen u. U. nicht nur für die Verwaltung innerhalb der Körperschaft haben, sondern — wie in den Ausführungen zum bürgerlichen Recht dargetan — möglicherweise auch Konsequenzen für die herrschende Person selbst gegenüber Dritten, die auf Grund der in der Generalversammlung der herrschenden Person erteilten Auskünfte Rechtsgeschäfte mit der abhängigen abgeschlossen haben. Gegen diese Möglichkeit kann die Erwägung nicht durchschlagen, in der Generalversammlung werde lediglich im Rahmen des Rechtsverhältnisses zwischen Verwaltung und Körperschaftsmitgliedern Auskunft gegeben und solche Erklärung könne deswegen auch unter keinen Umständen zu Konsequenzen gegenüber Dritten führen. Wer in aller Öffentlichkeit Erklärungen abgibt, muß auch der Öffentlichkeit gegenüber dafür einstehen, daß er nicht die Unwahrheit gesagt hat. Zu einer Verletzung des § 826 BGB. ist es nicht notwendig, daß der Verletzende gerade einen ganz Bestimmten schädigen wollte; es genügt vielmehr ein objektiv den guten Sitten zuwiderlaufendes Verhalten, das zur Schädigung irgendwelcher Person führt.

---

[63] Dazu Nußbaums richtige Kritik in JW. Das RG. hat in der gleichen Sache für die Pflicht der Berichterstattung nach § 13 GoldBVO. einen anderen Standpunkt eingenommen. Die Vorgänge bei der FaVaG. werden hoffentlich das RG. zum endgültigen Abgehen von seinem nicht verständlichen Standpunkt veranlassen.

bb) Dagegen kann in der Versammlung der Körperschaftsmitglieder der abhängigen Person von der Verwaltung jede Frage über die Lage der herrschenden abgelehnt werden. Die abhängige Person als solche hat keine Informationsmöglichkeit über die Lage der herrschenden. Sogar wenn die Verwaltung der abhängigen Person die gleiche ist wie die der herrschenden, muß das gelten, denn nicht auf das private Wissen der Verwaltung kommt es an, sondern auf ihre im Rahmen ihrer Verwaltungstätigkeit bei der Person, deren Körperschaftsmitglieder die Frage stellen, erworbenen Kenntnisse.

Lediglich wenn in der Bilanz der abhängigen Person, wie das ja nach dem im vorigen Abschnitt Gezeigten möglich ist, eine Forderung gegen die herrschende Person enthalten ist, kann ganz allgemein über die Bonität dieser Forderung gefragt werden Es ist Aufgabe einer vorsichtigen Verwaltung, die Bonität jeder in der Bilanz aufgenommenen Forderung im Rahmen des Möglichen zu prüfen. Fragen, die darüber gestellt werden, müssen beantwortet werden, allerdings ohne daß über die allgemeine Bonität hinaus etwas gesagt werden müßte.

cc) Es kann für die Körperschaftsmitglieder sowohl der einen wie der anderen Gruppe von besonderem Interesse sein, die näheren Vertragsunterlagen, die das Abhängigkeitsverhältnis begründen, kennen zu lernen, insbesondere zu erfahren, welche Rechte die eine Person für die andere fiduziarisch verwaltet. In den allermeisten Fällen wird nach der augenblicklichen Rechtslage die Verwaltung berechtigt sein, eine solche Forderung abzulehnen, da ihre Erfüllung in der Tat die Interessen der Gesellschaft gegenüber der Konkurrenz schädigen könnte.

c) Die Frage der Stimmenthaltung der abhängigen in der Körperschaftsversammlung einer dritten Person wegen Interessenkonflikts zwischen herrschender und dritter Person.

aa) In den geltenden gesetzlichen Regelungen der verschiedenen Körperschaftsformen — der Aktiengesetzentwurf will erstmals davon absehen — finden wir fast die gleiche Vorschrift über die Stimmenthaltung bei Beschlüssen der Körperschaftsversammlung. Nach ihnen darf das Stimmrecht nicht ausgeübt werden, soll das Mitglied selbst entlastet, von einer Verpflichtung befreit, mit ihm ein Rechtsgeschäft abgeschlossen oder ein Rechtsstreit eingeleitet oder erledigt werden. Mit Recht ist schon vielfach auf den relativ geringen Wirklichkeitswert dieser Bestimmungen hingewiesen worden. Man kann nicht einmal zugeben, daß ihr Wert größer wird, wenn ein kommendes Gesetz — der Entwurf eines Aktiengesetzes tut es nicht — die Legitimationsübertragung zum Zwecke der Ausübung des Stimmenrechts verbieten sollte. Fiduziarische Rechtsabtretung — und zwar Vollrechtsübertragung — kann nun einmal kaum verhindert werden; käme auch hier ein Verbot, so müßte seine Durchführung daran scheitern ,daß eine Kontrolle über die Einhaltung solchen Verbots einfach nicht möglich wäre (ähnlich die Begründung des Aktiengesetzentwurfes, S. 105).

Hier sind die Bestimmungen über die Stimmenthaltung nun einmal so zu nehmen, wie sie sind: wer interessiert ist, darf nicht selbst mitstimmen. Der rechtspolitische Gedanke dieser Bestimmungen ist so klar, daß er nicht erst eingehend erläutert zu werden braucht: der Interessierte ist nicht in der Lage, objektiv die Interessen der Körperschaft zu prüfen, da er von seinen eigenen Interessen geblendet ist.

Was für ihn gilt, muß aber auch für die Personen, die er zur Stimmabgabe wirksam veranlassen kann[64], gelten. Es genügt zur Annahme dieses Falles nicht, wenn mittels wirtschaftlicher Beziehungen oder Machteinflüsse eine Beeinflussungsmöglichkeit besteht. Vielmehr ist ein Recht, Anweisung zu geben, in welchem Sinn die Stimmen abzugeben sind, Voraussetzung. Dies kann bei der organisatorischen wie der stimmenmäßigen Abhängigkeitsform, insbesondere aber bei der Verknüpfung dieser beiden Formen vorliegen. Nehmen wir z. B. an, der Verwaltungsrat einer Gesellschaft sei intern befugt, über die Art der Abgabe der Stimmen der Gesellschaft zu entscheiden, die Mehrheit dieses Verwaltungsrats aber werde von der herrschenden Person, mit der die Gesellschaft, um deren Körperschaftsversammlung es sich handelt, ein Rechtsgeschäft abschließen soll, ernannt. Gleich wäre die Lage, wenn die herrschende Person durch Stimmenmacht die abhängige — etwa über die Besetzung des Aufsichtsrats hinweg — zur Abgabe der Stimmen in ihrem Sinne veranlassen könnte. Die herrschende Person verfügt in solchen Fällen über das Stimmrecht der abhängigen nicht anders als über ihr eigenes. Mit dem rechtspolitischen Gedanken der Vorschriften über die Stimmenthaltung wäre es jedenfalls nicht zu verein-

[64] Das RG. schwankt etwa in dieser Frage. Es lehnt aber die hier vertretene Ansicht weit mehr ab, als daß es ihr zuneigt. Der II. Senat (RH. 103, 64) hat ausdrücklich ausgesprochen, die Beteiligung von Tochtergesellschaften (Aktiengesellschaften und Gesellschaft mit beschränkter Haftung) deren sämtliche Aktien oder Geschäftsanteile sich in den Händen derselben Muttergesellschaft befänden, an Abstimmungen über den Abschluß eines Vertrags mit der Muttergesellschaft sei für zulässig zu erachten. Der gleiche Senat neigt (RGZ. 108, 41) mehr zu den hier vertretenen Auffassungen, um dann (RGZ. 115, 253) wieder den alten Standpunkt zu vertreten. Für das RG. ist es das Entscheidende, daß mehrere Rechtspersonen gegeben sind.

In der Literatur wird der hier eingenommene Standpunkt von Brodmann: GmbH. S. 188 und Friedlaender: a. a. O. S. 131 geteilt, von Flechtheim: Bericht S. 27 und Horrwitz: Das Recht der Generalversammlungen, abgelehnt. Ersterer will eine Enthaltungspflicht nur dann anerkennen, wenn der abhängigen Person die Anteile nur zum Zweck übertragen sind, um sie zur Abstimmung zu berechtigen. Er geht bei der Begründung seines Standpunkts zu stark davon aus, daß bloße Beteiligung zur Notwendigkeit der Stimmenthaltung nicht genügen kann. Er übersieht dabei, daß es auf die Möglichkeit der Weisung zur Stimmrechtsausübung ankommt.

baren, anders zu entscheiden. Unter Umständen — allerdings in selteneren Fällen — kann auch bei der vertragsmäßigen Abhängigkeitsform eine Tatsachenlage eintreten, bei der die abhängige so sehr den Weisungen der herrschenden Person unterliegt, daß eine Anwendung der Stimmenthaltungsvorschriften geboten ist.

Flechtheim[65] hat gegenüber dem der hier vertretenen Auffassung im wesentlichen entsprechenden Standpunkt Isays und Tschierschkys[66] darauf hingewiesen, es sei nicht möglich, die Grenzen, bis zu denen die Anwendung der Stimmenthaltungsvorschriften geboten sei, genügend klar herauszuarbeiten. Ganz abgesehen davon, daß die Wissenschaft allmählich eine weitergehende Spezifierung der einzelnen Abhängigkeitsmöglichkeiten gibt, muß speziell auf diesem Gebiet wie aber im Grunde genommen überhaupt im ganzen Recht, die Entscheidung weitgehend Werturteilen[67] überlassen werden. Wenn hier ein gewisses Risiko in der Rechtsausübung bleibt, das nicht von vornherein klargestellt werden kann, so ist das im besonderen Falle auch rechtspolitisch nicht allzubedenklich, da es durchaus im Interesse der Rechtssicherheit ist, die Verdunkelungen durch Verschachtelung nicht allzusehr zu erleichtern.

bb) Die umgekehrte Frage: kann die herrschende Person abstimmen, wenn die von ihr abhängige wegen eigener Interessen am Stimmrecht verhindert ist, muß im Ergebnis aus anderen Gründen im wesentlichen gleich entschieden werden.

Fällt hier die Beeinflussungsmöglichkeit der Abstimmung durch den Interessenten auch weg, da die herrschende Person nicht von der abhängigen kommandiert wird, so ist doch in recht vielen Fällen das Rechtsgeschäft der abhängigen Person mit dem Dritten, das in der Körperschaftsversammlung des letzteren zur Abstimmung steht, auf Weisung der herrschenden Person abgeschlossen. Ist es dort die Abstimmung, die auf Weisung geschieht, so hier der Abschluß des Rechtsgeschäfts selbst.

In allen drei Abhängigkeitsformen ist es möglich, daß das abzuschließende Rechtsgeschäft wirtschaftlich mindestens ebenso ein solches der herrschenden wie der abhängigen Person ist und das Auftreten der abhängigen Person als Vertragskontrahent mehr oder weniger reine Formalität ist. Die Sache aber muß über die Form siegen, nicht umgekehrt dürfen materiell wichtige Rechtssätze durch besondere Gestaltung der Form umgangen werden können.

Es muß eine Vermutung gelten, daß Rechtsgeschäfte der abhängigen

---

[65] Recht und Wirtschaft, 1922, S. 381 ff.

[66] Kartellrundschau 1922, S. 22 ff.; es macht für die Rechtsfrage nichts aus, daß dieser Standpunkt in etwas anderem Zusammenhang vertreten wird.

[67] Gustav Rümelin: Werturteile und Willensentscheidungen, im Zivilrecht, Freiburg 1891.

im Interesse der herrschenden Person geschlossen sind und so diese vom Stimmrecht ausgeschlossen ist. In dem letzten vom Reichsgericht (RG. 115, 246ff.) von anderen Grundsätzen aus entschiedenen Fall hätte auch unser Standpunkt zum gleichen Ergebnis geführt, da dort die abhängige Person das Rechtsgeschäft nicht im Interesse der herrschenden (Gebr. St. GmbH.), sondern eines Dritten (St.-Konzern-GmbH.) abschloß.

Wohl tritt auch hier — und zwar ganz besonders — die Frage auf, welche Fälle der Abhängigkeit im einzelnen zur Annahme genügen, daß im Zweifel Rechtsgeschäfte der abhängigen Person so sehr im Interesse der herrschenden abgeschlossen sind, daß Stimmenthaltung der letzteren geboten ist. Auch hier wieder müssen wir auf unsere Darstellung der Abhängigkeitsformen verweisen und es im übrigen der wertentscheidenden Beurteilung des Richters im Einzelfall überlassen, ob der Grad und die praktische Wirkung der Abhängigkeit so anzusehen ist, daß eine allgemeine Lebenserfahrung die Annahme eines Geschäftsabschlusses im Interesse der herrschenden Person vermuten läßt[68].

cc) Der Aktiengesetzentwurf (Begründung S. 105) läßt jede gesetzliche Stimmenthaltungsvorschrift fallen und überläßt es „der Rechtsprechung, Interessenkonflikte an Hand der allgemeinen Vorschriften des Aktienrechts von Fall zu Fall zu lösen.“ Eine die Interessen aller Beteiligten abwägende Rechtsprechung, die nicht an eine einengende Gesetzesvorschrift gebunden ist, wird die in den beiden obigen Abschnitten behandelte Frage nicht anders entscheiden dürfen, als es hier geschieht. Wenn auch nicht ganz klar ist, was mit dem Hinweis der Begründung speziell auf die „allgemeinen Vorschriften des Aktienrechts“ hier gemeint ist — es wird wohl auf § 56, II des Entwurfes, die Vorschrift über den Erwerb eigener Aktien und solcher einer beherrschten Person abgehoben sein — so verbieten es allgemeine Rechtsgrundsätze überhaupt, daß ein Körperschaftsmitglied im Rahmen der Körperschaft selbst für die Annahme eines Rechtsgeschäfts mit sich direkt oder indirekt eintritt.

d) Die Frage des Stimmrechts der abhängigen bei der herrschenden Person[69].

Der Unterschied dieses Problems und der in den beiden letzten

[68] Bei der Stellungnahme zu den in den letzten beiden Abschnitten erörterten Fragen muß man sich über den geringen Wirklichkeitsgehalt der ganzen Stimmenthaltungsvorschrift klar sein. Eine einfache Legitimationsübertragung der Aktie oder fiduziarische Überlassung an Dritte kann eine so große Unklarheit schaffen, daß eine Berufung auf eine Stimmenenthaltungsvorschrift hoffnungslos wird. Außerdem lehnt das Reichsgericht (RG. 108, 1814ff.) die Anwendbarkeit der Stimmenenthaltungsbestimmungen ab, sofern nicht das Rechtsgeschäft selbst zur Abstimmung steht, sondern nur eine Ermächtigung an den Vorstand zum Abschluß des Rechtsgeschäfts ist.

[69] Siehe zu dieser Frage die Kommentare insbes. Brodmann: Bemerkung 4 e zu § 252 HGB. — Das Problem bliebe auch bei Inkrafttreten des Aktiengesetz-

Abschnitten behandelten Fragen ist weit größer, als es auf den ersten Blick scheint: hier handelt es sich darum, ob ein Stimmrecht überhaupt — nicht lediglich bei gelegentlichen Interessenkonflikten — ruhen soll, dort nur, ob in besonderen Fällen von einem an sich bestehenden Stimmrecht Gebrauch gemacht werden kann. Hier steht wirtschaftlich hinter der Frage die Möglichkeit des Interessenkonflikts innerhalb der Körperschaft zwischen Verwaltung und Mitgliedern, dort ein bestehender Interessengegensatz zwischen einer juristischen Person und einem Dritten.

Das HGB. wie die anderen einschlägigen Gesetze glaubten alle Interessengegensätze innerhalb der Körperschaft durch Mehrheitsentscheidungen erledigen zu können — dabei gingen sie davon aus, daß die Mehrheit der Stimmen auch die Mehrheit des investierten Kapitals repräsentierte. Wenn dieser Ausgangspunkt des Gesetzes durch die Entwicklung oft unrichtig geworden ist, so mag das zu einer veränderten Auslegung einer ganzen Reihe von Bestimmungen führen, insbesondere öfters als früher den Weg des Erwerbs der Stimmen bei der herrschenden durch eine von ihr abhängige Person als den guten Sitten widersprechend erscheinen lassen; zu einer Verneinung eines Rechts schlechthin kann solche Auslegung nicht führen.

Die Entscheidung unserer Frage muß auf Grund der nun einmal gegebenen Gesetzeslage erfolgen. Diese aber geht bei der Beurteilung des Stimmrechts nur von einer einzigen Erwägung aus: ist das Mitgliedschaftsrecht ordnungsgemäß begeben? Ist das geschehen, so hat Kapitalzufluß stattgefunden[70], der Einzahler ist am Geschick der Körperschaft interessiert und mit zur Entscheidung berufen. Auf die Interessenlage kommt es dem Gesetze hier überhaupt nicht an. Rechte auf Grund von Interessenlagen zu beseitigen — und nicht nur im Einzelfalle ihrer Wirkung zu berauben — wäre überaus bedenklich.

Die Rechtsprechung (RG. Bd. 103, 64) hat nun aber den Grundsatz herausgearbeitet, eine GmbH. sei nicht berechtigt, mit eigenen Anteilen abzustimmen, was entsprechend auch auf die AG. ausgedehnt wird[71]. Es ist[72] entgegen der ausdrücklich betonten Auffassung des Reichsgerichts die Ansicht vertreten worden, aus diesem Grundsatze müsse folgen, daß auch abhängige Personen mit den ihnen zustehenden Anteilen bei der sie beherrschenden Person nicht abstimmen dürfen. Doch diese Ansicht übersieht die Grenze, die jeder Erfassung einer Einheit zwischen herrschender und abhängiger Person gesetzt ist: wohl können Rechte

entwurfs für die AG. das Gleiche. Er will (§ 56, III) zwar in einer Sollvorschrift den Erwerb von Aktien der herrschenden Person durch die abhängige verbieten, läßt aber die Fragen offen, wie es mit dem Stimmrecht steht, wenn solche Aktien gleichwohl erworben werden.

[70] Zur Frage der Kapitalerhöhung der herrschenden Person durch die abhängige siehe unten S. 123.

[71] Flechtheim: Bericht S. 25.

[72] Isay-Tschierschky Kartellrundschau 1922 S. 22.

in ihrer Ausübung beschränkt, Verträge in ihrer Auslegung berührt, Beziehungen zu Dritten oder Rechtsverhältnisse untereinander verändert werden; die Einheit kann aber niemals der abhängigen Person ihre Stellung als Träger von Rechten und Pflichten nehmen, somit also auch nicht das Stimmrecht bei der herrschenden Person.

Die herrschende Person darf mit eigenen Anteilen nicht stimmen, weil durch diese im Augenblick niemand an ihrem Geschick interessiert ist. Wohl ist das Anteilrecht an sich durch die erstmalige Begebung entstanden; kommt es aber in die Hand der ausgebenden Körperschaft zurück, so fällt der Grund des Stimmrechts als Äquivalent des Risikos fort. Das Risiko an sich selbst ist keine geeignete Grundlage des Stimmrechts. Es ist in Wahrheit etwas völlig anderes als das Risiko durch einen Anteil an einer dritten Körperschaft. Das Stimmrecht ruht somit, solange die Anteile bei der Körperschaft selbst sind.

Alle diese Erwägungen schlagen nicht durch, wenn nicht die herrschende Person selbst, sondern von ihr abhängige Personen die Anteilsrechte erworben haben. Hier ist — wenn vielleicht wirtschaftlich auch nicht — eine andere Rechtsperson da, die das Risiko der Beteiligung bei der herrschenden trägt. Deren Bilanz verschlechtert sich überaus, wenn die Beteiligung an der herrschenden Person notleidet[73],[74]. Ihrem Risiko muß das Stimmrecht entsprechen. Daran kann das Bestehen des Einflusses der herrschenden Person auf die Ausübung des Stimmrechts nichts ändern.

e) Die Frage der Zulässigkeit der Kapitalerhöhung bei der herrschenden durch die abhängige Person.

aa) Der Kern jeder juristischen Person, der trotz aller Verschiebungen bestehen geblieben ist, ist einerseits deren Eigenschaft, Träger eines abgesonderten Vermögens zu sein, anderseits die Bindung des in ihr investierten Vermögens (insbesondere die Unterwerfung unter das Verbot von Auszahlungen an die Korporationsmitglieder).

Das Reichsgericht (Bd. 108, 41)[75] hat sich in dem Falle Neustaßfurt — an einer Kapitalerhöhung der Aktiengesellschaft Kaliwerke Neustaßfurt beteiligten sich zwei Gewerkschaften, deren Kuxe fast vollständig der Aktiengesellschaft gehörten — auf den Standpunkt gestellt, in

---

[73] Flechtheim: Bericht, S. 23/24, kommt aus anderen Gründen zu dem gleichen Ergebnis. Er entscheidet diese Frage nach den gleichen Grundsätzen, die er seiner Lösung des Problems der Stimmenthaltung bei dritten Personen im Falle des Interessenkonflikts dieser mit der herrschenden zugrunde legt. Wie hier Geiler: Bericht S. 82.

[74] Um so mehr muß man ein Stimmrecht der herrschenden Person bei der abhängigen anerkennen, letzteres ist wohl auch noch nicht bestritten worden.

[75] Den Standpunkt hat das Reichsgericht wieder aufgegeben, JW. 1927, S. 672 ff.

Wahrheit seien die Vermögen der beiden Gewerkschaften Vermögen der Aktiengesellschaft, so daß also Zahlungen der Gewerkschaften auf die auch noch zu allem übrigen zur Verfügung der Verwaltung der Aktiengesellschaft selbst stehenden Aktien in Wahrheit aus dem Vermögen der Aktiengesellschaft selbst flössen.

Es ist auffällig, daß die Judikatur, die sonst den Veränderungen der juristischen Person so wenig Rechnung trägt, gerade hier, wenn auch nur in einem Einzelfalle, in so weitgehender Weise den Standpunkt vertrat, die abhängige Person sei gar nicht selbständig, ja sie sei in Wahrheit nicht Träger eigenen, sondern fremden Vermögens und zwar eines von der herrschenden Person abgezweigten. Diese Entscheidung ist wohl nirgends gebilligt, dagegen vielfach besprochen worden[76]. Bei der Kapitalzeichnung kommt es darauf an, daß der Körperschaft Mittel, über die sie bisher nicht verfügen konnte, als eigene zufließen und ihren Gläubigern haften. Das Reichsgericht übersieht, daß Mittel, die eine juristische Person als Grund- oder Stammkapital oder Teile desselben in eine andere juristische Person einbringt, endgültig aufhören, ihr in vermögensrechtlicher Beziehung zuzustehen. Auf die wirtschaftliche Einflußmöglichkeit kann es hier nicht ankommen. Bei der ganzen Betrachtung ist der Standpunkt der Gläubiger der herrschenden Person entscheidend; diese aber erhalten bei der Aktienzeichnung durch die abhängige Person neue Haftungsgrundlagen, die bisher nicht vorhanden waren, nicht anders, als wäre die Aktienzeichnung durch Dritte erfolgt.

Anders ist die Rechtslage dagegen zu beurteilen, wenn die abhängige Person noch gar kein eingezahltes Kapital — zumindesten nicht über die 25% Mindestkapital — hinaus hat. Ist die herrschende Person, was ja bei der stimmenmäßigen Abhängigkeit meist der Fall sein wird, selbst die Einzahlerin bei der abhängigen, so kann hier in der Tat leicht die Lage eintreten, daß die abhängige Person, wenn sie Aktien bei der herrschenden zeichnet, eine Verpflichtung übernimmt, die sie nur mit Mitteln erfüllen kann, die ihr die herrschende erst selbst zur Verfügung stellen muß[77]. Bei dieser Sachlage käme vom Standpunkt der Gläubiger

[76] Flechtheim: Bericht, S. 24; ders. JW. 1924, 1679; Geiler: Bericht, S. 81; Friedländer ZBl. f. HR. 1926, 13ff.; Staub-Pinner zu § 226 HGB. Anm. 1. — Der Aktiengesetzentwurf regelt die Frage nicht. Er verbietet nur in einer Sollvorschrift (§ 56, III) die Zeichnung von Aktien durch eine Tochtergesellschaft. Wann aber Nichtigkeit solcher Zeichnung eintritt, überläßt er der Rechtsprechung.

[77] Es kommt dann — wenigstens im Ergebnis — zu einer Verrechnungsart, wie wir sie aus dem Bericht der Revisionskommission der Frankfurter Allgemeinen Versicherungs-AG. kennen. Wenn dort auch keine Kapitalerhöhung, sondern nur eine Verstärkung der in der schlimmsten Inflationszeit erfolgten Einzahlung stattgefunden hat, so ist es für das richtige Verständnis des wirtschaftlichen Tatbestandes doch von größtem Wert, die beiden Schreiben der FAVAG., an deren abhängige Person Helios Allg. Rückversicherungsgesellschaft Frankfurt, kennenzulernen.

der herrschenden Person aus gesehen — und dieser Standpunkt muß, wie gar nicht oft und eindringlich genug betont werden kann, bei allen mit dem Kapital der juristischen Person zusammenhängenden Problemen

---

„FaVag an Helios, Schreiben vom 23. September 1924: „In der Goldmarkeröffnungsbilanz per 1. I. 1924 werden wir unser Aktienkapital im Verhältnis von 12½ zu 1 zusammenlegen. Wir beabsichtigen, die in Ihrem Besitz befindlichen 65 000 Stück mit 25% eingezahlten Aktien unserer Gesellschaft gleich Mark 65 000 000 im gleichen Verhältnis zusammenzulegen, so daß sich dieser Betrag auf GM. 5 200 000 vermindert. Die Einzahlung beläuft sich danach auf GM. 1 300 000. — Da Ihre Zahlung vom September 1923, die wegen des Erwerbs der vorgenannten 65 000 Stück Aktien erfolgte, fast keinerlei Geldwert hat, so ist es erforderlich, daß Sie eine Nachzahlung leisten in Höhe von GM. 1 300 000, — um die Zusammenlegung der Aktien in der geplanten Weise vornehmen zu können.

Für diesen Betrag haben wir Sie daher auf Verrechnungskonto noch vor 1923 belastet und bitten Sie um Vornahme gleichlautender Buchung unter gefl. schriftlicher Bestätigung, daß Sie mit uns einig gehen.

Außerdem bitten wir Sie um eine Bestätigung, daß Sie den nicht eingezahlten Betrag der oben erwähnten Aktien in Höhe von GM. 3 900 000 als Goldmarkverpflichtung anerkennen."

Die Antwort hierauf vom 26. September lautete, wie folgt:

„Von Ihrer gefälligen Mitteilung wegen Zusammenlegung der in unserem Besitz befindlichen 65 000 Stück mit 25% eingezahlten Aktien Ihrer Gesellschaft gleich 65 000 000 im Verhältnis von 12½:1 haben wir Kenntnis genommen.

Wir bestätigen hiermit, daß wir mit Ihren Ausführungen vollständig conform gehen und daß wir Sie auf Verrechnungskonto mit GM. 1 300 000 noch per 1923 erkannt haben.

Wir bestätigen Ihnen ferner wunschgemäß, daß wir den nicht eingezahlten Betrag auf obige Aktien mit GM. 3 900 000 hiermit als Goldmarkverpflichtung für uns anerkennen."

Obwohl zum Problem der Beteiligung der herrschenden Person an der Kapitalerhöhung der abhängigen gehörend, stellen wir den entsprechenden Briefwechsel zwischen den beiden obengenannten Parteien, das Kapital der Helios betreffend des Zusammenhangs wegen hierher.

FaVag an Helios. Schreiben vom 23. September 1924.

„Wir haben als Besitzer von 1 000 Stück voll bezahlter Aktien Ihrer Gesellschaft gleich 1 000 000 ein begreifliches Interesse daran, daß Ihr Aktienkapital von Mark 2 000 000 in der Goldmarkbilanz in dieser Höhe bestehen bleibt, um Sie als Rückversicherungsgesellschaft lebensfähig zu erhalten.

Sie werden zugeben, daß dieser Grund von allergrößter Wichtigkeit für Sie ist, und wir bitten Sie daher, die Zusammenlegung im Verhältnis von 1:1 vornehmen zu wollen.

Um Ihnen dies zu ermöglichen, haben wir uns entschlossen, Ihnen eine Zuzahlung von GM. 1 300 000 zukommen zu lassen und haben Sie infolgedessen noch per 1923 auf Verrechnungskonto erkannt.

Wir bleiben Ihrer gefälligen Rückäußerung erwartend ......"

Die Antwort darauf vom 26. September 1924 lautet:

„Wir erhielten Ihr Schreiben vom 23. crt. und nahmen von dessen Inhalt mit großem Interesse Kenntnis.

Wir sind der gleichen Meinung wie Sie, daß es für uns von einschneidender Bedeutung ist, wenn wir unser Aktienkapital in der Goldmarkeröffnungsbilanz in der seitherigen Höhe von 2 000 000 Mark bestehen lassen können.

der letzten Endes ausschlaggebende sein — keine neuen Mittel für die herrschende Person, in Wahrheit würde sie bei sich selbst Kapital einzahlen. Das ist aber unzulässig.

Auf das Gleiche kommt es hinaus, wenn die herrschende Person die von ihr geschuldeten Beträge bei der abhängigen einzahlt, diese dann gleich als Kapitalerhöhungseinzahlung zurückbezahlt[78].

Nur mit diesen sehr wesentlichen Beschränkungen läßt sich der frühere Standpunkt des Reichsgerichts rechtfertigen. In der Kritik des Urteils kann man keinesfalls so weit gehen, wie es Flechtheim (JW. 1924, 679) getan hat. Es kommt nur darauf an, aus einer Erfassung des Rechtsverhältnisses zwischen herrschender und abhängiger Person die richtigen Grenzen zu finden, in die unter allen Umständen die Beteiligung der abhängigen Person bei einer Kapitalerhöhung der herrschenden verwiesen bleiben muß.

bb) Nur mit einem Wort sei des umgekehrten Falles gedacht: der Beteiligung der herrschenden Person bei der Kapitalerhöhung der abhängigen[79]. Es ist selbstverständlich, daß die oben erörterten Grundsätze nicht in Frage kommen können, soweit dort der Gesichtspunkt ausschlaggebend ist, daß die abhängige Person Vermögen der herrschenden trägt.

Dagegen ist auch hier zu sagen, daß eine Beteiligung der herrschenden Person bei der Kapitalerhöhung der abhängigen solange nicht zulässig sein darf, als die abhängige Person bei der herrschenden auf Grund von Zeichnungen zur Einzahlung verpflichtet ist. Ebenso dürfen nicht die von der herrschenden Person à conto der Kapitalerhöhung der abhängigen gegebenen Mittel sofort wieder an die herrschende Person zurückgezahlt werden[80]. Beides käme auch hier darauf hinaus, daß die abhängige Person im Grunde die Kapitalerhöhung bei sich selbst vornimmt, was gerade wegen der Herrschaft der herrschenden Person über die abhängige besonders bedenklich wäre.

Ihre Begründung ist zutreffend, einer Rückversicherungsgesellschaft mit kleinerem Kapital wird seitens der direkt arbeitenden Gesellschaften wenig oder kein Aliment zufließen, und wir begrüßen daher Ihren Entschluß, uns bei der vorzunehmenden Zusammenlegung zu unterstützen, um unsere Leistungsfähigkeit zu erhalten.

Mit Hilfe Ihrer Zuweisung in Höhe von GM. 1 300 000 ist es möglich, die Zusammenlegung unseres Kapitals im Verhältnis von 1:1 durchzuführen und wir haben Sie gleichlautend mit Ihnen mit diesem Betrage noch per 1923 auf Verrechnungskonto belastet.

Wir danken Ihnen für Ihre Beihilfe verbindlichst .....“

Solche Verrechnungsart kann bei der Kapitalerhöhung nicht zulässig sein, ebensowenig darf etwa ein Austausch von Reichsbankschecks erfolgen (siehe dazu den obigen Text).

[78] Auf den umgekehrten Fall geht Geiler: Bericht S. 81 ein.

[79] Vgl. hierzu den oben wiedergegebenen Briefwechsel über die Kapitalregelung der Helios.

[80] Geiler: a. a. O. S. 81.

III. Im Arbeitsrecht.

a) Die arbeitsrechtliche Organisation und das Rechtsverhältnis zwischen herrschender und abhängiger Person.

1. Gesetzesbestimmungen, die Beziehungen zwischen mehreren Personen regeln, lassen sich im Wege einer vernünftigen Auslegung veränderten wirtschaftlichen Lagen anpassen, wogegen es ausgeschlossen ist, Organisationsformen durch Auslegung umzugestalten. Nur deren Zweck und Inhalt, — die Regelung der Verhältnisse zwischen den an der Organisation beteiligten Personen — können sich verändern.

Wenn wir die Frage stellen, inwieweit die Entwicklung des Rechtsverhältnisses zwischen herrschender und abhängiger Person auf das Arbeitsrecht Einfluß genommen hat, müssen wir von vornherein erkennen, daß sich dieser Einfluß nicht auf die Organisationsformen erstrecken kann.

2. Die wichtigste arbeitsrechtliche Organisation, die hier in Frage kommt, ist der Betriebsrat[81]. So jung diese Institution ist, so hat sich doch schon seit ihrer Einrichtung die juristische Person stark weiter entwickelt. Es ist nicht so, daß man bei Schaffung des Betriebsrätegesetzes nicht schon die Weiterbildung der juristischen Person in ihren Grundzügen erkannt hätte[82], man ahnte aber jedenfalls die Bedeutung, die diese Entwicklung für das ganze Wirtschaftsleben und insbesondere das Arbeitsrecht haben würde, doch nicht. Zum Teil mag man auch in den entscheidenden Kreisen unter dem Gefühl gestanden haben, es handle sich bei der Konzernentwicklung weitgehend um mit der Nachkriegszeit und Inflation zusammenhängende Erscheinungen, die mit deren Ende auch wieder verschwinden würden. Zum Teil auch wollten die an der Schaffung des Betriebsrätegesetzes besonders interessierten Gewerkschaften vermeiden, daß die Arbeiterorganisation sich entsprechend der Konzernentwicklung gestaltet. Sie befürchteten einen syndikalistischen Einschlag, der durch eine unternehmensgemäße Arbeiterorganisation hervorgerufen werden könnte (s. Flatow: Vorbem. I zu § 50 BRG.; a. M. Mansfeld: Vorbem. zu § 50 BRG.).

So ist es gekommen, daß die Betriebsräteorganisation in erster Linie nicht an das Unternehmen oder den Betrieb, sondern an den „Eigentümer" anknüpft. Nicht soweit Arbeitnehmer einem Betrieb oder einem Unternehmen angehören, ist ein gemeinsamer Betriebsrat oder ein Gesamtbetriebsrat denkbar, sondern nur soweit das „Eigentumsrecht" des Arbeitgebers geht. Wenn es auch gleichgültig ist, ob die Substrate

---

[81] Siehe zu Folgendem u. a. Sinzheimer: Grundzüge des Arbeitsrechts, Jena 1927, S. 223 ff.

[82] Mansfeld: BetrRG. Vorbem. zu § 50; Fränkel: Zehn Jahre Betriebsrätegesetz „Gesellschaft" Februar 1930.

der Arbeit alle Eigentum des Unternehmers sind oder von ihm etwa nur gepachtet wurden, so ist doch unbedingt entscheidend, daß der Betrieb in seiner Gesamtheit einer bestimmten Person zugehört.

Daran ist im Wege der Auslegung nichts zu ändern[83]. Wenn man in richtiger Erfassung des Rechtsverhältnisses zwischen herrschender und abhängiger Person und der damit zusammenhängenden tatsächlichen Betriebsverfassung für den Inhalt der Rechte der Organisation die richtigen Folgerungen zieht, so kann man mit der bestehenden Gesetzeslage durchaus auskommen. Tut man aber das nicht, so werden die heute schon[84] lebhaften Forderungen auf eine Änderung des Gesetzes immer dringender werden und schließlich zum Erfolg führen müssen. Je mehr es der Wissenschaft gelingt, das Rechtsverhältnis zwischen herrschender und abhängiger Person zu erfassen, umsomehr wird eine andere Gesetzesregelung als die heutige technisch durchführbar.

b) Die Rechte der Betriebsräte der herrschenden und abhängigen Person und das Rechtsverhältnis zwischen diesen.

1. Nach § 71 BRG. Abs. 2 hat „der Arbeitgeber vierteljährlich einen Bericht über die Lage und den Gang des Unternehmens und des Gewerbes im allgemeinen und über die Leistungen des Betriebs und den zu erwartenden Arbeitsbedarf im besonderen zu erstatten." Mansfeld (zu § 71, Bem. 3C) will den Anspruch des Betriebsrats auf Erstattung des Vierteljahresberichts „trotz des Wortes ‚Unternehmen' auf den einzelnen Betrieb erstrecken[85]." Nach der ganzen Einstellung Mansfelds kann kein Zweifel daran sein, daß er damit die gleiche Beschränkung treffen will, wie sie der Organisation zugrundeliegt, also nur über den „Betrieb", in dem der Betriebsrat fungiert, Auskunft geben lassen will. Der Gesetzeswortlaut schon spricht gegen eine solche einschränkende Auslegung, noch mehr aber der Zweck des Gesetzes: Der Betriebsrat ist dazu da, um den Arbeitgeber bei der Führung des Betriebs zu unterstützen und die Lage der Arbeitnehmerschaft im Betrieb zu verbessern. Daran darf er aber nicht durch die formell-rechtliche Gestaltung gehindert sein. Sind etwa in einem Betrieb als technischer Einheit mehrere „Betriebe" im Sinne der Betriebsräteorganisation vereinigt, nehmen also mehrere Arbeitgeber daran teil, so ist die Lage eines „Betriebes" im letzteren Sinne gar nicht zu verstehen, wenn

[83] Selbstverständlich gilt das Gleiche für die Anwendung des Gesetzes ü. d. Entsendung von Betriebsratsmitgliedern in den Aufsichtsrat v. 15. XII. 1922 (RGBl. S. 209). Ist der ganze Konzern etwa in Form verschiedener GmbHs, nur die Dachgesellschaft, die eine für die Betriebsratsbildung notwendige Zahl von Arbeitnehmern nicht hat, in Form einer AG. gestaltet, so besteht das Recht der Entsendung in den Aufsichtsrat keinesfalls.

[84] Mansfeld: BRG. S. 251.

[85] Dazu nicht recht bestimmt Flatow: BGB. zu § 71 Bem. 5.

nicht Auskunft über die Lage des Betriebs im ersteren Sinne gegeben wird. Fast immer wird es sich um Betriebe handeln, deren Arbeitgeber zueinander in einem Verhältnis der Herrschaft einerseits und der Abhängigkeit andererseits stehen, so daß die Auskunftsmöglichkeit gegeben ist. Soweit aber legt das Gesetz eine entsprechende Pflicht auf[86].

Diese Erkenntnis muß dazu führen, die weitgehende Auskunftspflicht nicht nur gegenüber dem Betriebsrat der herrschenden bezüglich der Lage der abhängigen Person, sondern auch umgekehrt gegenüber dem Betriebsrat der abhängigen bezüglich der Lage der herrschenden Person anzuerkennen. Hier wird die vorgeschlagene Lösung des Problems oft noch dringender: Ist die abhängige Person produktionstechnisch ein Appendix der herrschenden, so hat eine Auskunft über ihre eigene Lage gar keinen Sinn, wenn nicht auf die Lage der herrschenden zugleich eingegangen wird. Was soll etwa der Betriebsrat einer Organgesellschaft anfangen, wenn man ihm erzählt, die Bilanzposten seien gänzlich unverändert oder man habe überhaupt niemals irgendwelche Gewinne und werde auch solche nie haben? Eine solche Auskunft kann ihn nicht in die Lage setzen, die Pflichten, die das Betriebsrätegesetz ihm auferlegt, auch nur annähernd zu erfüllen. Wir werden — das ist hier nur ein Beispiel — im nächsten Abschnitt uns mit der Frage zu beschäftigen haben, ob es für die Beurteilung der Billigkeit oder Unbilligkeit einer Kündigung eines Angestellten der abhängigen Person nur auf die Lage der letzteren oder auch auf die der herrschenden ankommt. Wir werden diese Frage dahin beantworten, daß auch die Lage der herrschenden zu berücksichtigen ist. Schließt man sich dieser Auffassung an, so muß man notwendigerweise dem Betriebsrat auch das Recht zuerkennen, Informationen über die Lage der herrschenden Person zu verlangen, denn nur dann kann er in richtiger Weise über den Einspruch eines Arbeitnehmers entscheiden.

Zum Inhalt der Auskunftpflicht ist zu bemerken: Aus dem Zweck des § 71 BRG. heraus wird man hier im Gegensatz zur körperschaftlichen Auskunftspflicht weniger darauf abheben dürfen, wie sich etwa ein die Beteiligung bei der abhängigen Person darstellender Bilanzposten bei der herrschenden auswirkt als wie sich der produktions- oder verwaltungsmäßige Zusammenhang zwischen herrschender und abhängiger Person entwickelt. Die Auskunft wird bei der vertragsmäßigen eine eingehendere als bei der kapital-(stimmen-)mäßigen oder organisatorischen sein müssen. Der Betriebsrat als berufener Vertreter der

---

[86] So lassen sich die Konsequenzen, zu denen etwa Potthoff (Die sozialen Probleme des Betriebs S. 12 u. 339; ArbR. 23 Sp. 109, 24, Sp. 639, 718; 25, Sp. 855; 28, Sp. 67) glaubt, die Anerkennung des Betriebs als Rechtspersönlichkeit durchsetzen zu müssen, weitgehend schon heute ziehen. Siehe dazu auch Pohl: Die Rechtsbedeutung des Betriebs, Berlin 1930 S. 56 und die dort angegebene Literatur.

Arbeitnehmerschaft hat naturgemäß ein größeres Interesse an der Entwicklung des Unternehmens als Produktionsgemeinschaft als an der Entwicklung der einzelnen Bilanzposten.

2. Es gibt gar keinen häufigeren Fall des Tätigwerdens des Betriebsrats als den einer Entscheidung über den Einspruch eines gekündigten Arbeitnehmers, der sich darauf stützt, seine Kündigung sei eine „unbillige, nicht durch das Verhalten des Arbeitnehmers oder durch die Verhältnisse des Betriebes bedingte Härte."

Selten wird sich ein entlassener Arbeitnehmer einer herrschenden Person darauf berufen, es ginge zwar der herrschenden Person wirklich schlecht, dagegen dieser oder jener abhängigen recht gut und es sei bei gutem Willen sehr wohl möglich, ihn bei der abhängigen Person zu beschäftigen.

Viel öfter kommt der umgekehrte Fall vor, ja er ist von recht großer Bedeutung: wird einem Arbeitnehmer einer abhängigen Person gekündigt, so stützt er seinen Einspruch darauf, daß die Lage der herrschenden Person eine so günstige sei, daß die Entlassung des Arbeitnehmers eine unbillige Härte darstelle und durch die Lage des Betriebs nicht gerechtfertigt sei. In beiden Fällen ist der Einspruch der Arbeitnehmer unter Umständen gerechtfertigt[87].

---

[87] Das Arbeitsgericht Mannheim hat den letzteren Fall, wenn auch mit recht angreifbarer Begründung im Ergebnis gleich in der Streitsache Angestelltenschaft Mannheimer Lagerhausgesellschaft gegen Mannheimer Lagerhausgesellschaft (AG. B 260/29) entschieden. Der Tatbestand war kurz der folgende: Es waren zwei alte Werkmeister wegen Stillegung der Reparaturwerkstätte der Beklagten entlassen worden. Die Reparaturen wurden durch die Werkstätte der RheinschiffahrtsAG. vorm. Fendel, die ebenso wie die Bekl. und die Bad. Aktiengesellschaft f. Rheinschiffahrt u. Seetransport auf Grund vertraglicher Vereinbarung unter der gleichen Leitung steht, ausgeführt. Das Arbeitsgericht hat die Kündigung für unbegründet erklärt, weil das ArbRecht eine andere Tatbestandserfassung verlange als das übrige Recht.

Das Landesarbeitsgericht hat das Urteil aufgehoben und mit erklärtem Unbehagen die Klage abgewiesen. Es sagt: „Der Fendel-Konzern kann nicht als ein Betrieb angesehen werden, vielmehr gehören ihm mehrere Betriebe an, und die Beklagte, bei der ein eigener Betriebsrat besteht, hat auch einen selbständigen Betrieb. Der Begriff setzt die Einheit des Arbeitgebers voraus und das Gesetz geht davon aus, daß dem einzigen Arbeitgeber eine einheitliche Betriebsvertretung gegenübersteht."

Die Sätze dieser Begründung sind nicht zu leugnen, es ist aber übersehen, daß die Lage des Betriebs nur bei Berücksichtigung des Zusammenhangs mit der herrschenden Person richtig zu beurteilen ist. Weist die herrschende Person an, die Reparaturwerkstätte zu schließen, und die Reparaturen durch sie selbst machen zu lassen, so liegt es ihr nach dem Zusammenhang mit der abhängigen Person ob, die entsprechenden Arbeiter mit zu übernehmen, es sei denn, daß ihr Betrieb das nicht gestattet. Tut sie es nicht, so darf nicht eine Schädigung der Arbeiter eintreten, vielmehr leidet die abhängige Person, die sich ihrerseits wieder wegen Mißbrauch des Weisungsrechts an die herrschende halten kann.

Es wird allerdings nur die Abhängigkeitsform der vertragsmäßigen Abhängigkeit als genügend angesehen werden dürfen, denn nur bei ihr kann die Voraussetzung erfüllt sein, daß zwischen den beiden Personen weitgehende Produktions- und Verwaltungsgemeinschaft — nur diese aber haben für das Arbeitsrecht Bedeutung — besteht. Kann etwa die abhängige Person bei solcher Gemeinschaft von der herrschenden verlangen, einen bestimmten Anteil der Gesamtproduktion zu bekommen, so ist eben die Lage der herrschenden Person für die der abhängigen von größter Bedeutung, wie überhaupt in dem Fall, daß die abhängige Person in den Dienst der herrschenden gestellt ist. Kann umgekehrt unter gleicher Voraussetzung die herrschende von der abhängigen Person verlangen, sich nach ihren Weisungen zu richten, so kommt es auf die Lage der abhängigen an, wenn beurteilt werden soll, ob die herrschende Person eigene Arbeitnehmer bei ersterer beschäftigen kann.

Der Schutz des Betriebsrätegesetzes will Arbeitnehmer vor in der Lage des Betriebs nicht gerechtfertigten Kündigungen bewahren. Läßt sich auch aus dem Zusammenhang, in dem diese gesetzlichen Bestimmungen stehen, keineswegs eine Radizierung des ganzen Arbeitsverhältnisses auf den Betrieb als Produktionseinheit folgern, so ist doch unbedingt die Ansicht gerechtfertigt, daß alle Möglichkeiten des Arbeitgebers, auf die Beschäftigung innerhalb der Produktionseinheit, dem Betrieb, einzuwirken, auch dem Arbeitnehmer zugutekommen; hinsichtlich der Beurteilung der Kündigung als Willkürmaßnahme ist es gleich, ob dem Arbeitgeber seine Möglichkeit auf Grund unmittelbaren Eigentums an den Betriebsmitteln oder z. B. auf Grund von Vertragsrechten zustehen. Ein Verzicht auf diese Möglichkeit gegenüber den anderen an der Produktionseinheit beteiligten Personen ist hier als unsittlich zu betrachten, sofern er keinen anderen Zweck verfolgt als die Lage der Arbeitnehmer zu verschlechtern. Im Zweifel wird man bei einer juristischen Person, die im Dienst einer anderen steht, einen Verzicht der abhängigen Person auf ihre Rechte als absichtlich zum Nachteil der Arbeitnehmer erfolgt ansehen müssen.

In diesem Zusammenhang sei kurz auf das Problem des Leiharbeiters hingewiesen, da dieses von den gleichen Grundsätzen aus gelöst werden muß. Bekanntlich umgeht eine Reihe von Unternehmen — Mansfeld weist darauf hin — das Betriebsrätegesetz dadurch, daß sie einen ihrer Angestellten oder doch eine von ihr abhängige Person, oft auch eine juristische, veranlassen, Arbeiter einzustellen und sie ihnen zu leihen. Die Vertrauensperson des Unternehmens erhält dafür einen kleinen festen Gehalt, die Arbeiter aber gelten nicht als Arbeitnehmer des Unternehmens, obwohl sie ihre Tätigkeit nirgends anders als eben in diesem Unternehmen ausüben können. Sie wählen folgerichtig nicht zum Betriebsrat des Unternehmens mit, sondern bilden einen besonderen Betriebsrat. Auch in diesem Falle muß bei der Prüfung der Berechtigung einer Kündigung der Anspruch der Vertrauensperson auf Beschäftigung ihrer Arbeiter in dem Betrieb des Unternehmens berücksichtigt und so doch die Lage des Unternehmens entscheidend herangezogen werden [88].

Es wird dabei gar nicht verkannt, daß es auch bei Anerkennung dieses Grundsatzes noch genügend Wege gibt, doch weitgehend die Rechte der Arbeitnehmer durch Verschachtelung zu beschränken; die ausdrücklichen Bestimmungen des Gesetzes jedoch, die ein Arbeitsverhältnis nicht an den Betrieb binden, sondern an die Person des Arbeitgebers, schließen eine weitergehende Auslegung aus.

Mit der vorigen eng verknüpft ist die Frage, ob bei der Entlassung eines Arbeitnehmers, der Mitglied einer Betriebsvertretung ist — vorausgesetzt, daß jene durch Stillegung des Betriebes erforderlich wird — nur auf die Lage des eigentlichen Arbeitgebers, z. B. der abhängigen Person, Wert zu legen ist oder ob auch hier u. U. die Lage der herrschenden bzw. der abhängigen Person zu berücksichtigen bleibt.

Das Betriebsrätegesetz hat mit der hier einschlägigen Bestimmung keinen anderen Zweck verfolgt, als die Stellung des Betriebsratsmitgliedes, dem ein öffentlich-rechtliches Amt übertragen ist, gegenüber dem Arbeitgeber zu stärken. Solange er Betriebsratsmitglied ist und solange er es überhaupt sein kann, soll er den besonderen Schutz des Gesetzes genießen.

Sobald es aber Schluß mit diesem Amt sein muß, hört auch der besondere Zweck, dem die Schutzbestimmung dient, ohne weiteres auf. Wir haben oben dargetan, daß die Organisation des Betriebsrats auf Grund feststehender Gesetzesvorschrift an den einzelnen Arbeitgeber gebunden ist und bei ihr die neue Entwicklung der juristischen Person nicht berücksichtigt werden kann.

Es ist nur eine Konsequenz dieser Feststellung, daß es für die Frage des Schutzes der Stellung der Betriebsratsmitglieder auch nur auf die Prüfung ankommen kann, ob der Betrieb des formellen Arbeitgebers stillgelegt wurde oder nicht. Nicht etwa kommt es darauf an, ob nach Sachlage die Stillegung erfolgen mußte [89].

---

[88] Auch ein solcher Fall lag dem Arbeitsgericht Mannheim vor. Das Gericht 1. Instanz sah die Problematik, konnte aber nach der Lage des speziellen Falles keine Konsequenzen ziehen.

[89] Am klarsten kommt der Begriff der Stillegung im Sinne dieser Vorschriften im Urteil des RG. v. 16. II. 1929 Bd 113, S. 89 zum Ausdruck: „Von diesem Ausgangspunkt aus läßt sich die Betriebsstillegung als eine Auflösung der Arbeits- und Produktionsgemeinschaft bezeichnen, die ihren Grund und ihre Rechtfertigung darin findet, daß der Unternehmer die Erzeugung von Sachwerten für eine wirtschaftlich nicht unerhebliche Zeitspanne einstellt und damit die Erreichung des Betriebs- und Gemeinschaftszwecks unmöglich macht. Das Wesen der Betriebsstillegung erschöpft sich also nicht in einer Handlung, nicht in der Schaffung einer Tatsache, sondern besteht in der Herbeiführung eines Zustandes von gewisser Dauer.

c) Die Anwendung der Stillegungsverordnung vom 8. XI. 1920 (RGBl. S. 1901) und das Rechtsverhältnis zwischen abhängiger und herrschender Person.

Ganz anders muß die Frage entschieden werden, ob bei Entschließungen auf Grund der Stillegungsverordnung bezüglich der Stillegung des Betriebs der abhängigen Person die Lage der herrschenden zu berücksichtigen ist. Hier gelten die Erwägungen, die oben für die Beurteilung der Stillegung gelegentlich der Entlassung eines Betriebsratsmitglieds der abhängigen Person angestellt werden mußten, gerade nicht. Hier gelten dagegen genau die gleichen Grundsätze, die oben bei der Frage aufgestellt wurden, ob bei der Entlassung eines Arbeitnehmers der abhängigen Person, um die Billigkeit der Kündigung zu untersuchen, auf die Lage der herrschenden zurückzugreifen ist.

Der Grundgedanke der Stillegungsverordnung ist, daß im Interesse der Beschäftigung möglichst vieler Arbeitnehmer Betriebe nicht einer augenblicklichen Laune des Arbeitgebers wegen stillgelegt werden sollen, sondern nur unter Einhaltung bestimmter die Arbeitnehmer schützenden Voraussetzungen. Der Lage der abhängigen Person wird man nun keinesfalls gerecht, wenn man sie — vorausgesetzt, daß es sich um einen Fall vertragsmäßiger Abhängigkeit handelt — ohne Rücksicht auf die Lage der herrschenden Person ansieht. Es ist im wesentlichen auf das oben Ausgeführte zu verweisen.

d) Der Arbeitsvertrag (Kollektiv- und Einzel-) und das Rechtsverhältnis zwischen herrschender und abhängiger Person.

1. Nicht jeder kollektive Arbeitsvertrag (Tarifvertrag) kann hier von Interesse sein, sondern nur der nicht allgemein-verbindlich erklärte. Führt doch die Allgemeinverbindlicherklärung ohnehin zur Geltung des Vertrags für alle Arbeitgeber und Arbeitnehmer des Vertragsgebiets. Bei dem nicht allgemein-verbindlich erklärten Tarifvertrag wird die Frage akut, inwieweit ein Vertragspartner dafür einzustehen hat, daß auch von ihm abhängige Personen den Tarifvertrag einhalten.

Es kommen da die gleichen Grundsätze in Betracht, die wir schon bei der Untersuchung der Wirkungen des hier behandelten Rechtsverhältnisses auf Verträge bürgerlichen Rechts festgestellt haben. Es wird somit zu sagen sein: die herrschende Person hat dafür einzustehen, daß Personen, die erst nach Abschluß des Tarifvertrags in die Abhängigkeit treten oder wenn die Abhängigkeit schon früher bestand, später unter den Tarifvertrag fallende Arbeitsgebiete aufnehmen, sich an die Bedingungen des Vertrags halten. Sie hat dagegen — mit Ausnahme des schon genannten Falles — nicht dafür aufzukommen, wenn sich von ihr schon zur Zeit des Abschlusses des Tarifvertrages abhängige Personen nicht an den Vertrag halten. Gerade hier ist es Sache der Gewerkschaften als Vertragskontrahenten, dafür zu sorgen, daß alle Arbeitgeber im Gebiet eines abzuschließenden Tarifvertrags auch tatsächlich Tarifvertragspartner werden.

Nimmt die herrschende Person andere Personen in ihre Produktions- oder Verwaltungseinheit auf, so ist sie verpflichtet — und zwar gegenüber dem Tarifvertragskontrahenten — dafür Sorge zu tragen, daß der Tarifvertrag bei den neu in den bestimmten Arbeitskreis tretenden Personen eingehalten wird. Was der Tarifvertrag erfassen will, ist die Wirtschaftseinheit der Unternehmen, soweit dort bestimmte Arbeiten, für die Bedingungen im Vertrag aufgestellt werden sollen, verrichtet werden. Ein Arbeitgeber, der einen Tarifvertrag abschließt, verpflichtet sich, alle in seiner Wirtschaftseinheit so beschäftigten Arbeitnehmer entsprechend den Bestimmungen des Tarifvertrags zu behandeln.

Eine Ausnahme von diesem Grundsatz ist jedoch dann anzunehmen, wenn die abhängige Person selbst einem anderen Tarifvertragskreis angehört. Auch hier gilt der allgemein geltende Rechtssatz, daß immer die spezielleren Rechtsverhältnisse den allgemeineren vorangehen. Ist die abhängige Person an einen speziellen Tarifvertrag gebunden, so kann man der herrschenden nicht zumuten, daß die abhängige nicht mehr ihre eigene Verpflichtung erfüllt, sondern dem von der herrschenden Person abgeschlossenen Tarifvertrag nachkommt. Für diese Rechtsauffassung spricht auch, daß sogar bei der Fusion die fusionierten Teile des Betriebs zunächst die Pflichten auf sich behalten, die sie früher, solange sie selbständig waren, übernommen hatten. Es ist dann nur die übernehmende Person mit Bezug auf die fusionierten Betriebe verpflichtet.

2. Von ähnlichen grundsätzlichen Erwägungen aus sind gewisse Fragen im Gebiete des Einzelarbeitsvertrags zu entscheiden.

aa) Die herrschende Person kann im Zweifel von ihren Arbeitnehmern verlangen, daß sie auch im Betriebe der abhängigen Person Dienste leisten. So erweitert das Verhältnis zwischen herrschender und abhängiger Person auch das Gebiet der „Gewalteinheit“[90], in der die Arbeitnehmer stehen. Es gehört, wenn nichts anderes vereinbart ist, zum Inhalt des Dienstvertrages, daß der Arbeitgeber die von ihm eingestellten Arbeitnehmer in allen wirtschaftlich zu ihm gehörenden Betrieben beschäftigen darf und andererseits die Arbeitnehmer verpflichtet sind, einer entsprechenden Anweisung Folge zu leisten[91]. Für die Versetzung gelten die gleichen Grundsätze wie im Rahmen der herrschenden Person selbst, insbesondere in bezug auf die Beschäftigung an anderen Orten als an dem Wohnsitz des Arbeitgebers bzw. des Einstellungsorts.

[90] Sinzheimer: a. a. O. S. 168.

[91] Eine Ausnahme muß für Betriebsratsmitglieder in diesem Falle gelten. § 96 BRG. gestattet die Versetzung eines Mitglieds einer Betriebsvertretung in einen anderen Betrieb nur mit Zustimmung der Betriebsvertretung, da sonst das Mitglied auf leichte Weise um sein Amt gebracht werden könnte.

Wie die abhängige Person zum Produktions- und Wirtschaftsgebiet der herrschenden gehört, so auch umgekehrt die herrschende zu dem der abhängigen. Man muß deshalb im Zweifel Dienstverträge der abhängigen Person auch so auslegen, daß diese berechtigt ist, von ihren Arbeitnehmern zu verlangen, daß sie Dienste im Betriebe der herrschenden verrichten.

bb) Formell ist der Austritt eines Arbeitnehmers aus den Diensten der herrschenden und der Eintritt in den Dienst der abhängigen Person die Auflösung des alten Dienstvertrages und der Abschluß eines neuen. Formell haben beide Dienstverträge miteinander nichts zu tun.

Das Gesetz zum Schutze der älteren Angestellten vom 9. Juli 1926 (RGBl. I, 399, 412) wirft zum ersten Male die Frage auf, ob nicht Dienstverträge, die in einem einheitlichen Produktions- und Verwaltungsgebiet abgeschlossen sind, insofern als eine Einheit anzusehen sind, als zugunsten der Angestellten die Dienstzeit bei der einen Person der bei der andern zuzurechnen ist. Auch hier wieder ist nach dem materiellen Sinn des Gesetzes zu fragen. Das Gesetz will den treuen Angestellten, der, gerade weil er einen großen Teil seines Lebens in einem Betrieb verbracht hat, sehr schwer eine Stelle in einem anderen bekommt, nach Möglichkeit schützen. Dieses Recht auf Schutz hat der Angestellte nicht dadurch verloren, daß er auf Wunsch der herrschenden Person in den Dienst der abhängigen oder umgekehrt getreten ist. Man wird deswegen den Grundsatz aufstellen müssen, daß im Sinne dieses Gesetzes die Dienstleistungszeit der einen Person der bei der anderen zuzurechnen ist.

cc) Die Frage der Einwirkung des Rechtsverhältnisses zwischen herrschender und abhängiger Person auf die Kündigung eines Arbeitnehmers der abhängigen aus wichtigem Grunde hat uns schon oben bei der Untersuchung der Rechte des Betriebsrats beschäftigt. Wir haben dort festgestellt, daß die Begründung solchen Rechtsverhältnisses die Prüfungsergebnisse des Betriebsrats der abhängigen Person insofern erweitert, als er die Lage der herrschenden bei der Prüfung der Berechtigung einer Kündigung in gewissem Rahmen berücksichtigen darf. Doch gehört diese Frage nicht nur in das Gebiet der Rechte des Betriebsrats, sondern auch in das der Auslegung des Einzelarbeitsvertrags, haben doch alle gesetzlichen Bestimmungen des Betriebsrätegesetzes über die Kündigung aus wichtigem Grunde den Inhalt der Einzelarbeitsverträge bzw. der geltenden gesetzlichen Bestimmungen modifiziert.

Wie dort zugunsten der Arbeitnehmer zu entscheiden war, so ist hier umgekehrt festzustellen: läßt sich der Arbeitnehmer der einen Person gegen die andere etwas Wesentliches zu Schulden kommen, so hat der Arbeitgeber einen Grund zur Kündigung des Arbeitnehmers. Es kann dabei gar nicht darauf ankommen, ob dem Arbeitnehmer das

Rechtsverhältnis zwischen den beiden Personen bekannt war oder nicht. Das objektive Bestehen des Rechtsverhältnisses genügt durchaus. Denn für die Frage, ob ein wichtiger Grund vorliegt, ist gar nicht der Grad des Verschuldens des Arbeitnehmers entscheidend, sondern vielmehr, was dem Arbeitgeber zuzumuten ist. Einer abhängigen Person aber, gleichgültig, in welcher Form die Abhängigkeit besteht, ist nicht zuzumuten, einen Arbeitnehmer in ihrem Dienst zu behalten, der sich schwere Verfehlungen gegen die sie beherrschende Person hat zu Schulden kommen lassen.

4. Die Feststellung aller dieser Wirkungen macht eine ausdrückliche Betonung nötig, daß aus dem Einzelarbeitsvertrag eines Arbeitnehmers der abhängigen Person keine unmittelbaren Rechte gegen die herrschende folgen. Das Rechtsverhältnis zwischen herrschender und abhängiger Person ist nur zur Auslegung der Rechtsbeziehungen zwischen dem Arbeitnehmer und dem formellen Arbeitgeber heranzuziehen.

Schluß.

Der Begriff der abhängigen juristischen Person — ein gleitender Begriff.

Unser Begriff der abhängigen juristischen Person ist ein gleitender. Es gibt keine eindeutigen Merkmale, deren Zusammenfassung einerseits ohne weiteres den Begriff ausmacht, während anderseits das Fehlen eines von ihnen den Begriff schon ausschließt. Wir haben vielmehr aus den gegebenen Rechtstatsachen oder den denkbaren Rechtsgestaltungen das auf die Erscheinung der Abhängigkeit Hinweisende, die Indizien, herausgearbeitet, bei deren Vorliegen eine Abhängigkeit meist rechtserhebliche Bedeutung haben wird. Der Nachweis dieser Indizien muß durch ein Werturteil darüber, daß in dem einzelnen zur Entscheidung stehenden Fall das Indiz tatsächlich ausreicht, um von einer rechtserheblichen Abhängigkeit zu sprechen, ergänzt werden. Regeln, unter welchen Umständen dieses Werturteil abzugeben ist, lassen sich nicht aufstellen. Es kommt jedesmal darauf an, von welchem Gesichtspunkte aus oder auch zu welchem Zwecke die Feststellung gemacht werden soll.

So wenig wir unseren Begriff an feststehende Voraussetzungen anknüpfen — also eine Art von absolutem Begriff behaupten — so wenig behaupten wir, daß sich aus der Erscheinung einer abhängigen juristischen Person in unserem Sinne immer die gleichen rechtlichen Folgerungen, insbesondere auf den von uns behandelten Gebieten des Bürgerlichen, Handels- und Arbeitsrechts ergeben. Die rechtlichen Folgerungen aus dem von uns aufgestellten Begriff sind ebenso gleitend wie der Begriff selbst. Für sie ist ein Werturteil darüber, ob im gegebenen Fall die Abhängigkeit intensiv genug ist, um diese oder jene Konsequenz aus ihr zu ziehen, Voraussetzung.

Gegen unseren Begriff wird eingewandt werden: Juristisch sei ein Begriff nur dann zu rechtfertigen, wenn er immer vorliege, sobald bestimmte Voraussetzungen gegeben sind und wenn sich weiter an die Feststellung des Vorliegens der Voraussetzungen immer die gleichen Folgerungen anknüpfen. Es würde an sich gegenüber der Möglichkeit dieses Einwands genügen, im Schluß nochmals auf das im Vorwort festgestellte Ziel der Arbeit hinzuweisen, die Erscheinung der abhängigen juristischen Person als typisch gewordenen Tatbestand und die rechtlichen Folgerungen aus der Abhängigkeit als typische Konsequenzen zu untersuchen. Kein Tatbestand kann völlig dem anderen gleichen, die rechtlichen Auswirkungen eines jeden verändern sich je nach seiner Gestaltung im einzelnen Falle, insbesondere aber je nach der Einwirkung anderer Faktoren auf den an sich typisch gelagerten Tatbestand. Aus einer Untersuchung von Tatsachen und deren rechtlicher Bedeutung lassen sich idealtypische Begriffe im Sinne Max Webers bilden, aber keine absoluten Begriffe.

Doch ist es wichtig darauf hinzuweisen, wie sehr auch die meisten sogenannten rein juristischen Begriffe nur gleitende sein können, also auch mehr oder weniger neben der Feststellung von bestimmten Merkmalen ein Werturteil voraussetzen, und wie weitgehend die an „juristische Begriffe" anknüpfenden Folgerungen von einem weiteren Werturteil darüber abhängen, ob die an sich gegebenen Merkmale auch intensiv genug sind, die betreffende Konsequenz zu rechtfertigen. Es ist in hohem Maße eine Täuschung, wenn man annimmt, ein juristischer Begriff müsse in dem oben genannten Sinne ein absoluter sein und immer gleichbleibende Konsequenzen haben.

Annähernd absolute Begriffe mit annähernd gleichen Konsequenzen lassen sich behaupten, insoweit es sich um ausschließlich vom Recht gestaltete Erscheinungen handelt, die auch in ihrer Existenz sich nicht durch das Leben haben wesentlich verändern können, weil sie völlig an die Rechtsnorm gebunden bleiben. Es ist da in erster Linie an die Hypothek oder gar noch mehr an die Vormerkung zu denken.

Annähernd absolute Begriffe ohne auch nur annähernd gleiche Konsequenzen kann man feststellen, insoweit zwar die Existenz einer bestimmten Erscheinung von rein rechtstechnischen Maßnahmen abhängig ist, die aber einmal geschaffenen Erscheinungen sich dann durch ihr eigenes Leben von der für sie geltenden Norm fortentwickeln kann, sodaß die Feststellung der Existenz der Erscheinung noch lange nichts dafür sagt, daß sich aus ihr auch wirklich diese oder jene Konsequenzen und keine anderen ergeben. Man denke da nur an Aktiengesellschaften und Gesellschaften mit beschränkter Haftung, die nur bestehen, wenn ganz bestimmte rechtstechnische Voraussetzungen erfüllt sind, die sich aber, sobald sie bestehen, in ihrer Entwicklung so gestalten können, daß für den einen Fall ganz anderes gelten muß als für den anderen. Behauptet man dennoch, aus dem Begriff der Aktiengesellschaft oder der GmbH. folgten etwa die Konsequenzen, die das Gesetz für sie vorsieht, stets, so schafft man zwar einen für das Gebiet des Sollens richtigen Begriff, dem aber in der Seinssphäre ein anderer Begriff entspricht. Wir brauchen nur auf die in dieser Arbeit immer wieder herangezogene Abhandlung Flechtheims über die Strukturwandlungen im Aktienrecht hinzuweisen, um zu zeigen, in wie hohem Maße sich das Sollen von dem, was ist, dem „lebenden Aktienrecht" unterscheidet und wie sehr die Folgerungen aus dem Normenbegriff der Aktiengesellschaft andere sind als die aus der tatsächlichen Rechtsgestaltung zu ziehenden. Zu ähnlichen Begriffen kommt man, wenn man eine Reihe rechtstechnisch gestalteter Erscheinungen durch Herausarbeitung gemeinsamer formaler Kriterien unter Verzicht auf ihre materielle Struktur zusammenfaßt. Ein solcher Begriff ist etwa der von uns formulierte Begriff der juristischen Person.

Je weniger ein juristischer Begriff rechtstechnische Mittel voraussetzt, je mehr das Gesetz einen Vorgang des Lebens regelt, desto weniger kann man einen „absoluten“ Begriff aufstellen oder gleichartige Konsequenzen aus den aufgestellten Begriffen ziehen. Man kann wohl bei einer reinen Untersuchung der Normen, des Gebiet des Sollens sagen, etwa eine Gesellschaft des bürgerlichen Rechts liege immer dann vor, wenn sich mehrere Personen gegenseitig verpflichten, „die Erreichung eines gemeinsamen Zweckes in der durch den Vertrag bestimmten Weise zu fördern, insbesondere die vereinbarten Beiträge zu leisten“ (§ 705 BGB.). Sobald man aber im Einzelfall diesen Begriff aus der Normensphäre auf die Seinssphäre projiziert oder gar umgekehrt die Tatsachen auf die Verwendung der bürgerlich-rechtlichen Gesellschaft untersucht, muß man erkennen, daß es sehr wohl Fälle gibt, bei denen die Voraussetzungen der Normen gegeben sind und doch in gar keinem Fall die vom BGB. für den Begriff „Gesellschaft“ vorgesehenen Bestimmungen in Betracht kommen, weil eben aus irgendeinem Grunde trotz Vorliegens der Voraussetzungen das Werturteil „bürgerlich-rechtliche Gesellschaft“ nicht abgegeben werden kann. Neben dem „absoluten Begriff“ der Normensphäre müßte sofort ein gleitender Begriff des angewandten Rechts treten.

Sobald das Gesetz an die Vorgänge des sozialen Lebens anknüpft, kann es immer nur Begriffe aufstellen, die Idealtypen im Sinne Max Webers sind. Die vom Gesetz verwandten Begriffe decken sich immer nur annähernd mit tatsächlichen Lebenserscheinungen und die vom Gesetz gezogenen Folgerungen setzen sich immer nur annähernd in Wirklichkeit um. Ob im Einzelfall der Begriff überhaupt trotz Nachweises der scheinbar das Wesen der Sache ausmachenden Voraussetzungen vorliegt, hängt davon ab, ob im Sinne des vom Gesetz gegebenen Begriffs ein Werturteil abgegeben werden kann. Ob aus ihm für den Einzelfall bestimmte Konsequenzen gezogen werden können, hängt von der Intensität der Voraussetzungen ab.

Die Norm setzt einen typischen Tatbestand voraus. Nur für ihn will sie gelten. Sie legt die Konsequenzen, die sich rechtlich aus dem Nachweis solchen Tatbestands ergeben, mit dem Mittel des Gesetzes fest. Typische Tatbestände, die in ihrer rechtlichen Bedeutung nicht von der speziellen Norm geregelt sind, haben eine nicht minder große Bedeutung und nicht minder große rechtliche Bedeutung. Ihre Erfassung kann mit keinen anderen begrifflichen Mitteln erfolgen. Die von der Rechtswissenschaft aus den Erscheinungen des Lebens aufgestellten rechtserheblichen Begriffe stehen zu den Tatsachen im gleichen Verhältnis wie die in einer Norm verwandten Begriffe. Die rechtlichen

Folgerungen sind nur nicht durch spezielle Normen, sondern durch die allgemeinen bestimmt.

Der Unterschied ist nur der, daß man beim Normenbegriff in der reinen Sollsphäre, von annähernd absoluten — wenn auch lebensunwahren — Begriffen sprechen kann, während man bei dem nicht durch spezielle Norm geregelten typischen Tatbestand auf solche Untersuchungen, deren Wert überhaupt dahingestellt sei, verzichten muß. Man muß überhaupt von dem Glauben lassen, man könne in der Rechtswissenschaft mit konstanten Begriffen arbeiten und sich darauf beschränken, typische Lebenstatbestände in idealtypischen Begriffen, die durch Angabe einer Reihe von besonders bedeutenden Merkmalen umschrieben werden, zu erfassen und zu zeigen, welche rechtlichen Folgerungen sich aus dem Vorliegen solchen Tatbestands ergeben können.

Es ist ein häufig festzustellender Fehler, daß aus Rechtstatsachen Begriffe gebildet werden, die dann so behandelt werden, als seien sie normenmäßig und von denen in den Untersuchungen nicht nur behauptet wird, sie seien immer gerechtfertigt, wenn bestimmte Voraussetzungen gegeben sind, sondern sie erlaubten auch immer die gleichen Folgerungen. Die so angestellten Untersuchungen gewinnen erst ihren wahren Wert, wenn man ihre Prätention, Absolutes zu schaffen, streicht und sie darauf zurückschraubt, daß ihre Begriffe sowohl wie ihre Folgerungen im Sinne der obigen Ausführungen nur gleitende sein können. Je absoluter sie ihre Begriffe behaupten, desto kleinere Lebensrahmen werden von ihnen erfaßt. Die von uns so oft zitierte Arbeit Hamburgers in der Gedächtnisschrift für Seckel über „Die Organgesellschaft", mit der wir uns so oft auseinanderzusetzen hatten und der wir so wertvolle Ergebnisse und Fingerzeige verdanken, krankt an diesem Fehler. Sie greift aus dem Leben einen speziellen Teil der Abhängigkeit heraus, den der weitestgehenden vertragsmäßigen Abhängigkeit. Diesem Fall gibt sie den Namen „Organgesellschaft" und zieht dann für die speziellen Fragen rechtliche Folgerungen. Sie glaubt damit — das geht insbesondere aus der Einleitung hervor — das Gesamtproblem der abhängigen juristischen Person untersucht zu haben. Eine Abhängigkeit, die nicht unter den Begriff „Organgesellschaft" fällt, bleibt für Hamburger ohne rechtliche Folgen, obwohl ganz die gleichen inneren Gründe, die ihn zu bestimmten Folgerungen bei seiner Organgesellschaft bringen, zu den gleichen oder ähnlichen Konsequenzen bei anderen Formen der Abhängigkeit führen müssen. Die Methode Hamburgers macht uns zu Gefangenen unserer eigenen Begriffe. Sie führt uns dazu, nicht durch Normen geregelte Fälle so zu behandeln, als sei durch ganz spezielle Normen die Anwendung vernünftiger Rechtsgrundsätze auf den weiten Kreis der Lebenserscheinungen verboten, weil ein theoretischer Begriff für sich Ausschließlichkeit und für seine Konsequenzen Besonderheit gegenüber allen anderen Fällen behauptet.

Das Ziel dieser Arbeit ist auf der einen Seite ein engeres, auf der anderen aber ein weiteres. Wir verzichten von vornherein darauf, einen konstanten Begriff mit immer gleichartigen Rechtswirkungen zu finden, wir wollen aber alle Lebensvorgänge erfassen, die eine juristische Person von einer anderen abhängig machen können und wollen die wesentlichsten Folgerungen, die aus der Feststellung solcher Abhängigkeit in bestimmten Teilen des Rechts zu ziehen sind, untersuchen.

Literatur.

Bauer, Fritz: Die rechtliche Struktur der Truste. 1927.
Binder, Julius: Philosophie des Rechts. 1925.
Bondi: Übertragung des Rechts zur Besetzung gesellschaftlicher Rechte an dritte außerhalb der Gesellschaft stehende Personen. Festschr. für Liebmann. 1920.
Brand, A.: Das Handelsgesetzbuch. 1911.
Brodmann, E.: Kommentar zum GmbH.-Gesetz.
Brinz: Lehrbuch der Pandekten. 1872—92.
Cahn: Der Aufsichtsrat der Aktiengesellschaft. 1907.
Callmann, R.: Der unlautere Wettbewerb. 1929.
Cosak, Konrad: Das Anfechtungsrecht des Gläubigers eines zahlungsunfähigen Schuldners innerhalb und außerhalb des Konkurses. 1884.
Dernburg: Pandekten. 1910.
Düringer-Hachenburg: Kommentar zum HGB. 1908.
Enneccerus-Kipp-Wolff: Lehrbuch des Bürgerlichen Rechts. 1924.
Enquêteausschuß (Verhandlungen und Berichte des Unterausschusses für allgemeine Wirtschaftsstruktur). 1. Unterausschuß, 3. Arbeitsgruppe, 1. Teil. 1928.
Feder: Verantwortlichkeit für fremdes Verschulden. 1902.
Fischer, K.: Zurechnung fremden Verschuldens. 1904.
Flatow, Gg.: Kommentar zum Betriebsrätegesetz. 1925.
Flechtheim, J.: Die rechtliche Organisation der Kartelle. 1923.
— : Strukturwandlungen der Wirtschaft und das Aktienrecht. 1928.
— : Recht und Wirtschaft. 1922. S. 22 u. S. 381.
Flechtheim-Wolff-Schmulewitz: Die Satzungen der deutschen Aktiengesellschaft. 1929.
Fränkel: Zehn Jahre Betriebsrätegesetz. Gesellschaft. Februar 1930.
Friedlaender, H.: Konzernrecht. 1927.
— : Interessengemeinschaft als Rechtsform der Konzernbildung. 1921.
— : Steuer und Wirtschaft. 1923. S. 1101.
— : Kartellrundschau. 1926, S. 154.
— : Bankarchiv. 1926, S. 406.
Gadow: Gruchots Jahrbücher. Bd. 66, S. 614.
Geiler, Karl: Die wirtschaftlichen Strukturwandlungen und die Reform des Aktienrechts. Enquêtebericht. 1928.
— : Gesellschaftliche Organisationsformen. 1922.
— : Die erwerbswirtschaftlichen Zusammenschlüsse und die Umsatzsteuer. In Steuer und Wirtschaft. 1925, S. 1204.
Gierke: Deutsches Genossenschaftsrecht. 1868—81.
— : Deutsches Privatrecht. 1905.
— : Vereine ohne Rechtsfähigkeit. 1902.
— : Das Wesen der menschlichen Verbände. 1902.
Goldschmidt, S.: Zur Abänderung des englischen Aktienrechts. Ztschr. f. ausländ. und internat. Privatrecht. 1928, S. 848.
Goldschmit, Fr.: Kommentar zum HGB. 1929.
Groh, Wilhelm: Sittenwidrige Erfüllungsvereitlung. RGPrax. III, 1929.
Grünhut, Max: Der strafrechtliche Schutz wirtschaftlicher Interessen. RGPrax. V, 1929.
Hacker: Nießbrauch an Prämienpapieren, Aktien usw. 1906.

Haff, Karl: Die juristische Person des bürgerlichen und Handelsrecht in ihrer Umbildung. RGPrax. II, 1929.
Hamburger: Die Organgesellschaft. Festschr. f. Seckel. 1927.
Haußmann, Fritz: Die Tochtergesellschaft. 1923.
— : Grundlegung des Rechts der Unternehmenszusammenfassungen. 1906.
— : Vom Aktienwesen und Aktienrecht. 1928.
— : Die Interessengemeinschaft Schultheiß-Ostwerke-Kahlbaum. Festschrift für Heinitz. 1926.
Hedemann: Das bürgerliche Recht und die neue Zeit. 1919.
Hölder: Natürliche und juristische Personen. 1905.
Horrwitz: Das Recht der Generalversammlungen. 1913.
Ihering: Geist des römischen Rechts. 1866.
Isay, Rudolf: Das Recht am Unternehmen. 1910.
— : Bergrecht. 1919/20.
Isay-Tschierschky: Kartellverordnung. 1925.
Jacobi, Erwin: Betrieb und Unternehmen als Rechtsbegriff. 1926.
Jacobi: Wertpapiere. In Ehrenbergs Hdb. d. Handelsrechts. IV. Bd.
Jung, Erich: Das Wesen des schuldrechtlichen Grundes und dessen Bedeutung für die Systematik des Privatrechts. RGPrax. III. 1929.
Kelsen, Hans: Hauptprobleme der Staatsrechtslehre. 1925.
Koenige-Teichmann-Koehler: Kommentar zum HGB. 1929.
Korsch, Hans: Die Deutsche Reichsbahngesellschaft. Heidelberger Dissertation. 1928.
Koettgen: Verwaltungsrecht der öffentlichen Anstalt. Veröffentlichungen der Vereinigung Deutscher Staatsrechtslehrer, H. 6. 1929.
Kronstein, H.: Zur Haftung für Sprengungsschäden bei der Neckarkanalisation. VerwArch. Bd. 35 S. 195.
Lehmann-Hoeniger: Lehrbuch des Handelsrechts.
Leist: ArchZivPrax. 102. S. 248.
Leonhardt: Recht der Schuldverhältnisse.
Mansfeld: Kommentar zum Betriebsrätegesetz. 1930.
Manstadt: Ursache und Ziele des Zusammenschlusses im Gewerbe. 1916.
Meyer, Otto: Die juristische Person in ihrer Verwertbarkeit im öffentlichen Recht. 1908.
Müller-Erzbach: Deutsches Handelsrecht. 1921.
— : Reichsgericht und Interessenjurisprudenz. RGPrax. I. 1929.
Naendrup, Hubert: Die Ersitzung als Rechtsscheinswirkung. RGPrax. III. 1929.
Netter: Die aktienrechtliche Auskunftspflicht. 1928.
Ohmeyer: Das Unternehmen als Rechtsobjekt. 1906.
Oppikofer, Hans: Das Unternehmensrecht. 1927.
Oertmann: Kommentar zum BGB. 1910.
Passow, Richard: Betrieb, Unternehmung, Konzerne. 1925.
— : Die gemischt privaten und öffentlichen Unternehmungen. 1923.
Pisko, Oskar: Das Unternehmen als Gegenstand des Rechtsverkehrs. 1907.
Planck-André-Brodmann: Kommentar zum BGB. 1913.
Potthoff: Die sozialen Probleme des Betriebes. 1925.
Reichel: Gewillkürte Haftungsbeschränkung. 1915.
Reichsgerichtsrätekommentar zum BGB.
Ritter, C.: Das Handelsgesetzbuch. 1910.
Rosendorff: Die rechtliche Organisation der Kartelle. 1927.
— : Gutachten zum Fall Schultheiß-Ostwerke-Kahlbaum. Berliner Börsenzeitung vom 26. Mai 1926.
Rümelin, Gustav: Werturteile und Willensentscheidungen im Zivilrecht. 1891.
— : Zweckvermögen und Genossenschaft. 1892.
— : Methodisches über juristische Personen. 1892.

Rumpf: Zivilistische Praxis. 1919. S. 60.
Savigny: System des heutigen römischen Rechts. 1840—49.
Schönfeld, W.: Rechtsperson und Rechtsgut im Lichte des Reichsgerichts. RGPrax. II. 1929.
— : Zur Konstruktion des OHG. J. J. 75. S. 367.
Schultze, Alfred: Organschaftsrechte als Sonderrechte. J. J. 75. S. 459.
Seckel: Festschrift für Koch. 1903. S. 205.
Sinzheimer, Hugo: Grundzüge des Arbeitsrechts. 1927.
Smend, Rudolf: Verfassung und Verfassungsrecht. 1928.
Sombart, Werner: Der moderne Kapitalismus. 1921.
Staub-Hachenburg: Kommentar zum GmbHG. 1913.
Staub-Koenige-Pinner-Bondi: Kommentar zum HGB. 1921.
Staudinger-Loewenfeld-Riezler: Kommentar zum BGB. 1926.
Stoll: Leipziger Zeitschrift. 1923. S. 533.
Traeger: Probleme der Unterlassungsdelikte.
Tschierschky, S 'Kartellorganisation. 1928.
— : Kartellrundschau. 1922, S. 22.
v. Tuhr: Der Allgemeine Teil des deutschen bürgerlichen Rechts. 1910—18.
— : Grünhuts Zeitschrift. Bd. 25, S. 259.
— : Deutsche Juristenzeitung. 1901, S. 485.
Weigert, H. W.: Die außervertragliche Haftung von Großbetrieben für ihre Angestellten. 1925.
Wiedemann: Beitrag zur Lehre von den idealen Vereinen. 1906.
Windscheid (-Kipp): Lehrbuch der Pandekten. 1906.
Zilinski: Grundtypenvermischungen im Handelsgesellschaftsrecht. 1925.
Zitelmann: Wesen der juristischen Person. 1873.

FSC
www.fsc.org
MIX
Papier | Fördert gute Waldnutzung
FSC® C083411

Kolibri 360 GmbH
Ferdinand-Jühlke-Straße 7
99095 Erfurt, Deutschland
produktsicherheit@kolibri360.de